K2

K2 – die blanken Knochen eines Namens. FOSCO MARAINI

K2 – Berg der Berge. REINHOLD MESSNER

REINHOLD MESSNER

K2
CHOGORI
DER GROSSE BERG

Frederking & Thaler

Inhalt

Im tiefen Himalaja lebt die Legende
von einem hohen, heiligen Berg:
Von seinem Gipfel fällt Dein Schatten
auf das darunter liegende Land –
in ihm offenbart sich Dein Weg
so wie im Traum Dein Selbst.

REINHOLD MESSNER

Chogori

In der nördlichsten Provinz des heutigen Pakistan, an der Grenze gegen Chinesisch-Turkistan, heute Sinkiang, erhebt sich in Baltistan eine Kette von fantastischen Bergen: der Karakorum. Die lange Reihe von Fels- und Eisgipfeln, die im Norden liegen, wo der Indusbogen sich um das Westende des Himalaja schlingt, ist etwa 650 Kilometer lang und endet in den Hochebenen und Wüsten von Afghanistan. Unter den Gipfeln dieses Gebirges sind sechs von den achtzehn höchsten Bergen der Welt, darunter der K2, mit 8611 Metern der zweithöchste Berg der Erde.

»Berg der Berge«, der »verfluchte Berg«, »K2« wird er genannt. Die Einheimischen nennen ihn »Chogori«, den »Großen Berg«. Und in der

Der Indus trennt den Himalaja vom Karakorum. Nanga Parbat (im Süden) und K2 (im Norden) liegen in getrennten Gebirgen

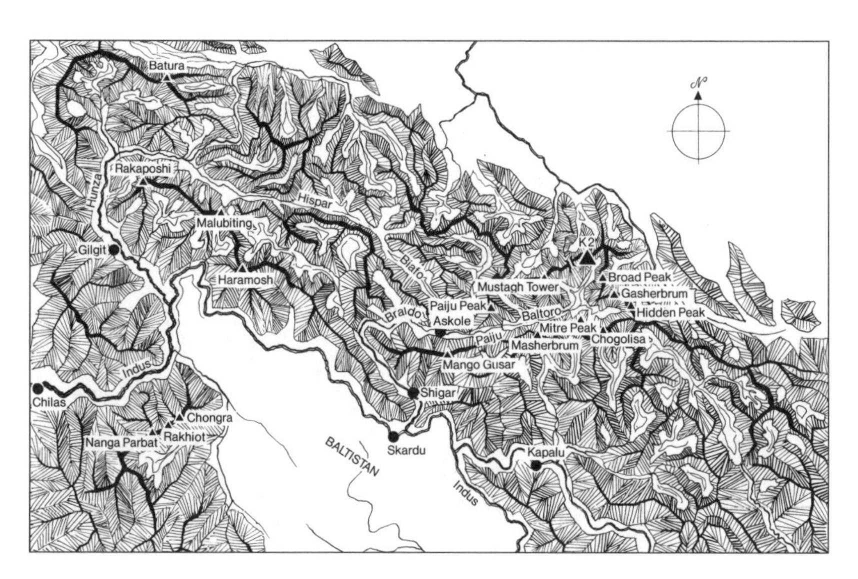

Tat: Er ist groß. 41 Matterhörner fänden in der gleichförmigen Pyramide Platz. Wenn es einen formschönen Achttausender gibt, dann ist es der K2. Einzigartig und eigenwillig in seiner Form steht er im Zentrum eines Massivs von Achttausendern.

Der K2 wurde 1856 zum ersten Mal von Montgomery vermessen. Die Ersten, die diesen »schrecklichen Berg« ernsthaft angehen, sind Österreicher und Engländer unter Leitung von Oscar Eckenstein. Nach diesem ersten bergsteigerischen Versuch 1902 am langen Nordostgrat führt im Jahre 1909, also vor fast 100 Jahren, der berühmte Bergsteiger und Forscher Luigi Amedeo von Savoyen, Herzog der Abruzzen, eine große italienische Expedition in das Baltoro-Gebiet. Seine Mannschaft – Forscher, Bergsteiger, Fotografen – nimmt das Gelände auf.

Der K2 ist der »Berg der Berge«, mit dem kein anderer an Schönheit wetteifern kann. GÜNTER OSKAR DYHRENFURTH

Die Pyramide des K2 von Süden gesehen.
Rechts der Abruzzen-Sporn, links der Westgrat

Die erste brauchbare Karte der Region entsteht. Der Adelige will den Aufstieg erzwingen. Doch am schwierigen Südostgrat, der später nach dem Herzog der Abruzzen »Abruzzen-Grat« (auch Abruzzi-Rippe) genannt wird, scheitern sie. Ihr Urteil: »Unmöglich!«

Sie bringen Hunderte von Fotografien zurück, eine außerordentliche Ausbeute, der Berg wird zum Mythos. Der Fotograf Vittorio Sella, ein großer Künstler, hat die Aufnahmen mit seinem Assistenten Elvinio Botta geschossen. Mit einer alten Plattenkamera.

Mit wie wenig Ausrüstung die Italiener an den Flanken des K2 emporstiegen! Unglaublich! Damit wurde der K2 ihr Berg: ein pyramidenförmiger Gipfel mit steilen Wänden zwischen den Kanten. Eine schwierige Aufgabe! Ja, die Italiener werden wiederkommen, 1929 zu einem neuen Versuch und 1954 für den »Gipfelsieg«.

1938 versucht sich eine amerikanische Expedition am K2. Charles Houston, der zwei Jahre zuvor den Siebentausender Nanda Devi »bezwungen« hat, leitet sie. Wieder einmal geht es um den höchsten jemals bestiegenen Gipfel. Sie versuchen es über die Route des Herzogs der Abruzzen, den Abruzzen-Sporn. 3000 Meter Höhenunterschied sind es bis zum Gipfel. Die Amerikaner, naiv und zugleich einsatzfreudig, kommen nach drei Wochen bis 1000 Meter an den Gipfel heran.

Charles Houston: »Wir stiegen immer höher, und nach einigen Wochen waren wir fast am Gipfel. Das war wirklich eine Überraschung.«

Paul Petzold erreicht eine Höhe von fast 8000 Meter. Bis zum Gipfel sind es nur noch 700 Meter. Nicht zu fassen! Aber im Camp VIII haben sie zuletzt nur noch ein Streichholz.

Charles Houston: »Es ist nicht gut, in dieser Höhe ohne Streichhölzer zu sein.«

Also zurück!

Charles Houston: »Misserfolg, was ist das? Wir haben getan, was wir tun mussten. Es war ein großes Erlebnis.«

Sie wollen wiederkommen. Und sie sind wiedergekommen, 1953.

Eine andere amerikanische Expedition, angeführt von Fritz Wiessner, erlebt im Sommer 1939 eine schlimme Tragödie und verliert dabei vier Männer. Der großartige Erfolg dieser Expedition: Fritz Wiessner kommt zusammen mit dem Sherpa Pasang Dawa Lama bis zum Gipfelbollwerk, nur wenige hundert Höhenmeter unter dem Gipfel.

Inzwischen, 1953, ist alles anders geworden. Dieser schroffste Teil Asiens ist Pakistan geworden. Außer den Veteranen Bob Baites und dem Leiter Charles Houston ist die acht Kletterer starke Mannschaft neu. Darunter Arthur Gilkey, Student an der Columbia Universität, der Geologe werden will und ein guter Kletterer ist, sowie Pete Schoening, der eine entscheidende Rolle bei dieser Expedition spielen soll.

Nur langsam kommt man voran. In Camp VII, 7500 Meter hoch, bricht ein Sturm los! Gilkey ist zum Gipfel aufgebrochen. Er leidet in der Kälte und Höhe. Er ist völlig erschöpft. Seine Kameraden versuchen, den schwer Gezeichneten ins Basislager zurückzubringen. Drei Tage lang im Sturm. Zuletzt wird Gilkey in den Tod gerissen.

1954 sind wieder die Italiener an der Reihe. Ardito Desio und die italienische Regierung scheuen keine Kosten, um am K2 zum Erfolg zu kommen: Nur die Bergsteiger, die die Tests bestanden haben, die sich italienische Ärzte ausgedacht haben, sind mit von der Partie. Sind auch sie bereit, ihr Leben am K2 aufs Spiel zu setzen? Angeführt vom Wissenschaftler Desio, sind mit den Bergführern Gino Soldà, Walter Bonatti, Erich Abram und Lino Lacedelli Profis im Team.

Achille Compagnoni: »Ja, wir waren stark. Aber es ist nicht die Stärke, die am Berg zählt, es ist der gute Wille.«

Erich Abram: »Cassin ist trotz seiner Erfahrungen nicht in die letzte Wahl gekommen. Wohl weil Ardito Desio fürchtete, dass ihn sein Ruhm überstrahlen könnte.«

Eine Riesenexpedition: 800 Träger, 17 Tonnen Material. 120 Millionen damalige Lire sind investiert worden. Haben doch die Amerikaner eine neue Expedition zum K2 für das folgende Jahr angekündigt.

Der K2 ist auch dieses Mal auf der Abruzzen-Route nicht gleich zu knacken. Ende Mai gerät die Expedition in ein Unwetter. Schnee, Wind und Kälte! Mario Puchoz aus Courmayeur stirbt im Camp II. Lungenentzündung? Am 21. Juni 1954 tragen die Mitglieder dieser italienischen Expedition ihren Kameraden zu Grabe. Ein weiteres Opfer des Berges. Er wird neben dem Denkmal für Gilkey beerdigt.

Und wieder stellt sich die Frage: Darf man Menschenleben riskieren, um einen Berg zu erobern? Die Antworten sind widersprüchlich. Zuletzt bleiben die Statements der Sieger. Und in der heroischen Zeit des Achttausender-Eroberns werden selten Fragen gestellt.

Achille Compagnoni: »Puchoz war mit uns. Man hätte meinen können, dass der Wind ... es war wie eine Melodie, eine Musik, die vom Gipfel des K2 herunterkam. ... Es ist die größte Sache, die es gibt. Die Schönste. Wenn ein Mann kämpfen muss, ganz allein, gegen die Elemente. Die schönste Sache auf der Welt. Denn wir Alpinisten, wir haben keine Zuschauer, die uns applaudieren. In solchen Augenblicken sind wir allein, das ist das Schönste.«

Also brechen die Italiener wieder auf. Am anderen Tag schon. Sie sind hartnäckig, und die ganze Strecke wird mit fixen Seilen bestückt. 3000 Meter über dem Baltoro-Gletscher stoßen sie auf die Reste eines amerikanischen Camps vom Vorjahr. Sie errichten Camp VIII, 7800 Meter hoch. Am 30. Juli brechen Compagnoni und Lacedelli auf. Sie versuchen, was niemandem gelungen ist: den Gipfel des K2 zu besteigen.

Ohne Sauerstoffflaschen? Nein, zugleich steigt Walter Bonatti ein Stück weit ab und wieder auf, um die kostbaren Flaschen für den »Sieg« nachzubringen. Was für ein Einsatz! Wie viel Ausdauer! Von der Nacht überrascht, muss Bonatti mit dem Träger Mahdi auf über 8000 Meter im Schnee übernachten. Was für eine Heldentat!

31. Juli, 6 Uhr früh. Compagnoni und Lacedelli entschließen sich, den »letzten Angriff« zu wagen, den Gipfelgang zu versuchen. Es bleiben noch 600 Meter bis zum höchsten Punkt.

Zwei Pünktchen sind jetzt an der Bergkante und erscheinen im Gegenlicht gegen den Himmel. Wie von goldenem Pulver umhüllt. … Wir wissen jetzt, es ist geschafft, der K2 ist wirklich »unser« Berg.

PINO (GUISEPPE) GALOTTI

Poster zur »Heldengeschichte am K2« (die Sauerstoffflaschen am Gipfel waren allerdings – anders als hier dargestellt – rot und blau)

Achille Compagnoni: »Wir glaubten die Stimme von Puchoz zu hören. Schließlich war es auch für ihn, dass wir den Aufstieg zum K2 wagten.«

Um 18 Uhr kommen Compagnoni und Lacedelli am Gipfel des K2 an. Mit dem letzten Rest an Sauerstoff aus Bonattis Flaschen. Sie haben den zweithöchsten Berg der Welt bezwungen, den »verfluchten Berg«, den »Berg der Berge«.

Achille Compagnoni: »Oben angekommen, ich schäme mich nicht, es einzugestehen, habe ich geweint. Ich bin niedergekniet und habe geweint. Und ich dachte, auch wir – die Italiener – haben etwas Schönes vollbracht. Ein großer Sieg.«

1977 gelingt einer japanisch-pakistanischen Expedition die Wiederholung des »italienischen Weges«. Zwei Seilschaften der Riesenexpedition erreichen den Gipfel.

1978 schafft eine amerikanische Expedition unter der Leitung von James Whittaker mit dem Nordostgrat eine neue Route zum Gipfel. Lou Reichardt, James Wickwire, Rick Ridgeway und John Roskelley stehen stellvertretend für alle amerikanischen Bergsteiger ganz oben. Drei von ihnen ohne künstlichen Sauerstoff.

Mein Traum ist es, 1979 mit einem kleinen Team ein Abenteuer am K2 zu wagen. Mehr nicht. Der K2 fasziniert mich, seit ich Höhenbergsteiger bin. 1975 stand ich erstmals darunter. 1979 organisiere ich eine Expedition dorthin, auch um einigen jungen Bergsteigern eine Chance zu geben. In dieser internationalen Kleinexpedition gelingt es mir 1979, zuletzt mit Michl Dacher als Seilpartner, den Gipfel zu erreichen. Diese Erfahrung ermöglicht es mir, über den »Großen Berg« und seine

Die Zeiten sind zum Glück vorbei, in denen Alpinisten so tun müssen, als gehe es ihnen nur darum, irgendein Stück nationales Tuch auf irgendeinen Gipfel zu pflanzen. REINHOLD MESSNER

Trägerkolonne 1979 auf dem Weg zum K2

Ersteigungsgeschichte zu schreiben. Ich tue es zum 50. Jubiläum der Erstbesteigung mit großem Respekt den Pionieren gegenüber.

Darüber hinaus lasse ich auch Wilhelm Bittorf mit seinem SPIEGEL-Artikel von 1979 zu Wort kommen, der meine Expedition ein Stück weit begleitet hat. Als Nichtbergsteiger gelingt es ihm, Fragen zu stellen, die in Bergbüchern oft unbeantwortet bleiben. Bittorf ist nicht nur ein kritischer Beobachter, er ist ein glänzender Schreiber, der den Achttausenderwahn begreifbar macht.

Der K2 im Karakorum ist, gemessen an seiner Höhe, zwar nur der zweithöchste Berg der Welt, doch beurteilt man die Summe aus seiner Höhe, Gefahr und den technischen Schwierigkeiten, gilt er als der schwierigste Achttausender. Nun, 50 Jahre nach der ersten Besteigung, gilt es, die Geschichte des K2 im Detail zu erzählen. Dabei greife ich jene Schlüsselmomente noch einmal heraus, die nicht völlig aufgeklärt scheinen. Bis heute forsche ich nach Tatsachen.

Die Wahrheit selbst unserer eigenen Erlebnisse scheinen wir nie wirklich zu erfahren. Wir sehen Teilansichten der Wirklichkeit, von der wir einen Großteil verdrängen, glorifizieren und hinbiegen zu einer Wahrheit, mit der wir leben können. REINHARD KARL

Vielleicht sind es diese geheimnisvollen Beziehungen – entstanden aus gemeinsamen Freuden und Sorgen, Erfolgen und Misserfolgen –, die Bergexpeditionen so herrlich und verlockend machen.
CHARLES HOUSTON

Der erste Versuch am K2

Englisch-österreichisch-schweizerische Expedition 1902 unter Eckenstein und Crowley

Die Expedition, die 1902 am K2 operiert, besteht aus sechs Europäern: drei Briten, die das Unternehmen initiiert haben, und drei Bergsteiger vom Kontinent. Oscar Eckenstein ist der Leiter. George Knowles aus London und Dr. Jules Jacot-Guillarmod aus Genf sind die Expeditions-Fotografen, Letzterer fungiert auch als Arzt der Expedition. Der Brite Aleister Crowley, Dr. Victor Wessely aus Linz und Dr. Heinrich Pfannl aus Wien sind Bergsteiger. Zweck der Expedition ist es, einen Berg zu besteigen, der höher ist als irgendeiner der bis dahin erreichten Gipfel und dabei den Einfluss der Luftverdünnung auf die bergsteigerische Leistungsfähigkeit zu studieren. Der K2 in den Bergen Baltistans, zweithöchster Gipfel der Welt, ist also das ideale Ziel. Man ist der Meinung, er sei leicht zu besteigen. Eckenstein hat als Teilnehmer an Conways Forschungs-Expedition 1892 wichtige Erfahrungen gesammelt und weiß, dass der K2 nicht im Bereich des indischen Monsuns liegt, der im Zentral-Himalaja erst im Spätherbst schönes Wetter bringt. Eckenstein kennt auch die Verkehrsverhältnisse im Land sowie die Sitten und Gebräuche der Einwohner.

Vom K2 fließt der Godwin-Austen-Gletscher herab, der in den 50 Kilometer langen Baltoro-Gletscher mündet. Der Braldu-Fluss, der nach seinem Durchbruch durch Felsschluchten in den Shigar mündet, entspringt dort. Nahe Skardu fließen seine Wasser in den Indus. Um Skardu von Srinagar aus zu erreichen, wählen sie das Sind-Tal und den Sodschi-La ins Dras-Tal. Landschaftlich eine großartige Anmarschstrecke, aber wegen des Schnees logistisch nicht leicht.

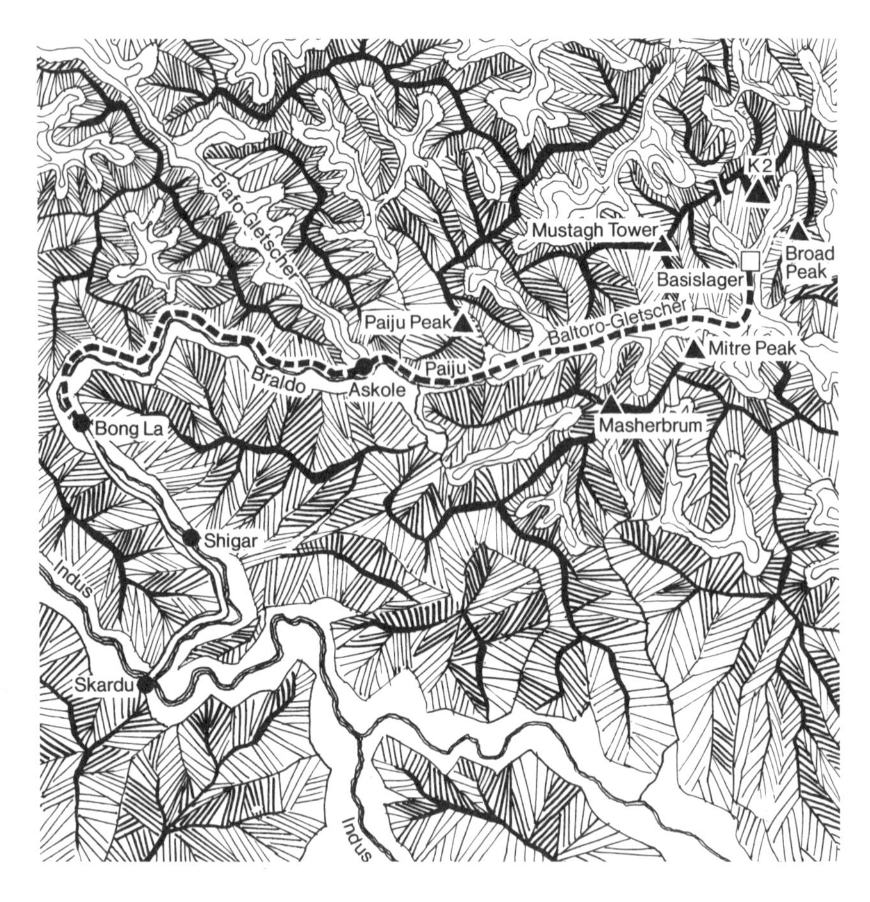

Der Anmarschweg von Skardu bis zum Basislager des K2 führt durch Schluchten und über Gletscher

Ende März geht es mit 17 landesüblichen zweirädrigen Karren in Rawalpindi, der letzten Eisenbahnstation im Gebiet, los. Auf der Straße durch das Jehlum-Tal reist man in sieben Tagen nach Srinagar.

Alle Ausrüstung, Tonnen von Gepäck, ist für den Kuli- oder Tragtier-Transport verpackt. Für sechs Europäer ist ein mehrmonatiger Gletscheraufenthalt garantiert. Man führt »sechs Zelte, sechs Schlafsäcke aus wasserdichtem Stoff mit rollbarer Korkmatratze und Federschlafsack, je einige Lasten Skier, Kleingeld, Instrumente, Apotheker-

und fotografische Artikel und eine Unmenge europäisch konservierten Proviants mit«. Alles in allem über 100 Lasten, Nahrung für 72 Tage.

Die Behörden sind angewiesen worden, die Expedition zu unterstützen. Die Männer sind also guter Dinge. Am 28. April 1902 verlassen sie Srinagar, von wo sie ein Dutzend »Kaschmiri« zur Bewachung der Träger und auch als persönliche Bedienung für sich selbst mitnehmen. In harten Tagesmärschen geht es durch das herrliche Sind-Tal, eines der schönsten Täler der Erde!

Die Überschreitung des Sodschi La wird ein erster harter Tag für die Träger! Von 2.30 Uhr früh bis gegen 4 Uhr nachmittags haben sie ihre schweren Lasten – durchschnittlich 25 Kilogramm – über Geröll und Schnee zu tragen.

Crowley: »Die Berge sind nichts als konturlose Schutthaufen gewaltigen Ausmaßes. Sie zeigen weder Profil noch bieten sie dem Auge einen Ruhepunkt. Keine Inspiration, nichts, was Interesse erwecken könnte. Es gibt nichts als den nagenden Wunsch, die tägliche Plackerei hinter sich zu bringen.«

In Skardu sind die Obstbäume verblüht und auf den Feldern stehen Ähren. Die Stadt, eine durch künstliche Bewässerung geschaffene Oase inmitten der Bergwüste, ist Sitz eines indischen Beamten, der Staatsanwalt und Richter, Polizist und Steuereinnehmer, Straßeningenieur und Sanitätsbeamter in einer Person ist. Kein bisschen Zivilisation. Ein weiter Talkessel, darüber ein Hochgebirge aus Sand.

Der Marsch durch das Shigar- und Braldu-Tal bis Askole ist lang. Am 29. Mai erreichen sie Askole, ein letztes Dorf. Das eigentliche Expeditions-Unternehmen beginnt. Es gilt, mit der gesamten Ausrüstung so rasch und so nahe wie möglich an den K2 heranzukommen, dort ein Hauptlager einzurichten, die Träger zu entlassen und mit wenigen ausgesuchten Leuten die Besteigung zu versuchen.

Die Hauptschwierigkeit im unbewohnten Hochgebirge ist die Verpflegung der Helfer. Zu den 100 eigenen Trägern kommen also 50 weitere Leute als Mehlträger dazu. Je ein Kilogramm pro Tag und

Steinschlaggefährdet, rutschig und steil sind die Hänge des Braldo-Tales. Für die schwer beladenen Träger gefährlich

Der Himalajaismus könnte ohne Gefahr nicht bestehen. Denn ohne Risiko wäre es eben kein Abenteuer. Ich glaube, das macht den Wert dieser Himalaja-Unternehmungen aus. MAURICE HERZOG

Die Baltis, die Männer aus Skardu, Kapalu, Askole, sind zäh
und stark, aber auch eigenwillig und fordernd

Drüber ragen die Berge, diese Berge! – sehnenweckend, weil selbst ein Bild himmelstürmender Sehnsucht, erdrückend in der Gewalt ihrer Massen und doch ganz edelste Form! HEINRICH PFANNL

zehn Tage ergibt für 150 Leute 1500 Kilogramm Mehl. Im kleinen Dorf Askole gibt es erstmals Streit zwischen Eckenstein und Crowley.

Crowley: »Eckenstein wollte, dass ich meine Bücherei zurückließ. Seiner Theorie des Reisens in ferne Länder zufolge sollte man dabei vorübergehend zum absoluten Wilden werden; aber die Erfahrung hatte mich gelehrt, dass man nicht von Brot allein leben kann. Die bei fast jeder Entdeckungsfahrt anzutreffende geistige und moralische Instabilität der Europäer führte ich deshalb auch eher auf den Mangel an intellektueller Entspannung zurück als auf die mit den physischen Bedingungen verbundenen Qualen und Nöte. Schon wegen eines Stückes Zucker hätten sich die besten Freunde gegenseitig die Schädel einschlagen können. Nun will ich nicht gerade behaupten, dass ich ohne Milton und die anderen den Baltoro-Gletscher nicht ertragen hätte, aber andererseits steht es fest, dass Pfannl verrückt und Wessely derart fresssüchtig wurde, dass er knapp vor dem Diebstahl stand.«

Crowley kann wie Baudelaire tagelang ohne Brot sein, aber nicht ohne Poesie. Er will entweder mit seinen Büchern oder gar nicht weitergehen. Eckenstein gibt nach. Er ist ein geschickter Expeditionsleiter und zahlt zum Beispiel die Träger selbst – ohne Mittelsmänner – aus, was sie williger macht.

In Paiju werden die Leute in drei Gruppen aufgeteilt: eine Vorhut aus etwa 20 auserlesenen Leuten und zwei Haupttrupps mit jeweils 65 Mann. Der kleine Vortrupp soll den besten Weg suchen. Außerdem lassen sich geeignete Lagerplätze leichter für 65 als für 150 Mann finden. Auch sollen die ängstlichen Gemüter die Mutigen nicht verderben. Crowley führt die Vorhut. Eckenstein bleibt zur Rückendeckung in Paiju zurück. Später verlegt er das Lager nach Urdukas. Wessely und Pfannl führen die erste Trägergruppe, Knowles und Jacot-Guillarmod begleiten den zweiten Haupttrupp.

Crowley geht also mit 20 Kulis voraus. Einen Tagesmarsch zurück folgen Pfannl und Wessely mit 80 Mann, der Rest der Karawane ist noch weiter hinten.

Am Morgen des achten Tages, als man vom Baltoro-Gletscher auf den Godwin-Austen-Gletscher einbiegt, sehen die Bergsteiger den K2 zum ersten Mal.

Pfannl: »Wir selbst stehen schon in Mont-Blanc-Höhe und der Riese baut sich noch 4000 Meter über uns auf. Kein Vorberg deckt seine Größe; aus prachtvoll gewelltem Firnmantel reißt er sich los, in hohen Stufen streben die Grate zusammen, scharf schneiden die Eisrinnen durch, in denen gleich duftiger Zier die Wölkchen todbringender Lawinen verstäuben; und schier unglaublich hoch schwebt die höchste Firnkuppe, im Lichte badend, das Lichtsehnen weckend in der Menschenseele, zu Tat drängend und Tod!«

Es sollte nicht besonders schwer sein, von Südosten bis zur schneebedeckten Schulter aufzusteigen. Von dort, in über 7000 Meter Höhe, kann der Gipfel an einem Tag erreicht werden. ALEISTER CROWLEY

Der K2 im Talhintergrund beim Einbiegen nach Concordia, rechts der Broad Peak

Die Einheimischen nennen den K2 »Chogori« (Aussprache: Tschogori mit Betonung auf dem i), den »großen Berg«.

Pfannl: »Ich glaube, dies ist ein guter Name und er sollte dem Berge bleiben, denn er trifft die Sache!«

Am neunten Tag lagert die Expedition am Südfuß des Berges, am Morgen des zehnten Tages, nachdem sie östlich über einen steilen Firnbruch emporgestiegen sind, unter der Ostflanke. Hier, zwischen K2 und Broad Peak, hat Crowley seine Zelte aufgeschlagen. Der Platz ist lawinensicher, aber Stürmen ausgesetzt. Das Lager steht auf Eis. Zuletzt stehen fünf Zelte: eines bewohnt Crowley, eines Jacot-Guillarmod und Knowles, ein drittes Wessely und Pfannl, das vierte die fünf der zurückbehaltenen Leute. Das fünfte benützt man als Küchenzelt.

Nach einer ersten Rekognoszierung setzt starker Südwestwind ein. Schneetreiben! Erzwungene Rast im Basislager. Die Kochapparate, schwedische Petroleumöfen, brennen. Aber die Kochtöpfe sind nicht verschließbar, sodass bei der niedrigen Siedetemperatur viele Nahrungsmittel nicht gar werden. Als sich das Wetter bessert, studiert man den Berg vom Basislager aus.

Die Bergsteiger erkennen drei Möglichkeiten, zum Gipfel des K2 zu kommen: erstens den schwach ausgeprägten Grat, etwa 3000 Meter hoch, der später Abruzzi-Grat genannt wird. Nur: Ist dieser Weg auch für die Kuli gangbar? Rechts davon sind eisgepanzerte Steilmauern, die fast unaufhörlich von Eislawinen bestrichen werden.

Die zweite Möglichkeit glauben sie in der späteren Amerikaner-Route zu sehen: von Osten über Grate auf das gigantische Firnplateau und weiter durch eine steile Schneerinne zum Gipfel.

Eine dritte Route könnte über zusammenhängende Firnfelder von einer Scharte im Nordostgrat zur Schneeterrasse und von dort weiter zum Gipfel verlaufen.

Die Frage lautet: Wo ist ein für Kuli gangbarer Weg? Und besteht Aussicht, den K2 im alpinen Stil zu bezwingen? Die Steilflanken und schlechtes Wetter erzwingen immer wieder den Rückzug.

Am 10. Juli kommen Wessely und Jacot-Guillarmod bis zu ihrem höchsten Punkt, höher als sieben Jahre später die Expedition des Herzogs der Abruzzen, die irrtümlicherweise oft für den ersten Besteigungsversuch dieses Berges gehalten wird.

Crowley, an Malaria erkrankt, hat 41 Grad Fieber und halluziniert. Er sieht überall Schmetterlinge! Plötzlich richtet er seinen Revolver auf Knowles. Dieser versetzt ihm einen Schlag in die Magengrube. Crowley geht zu Boden, sein Revolver fliegt davon. Die beiden konnten sich von Anfang an nicht besonders gut leiden.

Dann erkrankt Pfannl an einem Lungenödem. Er muss in ein tieferes Lager geschafft werden, ist vollkommen am Ende. Wessely begleitet ihn. Pfannl spuckt Blut. Crowley behauptet, Pfannl verfalle dem Wahnsinn. Seine Persönlichkeit sei in drei Teile gespalten.

Pfannl: »Sicher ist, dass ganz gesunde, trainierte Menschen sich bald an jene Höhen so vollständig gewöhnen, dass sie jeder alpinen Aufgabe gewachsen sind; doch eine Erkältung der Atmungsorgane wird stets große Aufmerksamkeit erfordern. Und überhaupt gebe man sich keiner Täuschung darüber hin, dass die Sache in jenen Höhen, wenn die Form des Berges das Mitkommen der Kuli nicht mehr erlaubt und zu alpinem Vorgehen zwingt, zufolge der Gewalt der Stürme, der Schnelligkeit, Heftigkeit und Dauer der Wetterstürze, der Tiefe der Temperatur bei schlechtem Wetter, stets eine sehr ernste ist; und wer dort davon spricht, dass er nichts riskieren will, der befindet sich entweder in einer gefährlichen Täuschung über diese seiner Gewalt entzogenen Faktoren oder seine Absicht, einen dieser Berge zu bezwingen, kann nicht ernst genommen werden.«

Was für Erkenntnisse! Und dies vor 100 Jahren! Viel mehr wissen wir über das Bergsteigen in großer Höhe heute noch nicht.

Schlechtes Wetter und die wachsenden Schneemassen verhindern weitere Erkundungen. Das Team war nicht weit über 6000 Meter hinausgekommen.

Die erste Tragödie am K2

Amerikanische Expedition 1939 unter Fritz Wiessner

1909 führt der Adelige Luigi Amedeo von Savoyen, Herzog der Abruzzen, eine große italienische Expedition in das Baltoro-Gebiet und startet einen Versuch am Südostsporn (später Abruzzi-Sporn), den der Herzog als die günstigste Aufstiegsroute erkennt. Die Expedition errichtet ein Lager auf 5560 Meter, kommt dann aber nicht viel weiter. Dennoch ist die Expedition nicht ganz als erfolglos zu bezeichnen, wurde doch – neben der reichen fotografischen Ausbeute und einer ersten brauchbaren Karte der Region – der Aufstiegsweg der späteren Erstbegeher erkannt. Darüber hinaus wendet sich die Expedition zuletzt dem Siebentausender Chogolisa zu, wo ein Höhenweltrekord (7500 Meter) aufgestellt wird. Der Gipfel aber kann auch hier nicht erreicht werden. Die Geologie steht im Mittelpunkt. Wie 1929, als eine zweite italienische Großexpedition im Baltoro-Gebiet arbeitet.

Erst 1938 wird erneut ein Angriff auf den Berg selbst unternommen. Dr. Charles Houston führt junge Amerikaner zum Berg, die in den Alpen, im Himalaja und in Alaska Erfahrungen gesammelt haben. Ihr Ziel ist ein Aufstieg an der Südostseite, dort, wo es schon andere versucht haben. Nach schwierigen Kundfahrten entdecken sie eine mögliche Route zur Schulter unter der Gipfelpyramide. Obwohl Zeit und Proviant knapp sind, gelingt es, über eine Serie von Rippen, Platten und Türmen, die die konvex geformte Südostwand des Berges bilden, eine Höhe von 7900 Metern zu erreichen. Alle sind überzeugt, dass auch das letzte Stück möglich ist. Charles Houston und seine Expedition erreichen an der Abruzzi-Rippe die Gipfelpyramide und kehren als Helden in die USA zurück.

Der K2 von Süden. Typische Schlechtwetterwolken hängen an den Süd- und Südostflanken

Der einzige Grund, hier zu sein, ist der Berg über uns, riesengroß. So groß, dass man sich in das Zelt verkriechen muss, damit man sich nicht verliert. REINHARD KARL

Dies ist das Signal für eine zweite amerikanische Expedition, die 1939 unter der Leitung von Fritz Wiessner einen Versuch unternehmen wird. Fritz Wiessner, der schon 1938 eine Erlaubnis für eine Expedition zum K2 hatte, im Sommer 1938 aber nicht weg kann, wird 1939 US-Bürger. Seine Expedition 1939 zum K2, von Anfang ohne Glück, wird zur Tragödie.

Fritz Wiessner sichert sich also für 1939 wieder eine K2-Genehmigung. Die Teilnehmer der Expedition von 1938 aber, ursprünglich als Mitglieder in Wiessners Team vorgesehen, fallen aus. Keiner der K2-Erfahrenen kann teilnehmen. Wiessner will die Expedition trotzdem nicht verschieben. Er startet mit einer schwachen Mannschaft: Fritz Wiessner ist 39 Jahre alt, Eaton Cromwell 42, Dudley Wolfe 44, Chap-

Wie ein riesiger Tausendfüßler schlängelt sich die Trägerkarawane den Baltoro-Gletscher aufwärts

Fritz Wiessners Vorstellungen von Sportlichkeit am Berg bezogen sich aber noch auf andere Bereiche als nur auf reines Klettern. Am K2 unmittelbar vor Ausbruch des Zweiten Weltkrieges war er mit seinen Expeditionskameraden übereingekommen, auf Sauerstoffgeräte zu verzichten. DIETRICH HASSE

pel Cranmer 21, George Sheldon 21, Jack Durrance 28. Auf künstlichen Sauerstoff und die Benutzung von Funkgeräten wird verzichtet.

Im Basislager angekommen, erkrankt Cranmer. Der als Expeditionsarzt fungierende Medizinstudent Durrance muss zu seiner Pflege meist dort bleiben. Cromwell und Sheldon sind nicht höhentauglich. Trotzdem gelingt das Unglaubliche: Am 18. Juli steht eine Lagerkette bis zur Schulter: Lager II, IV, VI und VII verfügen über Zelte, Schlafsäcke und Proviant für mehrere Bergsteiger. Pasang Kikuli, der wohl erfahrenste Sherpa der dreißiger Jahre, einer der Überlebenden der Nanga-Parbat-Katastrophe von 1934, kann wegen seiner Erfrierungen von früher nicht beim Gipfelgang eingesetzt werden. Also bleibt er als Nachschubdirigent im Lager VI (7100 Meter). Im Lager VIII (7700 Meter) sichert Wolfe die Gipfelseilschaft, die aus Wiessner und Pasang Dawa Lama besteht. Ins Lager IX (8000 Meter oder höher) haben die beiden Proviant und Brennstoff für eine Woche gebracht.

Am 19. Juli erreicht Wiessner am frühen Abend eine Höhe von weit über 8000 Meter. Nur etwa 300 Höhenmeter trennen Wiessner und Pasang vom Gipfel. Vielleicht 400 Meter. Die schwierigen Kletterstellen sind aber noch nicht überwunden. Und Pasang, der die Rache der bösen Geister fürchtet, hat starke Bedenken. »No, Sahib, tomorrow!«, wehrt er ab und gibt das zu Wiessner hinaufführende Sicherungsseil nicht mehr nach. Wiessner ist zur Umkehr gezwungen. Beim Abstieg verliert Pasang die Steigeisen.

Im Lager IX ist alles, wie es war. Wiessner wundert sich nur, dass niemand mit Nachschub von unten gekommen ist. Aber das Wetter bleibt gut, die Reserven reichen. Kein Anlass zur Sorge also. Fritz Wiessner und Pasang Dawa Lama verbringen einen Ruhetag im Lager IX (heute weiß man, dass es in diesen Höhen keinen Ruhetag gibt, da der Körper sich nicht erholen kann) und unternehmen am 21. Juli erneut einen Gipfelversuch. Wegen der fehlenden Steigeisen kommen sie nur bis 8200 Meter. Also wieder Rückzug zum Lager IX. Wieder ist kein Nachschub eingetroffen. Am 22. Juli steigen sie ins Lager VIII ab. Wiessner lässt seinen Schlafsack im Lager IX zurück. Mit einem anderen Sherpa will er schnellstmöglich ins Lager IX zurückkehren.

Wolfe in Lager VIII freut sich zwar über das Auftauchen der Gipfelmannschaft, aber auch er hat keine Erklärung dafür, warum der

Nachschub von unten ausbleibt. Seine Vorräte reichen noch für drei Tage. Gemeinsam wollen sie also zum Lager VII (7500 Meter) absteigen, das gut ausgestattet ist. Wolfes Schlafsack und die Vorräte bleiben im Lager VIII zurück. Aber im Lager VII finden die drei Bergsteiger nichts. Es ist niemand da, und die Zelte stehen offen, voller Schnee. Das Lager ist geplündert. Eine schlimme Enttäuschung! Sie haben nun keine Vorräte und keinen Kocher. Zu dritt, nur mit einem Schlafsack, verbringen sie eine schreckliche Nacht. Sie müssen sofort weiter absteigen. Wolfe, als Langsamster, will im Lager VII bleiben. Mit dem verbliebenen Schlafsack und Essensresten. Am 23. Juli steigen Wiessner und Pasang weiter ab. Und sie machen eine schreckliche Entdeckung nach der anderen. Alle Lager sind leer! Lager VI, Lager V, IV

Was war hier geschehen – Sabotage? FRITZ WIESSNER

Blick vom Broad Peak auf die Gipfelpyramide des K2,
rechts Wiessners Umkehrpunkt (✖)

und III: leer! Sherpa Pasang Kikuli ist von Durrance abgezogen worden. Gegen seinen Willen ist er abgestiegen. Nirgends Kocher, kein Proviant, keine Schlafsäcke. Im Lager II verbringen Wiessner und Pasang eine weitere schreckliche Nacht. Am 24. Juli erreichen sie das Basislager. Mit letzter Kraft. Wiessner hatte es am 14. Juli verlassen.

Durrance hatte einen Zettel im Lager II hinterlegt, in dem er informiert, dass er angeordnet hat, die 13 Schlafsäcke aus den Lagern II bis VI ins Basislager zu bringen. In der Note wird zum Gipfelsieg am 18. Juli gratuliert. Durrance hat wohl angenommen, Wiessner, Wolfe und Pasang Dawa Lama würden nach ihrem Gipfelgang ihre eigenen Schlafsäcke von oben mitbringen. Wiessner verzeiht Durrance und vergisst die Angelegenheit vorerst.

40 Tage lang ist Wiessner am Berg gewesen, zehn Tage davon gemeinsam mit Pasang Dawa Lama in Höhen über 7500 Meter. Unglaublich! Jetzt ist er zu erschöpft, um sofort wieder aufzusteigen. Aber Wolfe braucht Hilfe! Und zwar sofort. Aber die Mitglieder Cranmer und Sheldon sind bereits abgereist. Cromwell will weg. Die Expedition beginnt sich aufzulösen. Nur Durrance kommt für eine Hilfsaktion in Frage. Im Lager IV wird er höhenkrank, scheitert. Also müssen die Sherpas Wolfe holen. Wegen Schlechtwetter können sie aber nicht bis zu ihm aufsteigen.

Wolfe, seit einer Woche ohne Nachschub, kann erst am 30. Juli erreicht werden. Von vier Sherpas unter Leitung von Pasang Kikuli. Einen sofortigen Abstieg lehnt Wolfe aber ab. Sein schlechter Gesundheitszustand erlaubt es ihm nicht, das Zelt zu verlassen. Er hat keinen Überlebenswillen mehr. »Vielleicht am nächsten Tag«, meint er. Die Sherpas haben weder Schlafsäcke noch Zelte dabei. Also können sie nicht bei ihm bleiben. Sie steigen ins Lager VI ab. Drei von ihnen werden am 31. Juli mit dem Fernglas gesehen. Durrance beobachtet sie vom Basislager aus. Bis wenig unterhalb von Lager VII. Sie befinden sich im Aufstieg. Sie wollen Wolfe zum Abstieg zwingen oder sich seine Ablehnung schriftlich bestätigen lassen. Der eine Sherpa, im Lager VI zurückgeblieben, kann später von ihrem Verschwinden berichten. Von oben kommen keine Nachrichten mehr. Am 3. August beginnt Fritz Wiessner also mit zwei weiteren Sherpas den Aufstieg. Am 4. August erreichen sie Lager II. Sturm und starker Schneefall. Zwei Tage lang werden sie aufgehalten. Am 7. August drängen die Sherpas zum Abstieg. Immer noch Schneesturm, Lawinengefahr. Mit einer völlig erschöpften Mannschaft und einer zerstörten Lagerkette besteht keine Chance, nach Lager VII vorzustoßen. Es ist zum Verzweifeln! Für Fritz Wiessner eine schreckliche Tatsache. Von Dudley Wolfe und den Sherpas Pasang Kikuli, Kitar und Pinsoo sind erst mehr als 60 Jahre später Reste gefunden worden. Am Fuße des Berges.

Steine, Eis und Wasser. Der Gletscher am Fuße des K2 erscheint wie das Gerippe eines Riesensauriers

Dieser Expedition folgen geschmacklose Vorwürfe. Fritz Wiessner hat einen wahren Nervenkrieg durchzustehen. Zuerst sucht er nach Erklärungen für das Verhalten der Kameraden, macht seinen Mannschaftskollegen aber keine Vorwürfe. Er entschuldigt ihr Verhalten. Ist es doch ein furchtbar langweiliges Geschäft, im Basislager zu sitzen und nicht zu ahnen, was hoch oben am Berg geschieht. Die Frage ist: War die Spitzengruppe zuletzt aufgegeben worden? Ja, wahrscheinlich.

Jahrzehnte später erzählt mir Wiessner, dass die anderen wohl deshalb ein schlechtes Gewissen hatten, weil sie mit dem Schlimmsten gerechnet hatten und nicht helfen konnten. Trotzdem, beim gemeinsamen Rückmarsch sind Wiessner und Durrance ständig beisammen, versuchen sich auszusprechen.

Wiessner: »Wir waren jeden Tag zusammen. Durrance betreute mich, als wäre ich ein Baby. Er machte sogar Eierkuchen für mich.«

Wiessner stellt dabei immer wieder die eine Frage: »Warum sind die Schlafsäcke gegen alle Übereinkünfte abtransportiert worden?«

Durrance macht dafür die verschollenen Sherpas verantwortlich. Die fundamentalen Fragen können also nicht beantwortet werden. Auch weil der eine dem anderen Unkameradschaftlichkeit vorwirft.

Durrance: »Fritz, hör auf damit, hör endlich auf damit! Wir haben lang genug darüber gesprochen!«

In der Zivilisation trennen sich die Wege von Wiessner und Durrance. Zurück in Amerika, wird versucht, Wiessner die Schuld für die Tragödie zu geben. Der Versager Durrance macht sich zum Richter über seinen Expeditionsleiter, der sich nicht wehren kann, ohne die Teilnehmer seiner eigenen Expedition zu kritisieren.

Wiessner, in den USA mit Schmähungen konfrontiert, bleibt allein. Der Umstand, dass er als Expeditionsleiter immer an der Spitze geklettert ist und zuletzt die Mannschaft gegen sich hatte, schwächt seine Position. Wiessner ist vielleicht kein guter Teamchef gewesen, und was Wolfes Fähigkeiten angeht, mag er sich getäuscht haben. Unkameradschaftlich aber waren andere. Die widerwärtige Art der Angriffe auf

Rast und Gebet am Fuße des K2. Den Trägern fordert der Berg Respekt ab. Im Hintergrund der Broad Peak

Die Führung des Amerikanischen Alpin Clubs hatte ein großes Unrecht begangen, indem sie Fritz die gesamte Schuld für die 1939 am K2 passierten Missgeschicke anlastete. Fritz' Hauptirrtum während dieser Expedition war einfach der, dass er so viel besser war als alle seine Begleiter. WILLIAM L. PUTNAM

Fritz Wiessner, auf seine Persönlichkeit sind Beweis genug. Sie sind nicht nur ein Schandfleck in der Geschichte des Bergsteigens, sie zeigen, wozu »Bergkameraden« fähig sind.

Zuletzt soll eine Untersuchungskommission des AAC, des »Amerikanischen Alpenvereins«, zu den Widersprüchen bei der K2-Expedition 1939 Stellung nehmen. Auch einen Weg aufzeigen, wie die Risiken bei der Besteigung hoher Berge minimiert werden können. Der Untersuchungsbericht und die Schlussfolgerungen aber belasten Fritz Wiessner schwer. Durrances Sicht dagegen wird gerechtfertigt.

Im Archiv des American Alpine Club fehlt seit damals jener Wiessner entlastende Zettel, den Durrance im Lager II zurückgelassen hatte und den Wiessner zusammen mit den Expeditionspapieren ins Archiv des ACC gegeben hat!

Nun beginnt sich die sensationslüsterne Tagespresse auf Wiessner zu stürzen. Er verlangt zwar vom American Alpine Club, auch seine Sicht der Dinge in der Fachpresse zu veröffentlichen, aber vergebens. Als sich Wiessner dann nicht gegen die Vorwürfe in der Öffentlichkeit wehrt – da er diese nicht als das richtige Forum für diese Angelegenheit ansieht –, wird ihm dies auch noch als Schuldeingeständnis ausgelegt. Am 26.12.1940 tritt Wiessner aus dem American Alpine Club aus. Der Skandal bleibt ohne Sühne.

Und genau dieselben Kameraden, die Wiessner heute verteidigen, verleumden andere Bergkameraden. Ohne jede Hemmung. Also kein Ende des Rufmords und der Kitsch-Kameradschaft.

Die Expedition von 1939 am K2 endet also nicht nur tragisch, an ihr wird Jahrzehnte später noch Kritik geübt. Warum? Die Expedition hat vier Tote gefordert, und im AAC wurde der Tod nicht als Teil des Bergsteigens akzeptiert. Selbst ernannte Fachleute fällten zudem Urteile am grünen Tisch und Fritz Wiessner gab als Deutscher damals ein ideales Feindbild ab. War er auch ein brillanter Felskletterer, ein Pionier, ein erfahrener Expeditionsbergsteiger, sein Team hatte nicht die gleiche Klasse.

Verwirrung aber entstand vor allem durch Informationen der vorzeitig zurückgekehrten Expeditionsteilnehmer, die jeden Grund hatten, die Tatsachen zu verschleiern. Ihr schlechtes Gewissen ließ sie Entschuldigungen in Form von Vorwürfen erfinden. Weil Fritz Wiessner nicht auf alle diese Vorwürfe in der Tagespresse reagierte, blieb Raum für weitere Spekulationen. Hat Wiessner doch bewusst auf Sauerstoff und Funkgeräte verzichtet und damit in den Augen vieler Nichtbergsteiger und der bergsteigenden Moralisten das Schicksal herausgefordert. Vorsätzlich, wie seine Gegner behaupten.

Der Eispickel von Pete Schoening

Amerikanische Expedition 1953 unter Charles Houston

1953 führt der Arzt Charles Houston seine zweite Expedition zum K2. Houston hat Touren in den Alpen und zwei Alaska-Expeditionen geführt. 1936 ist er bei der englisch-amerikanischen Nanda-Devi-Expedition (7816 Meter) dabei gewesen. 1938 leitet er eine erste amerikanische Expedition zum K2. Mit wissenschaftlichen Studien zur Höhenphysiologie vertraut, beflügelt ihn die Idee, den K2 ohne Sauerstoffgeräte zu besteigen. Das ist sein Plan. Gut akklimatisierte Bergsteiger sind doch schon 1924 8600 Meter hoch gestiegen. Ohne Maske! Das acht Mann starke Team besteht aus Charles Houston, Robert Bates, Robert Craig, Tony Streather, George Bell, Dee Molenaar, Art Gilkey und Pete Schoening.

Houston will zuerst Sherpas aus Darjeeling mitnehmen. Wegen der Spannung zwischen Pakistan und Indien ist die pakistanische Regierung dagegen. Also entschließt sich Houston, Bergbewohner aus dem Hunza-Tal als Hochträger einzustellen. Später zeigt sich, dass es ausgezeichnete Leute sind. In zukünftigen Karakorum-Expeditionen werden sie zur Elite der Helfer zählen.

Das große Abenteuer beginnt Ende Mai mit dem Flug nach Skardu. Es ist klar und heiß. Die blauen Vorberge des Himalaja ragen aus den dunstigen Ebenen. Dann kommen Nanga Parbat, Rakaposhi und Haramosh in Sicht, alle weit über 7000 Meter hoch. Nichts mehr als Gletscher und Gipfel.

Skardu liegt am Indus, inmitten steiler rötlicher Berge in einer weiten sandigen Ebene. Die Baltis bauen hier Gerste, Weizen, Maulbeerbäume, Aprikosen, Äpfel und Pfirsiche an. Alles Gepäck muss hier in Lasten von etwa 28 Kilogramm eingeteilt werden. Träger werden aus-

Expedition am Rande der Felder von Askole. Dahinter beginnt die Geröll- und Eiswüste des Karakorum

gewählt, die von Hunza-Trägern, die in vierzehntägigem Marsch aus ihrem berühmten Tal gekommen sind, dirigiert werden. Ein letztes Mal wird eingekauft und geordnet.

Frühmorgens am 5. Juni steigt eine Trägerkolonne den steilen Pfad zum Indus hinunter. Auf einer hölzernen Fähre setzen alle über den anderthalb Kilometer breiten Fluss. Wie ein Bandwurm marschiert die Kolonne durch eine heiße Sandwüste flussaufwärts. Die Expedition ist auf dem Weg zum K2.

Gletschersee am Beginn des Baltoro. Weglos ziehen die Träger in Gruppen über das Toteis

Zwei Wochen lang gehen sie tiefer und tiefer ins Gebirge hinein. Nein, schön ist Baltistan nicht, eher beängstigend abweisend, und doch ist der Karakorum ohne Vergleich. Diese Gegensätze! Riesenhafte Felswände ragen tausend und mehr Meter empor. Darüber Eisgipfel. Dazwischen wilde Gletscherbäche, wüstenhafte Täler. Selten eine grüne Oase. Die Felder, aus kilometerlangen Kanälen bewässert, um-geben ein Dorf. Diese uralten Anlagen – in Terrassen an steile Hänge gebaut – liefern gute Ernten. Das Klima ist angenehm: heiß im Sommer, mild im Winter.

Je weiter Houston und seine Mannschaft ins Baltoro-Gebiet vorstoßen, desto ernster werden die bergsteigerischen Fragen. Am 19. Juni endlich ist die Expedition in Concordia, wo der Godwin-Austen-Gletscher von Norden her in den Baltoro fließt. Eine dicke Wolkenbank verhüllt den K2. Nichts zu sehen. Endlich sind sie im Standlager, das für die nächsten beiden Monate ihre Heimat sein soll. Bates und Gilkey suchen am Fuße der Abruzzi-Rippe gleich einen Platz für Lager I. Während der nächsten Tage schleppen alle Lasten dorthin. Acht Sahibs und sechs Hunzas tragen um die Wette. Ein ausgezeichnetes Training.

Nun wird die Pyramide der Lager aufgebaut. Immer zwei Bergsteiger befinden sich an der Spitze. Lager IX, das Sprungbrett zum Gipfel, ist in einer Höhe von etwa 8230 Meter geplant. Ohne die Lager darunter wären die Bergsteiger der Spitzengruppe bei Schneesturm verloren. Lager VIII, in 7925 Meter Höhe, soll deshalb mit Nahrungsmitteln und Ausrüstung für acht Mann und zwei Wochen ausgestattet werden. Nach und nach werden alle Lager aufgebaut und die Route an schwierigen Kletterstellen mit fixen Geländer-Seilen versehen. Je höher die Amerikaner steigen, desto schwieriger wird das Gelände. Der Berg ist unbarmherzig steil, die Route exponiert. Dazu kommen Höhe, Kälte und Wind.

Am 31. Juli, der Wind ist bitterkalt, sind alle überzeugt, dass eine Schlechtwetterperiode zu Ende geht. Es ist also wichtig, in die ideale Ausgangsposition für den Gipfelangriff zu kommen. Alle sind tadellos akklimatisiert, im Lager VIII liegt genug Proviant. Für mindestens zwölf Tage. Ja, der »Gipfelsieg« ist möglich! Alle sind zuversichtlich, der Mannschaftsgeist ist nicht zu bremsen. Zwei Bergsteiger, zuletzt auf den Schultern aller stehend, werden den Gipfel erreichen! Wenn nur das Wetter aufklart! Aber Sturm, der mit voller Gewalt gegen die Zelte peitscht, und Schneewirbel halten an. Die Kocher werden durch die Zeltnähte hindurch ausgeblasen. An ein Weitergehen ist nicht zu denken. Das Schlechtwetter hält die Männer fest.

Sturm am K2. Wie eine Fahne hängt das Gewölk am Südostsporn. Die Expedition steckt dort fest

Wir hatten Erfahrung und Können, aber tatsächlich besaßen wir noch sehr viel mehr: die sich rasch entwickelnde Fähigkeit, gut zusammenzuarbeiten, Widrigkeiten ohne Klagen miteinander zu teilen und sogar angesichts des Todes unsere gute Laune nicht zu verlieren. CHARLES HOUSTON

Bell und Craig sind als erste, Gilkey und Schoening als zweite Mannschaft für den Gipfelgang bestimmt worden. Aber der Sturm tobt eine Woche lang. Alle Hoffnungen gehen dahin.

Am Morgen des 6. August beginnt die Katastrophe. Gilkey ist ohnmächtig. Der Bergsteiger, der eine Art Lähmung oder einen Krampf im linken Bein hat, liegt vor seinem Zelt. Er muss getragen werden. Venenentzündung im linken Bein!! Ein Blutgerinnsel hat eine Vene in seiner Wade verstopft. Art Gilkey muss sofort ins Basislager! Er kann nicht mehr gehen, soll hinuntergetragen werden. Allein der Gedanke erfüllt die anderen mit Schauder. Unter ihnen liegt ein Steilhang mit grundlosem Pulverschnee, darunter Blankeis. Weiter unten schwierige Kletterei. Ja, der Weg ins Tal, zurück zum Leben, ist steil, vereist und gefährlich. Es gibt aber keinen Ausweg. Die Lage ist ernst, denn sie können Gilkey nicht tragen.

Gegen Mittag sind Schlafsäcke und Ausrüstung verpackt. Gilkey, in seinem Schlafsack liegend, wird in ein zerrissenes Zelt gepackt. Rückzug. Alle gemeinsam. Gilkey schleifen sie hinter sich her. Als es steiler wird, müssen sie anhalten. Der Hang ist äußerst lawinengefährlich. Ein weiterer Abstieg wäre Selbstmord. Sie müssen zurück, also wieder aufsteigen. Ein jammervoller Versuch. Mit letzter Kraft können sie ihr altes Lager erreichen.

Aber sie können auch nicht länger im Lager VIII bleiben. Sie müssen eine sicherere Abstiegsroute finden.

Schoening und Craig halten eine steile Felsrippe westlich der Aufstiegsroute für möglich. Eine Erkundung bestätigt ihre Hoffnungen. Jetzt ist keine Zeit mehr zu verlieren. Wenn Teile des Blutgerinnsels in Gilkeys Bein in seine Lunge geschwemmt würden, wäre das höchstwahrscheinlich das Ende für ihn.

Die Lage ist zum Verzweifeln. Die Vorräte reichen nur noch für vier Tage und alle sind geschwächt. Schoening und Craig sind bis auf Sichtweite von Lager VII abgestiegen. Überzeugt davon, dass man weiter unten durchkommen werde – das Hinunterlassen von Gilkey ist überall mehr als problematisch –, muss nur noch besseres Wetter abgewartet werden.

Am 9. August fängt Gilkey stark zu husten an. Er hat eine Lungenembolie. Trotzdem, er bleibt heiter, beklagt sich nicht. Sein Abtransport ist die einzige Möglichkeit, ihn am Leben zu halten. Eine letzte

Chance. So klein sie auch ist, er muss sie kriegen. Der Abstieg wird für den nächsten Tag beschlossen. Die anderen kehren mit guten Nachrichten zurück. Die Wolken reißen auf.

Am 10. August beginnt also der Abstieg. Zelte und überflüssiges Material bleiben zurück. Es schneit nicht, der Wind hat nachgelassen, man kann 30 Meter weit sehen. Gilkey, in seinem Schlafsack in das zerrissene Zelt eingewickelt, wird bis zum Rand eines Steilhanges geschleift. Dort beginnt die mühsame Arbeit, ihn bis zur oberen Gratrippe hinunterzulassen. Eine langwierige Prozedur. Die Männer frieren. An

Diese Männer trugen einen hilflosen Körper über Eis- und Felsenschründe abwärts, die sogar für eine gesunde Seilschaft ohne Rucksack bedrohlich genug wären. Keiner dachte daran, Gilkey zu verlassen und zu fliehen – obwohl er höchstwahrscheinlich sterben muss.

CHARLES HOUSTON

Tiefblick am K2 entlang des gespannten Seiles bis zum Gletscherboden – fast 2000 Meter weit

Bärten und Wimpern klebt Eis. Für jede Steilstufe brauchen sie Stunden. Am späten Nachmittag sind sie ein paar hundert Meter vom Lager VII entfernt. Da geschieht das Unglück.

Gilkey, gesichert von Schoening, ist über eine kleine senkrechte Wand hinuntergelassen worden. Da überspült eine Pulverschneelawine die beiden. Irgendwie kann Schoening den Kranken halten. Streather, dicht über ihm, schreit. Bates und Houston, die von der Felsrippe aus sichern, glauben, es sei alles in Ordnung. Streather und Bell queren unter größter Vorsicht den steilen Eishang, während Bates und Houston an einem separaten Seil dicht aufgeschlossen folgen. Plötzlich stolpert Bell, fällt und reißt Streather aus dem Stand. Die nächsten Sekunden sind bis heute nicht rekonstruierbar. Das Seil der Partie Streather/Bell bleibt im Seil zwischen Gilkey und Schoening hängen. Schoening hat hinter einem kleinen Felskopf festen Stand. An einer Eispickelsicherung. Er lässt das Seil zudem über die Schulter laufen. Als das zweite Seil losschnellt, werden Bates und Houston in Bells Seil verwickelt, sodass alle fünf in das Seil fallen, das jetzt nur noch von Schoening gehalten wird. Ist es ein Wunder, die rasche Reaktion von Schoening oder seine Kraft, dass er alle halten kann? Das Nylonseil dehnt sich wie ein Gummiband. Nur dank der Elastizität und Schoenings Körpersicherung reißt es nicht. Auch die Eispickel-Verankerung von Pete Schoening hält. Als der Sturz abgefangen ist, liegen fünf Bergsteiger auf den Felsen dicht über der Abruzzi-Rippe. In prekärer Situation. Houston ist bewusstlos. Bates hängt mit dem Kopf nach unten. Molenaar und Streather bluten. Alle sind angeschlagen. Bell hat beide Fäustlinge und seine Last verloren. Seine Hände sind steif gefroren, weiß. Bates bindet sich los, gibt ihm seine Reservefäustlinge und steigt zu Houston ab. Streather, der nur Prellungen hat und aktionsfähig ist, spricht Gilkey Mut zu und legt ein Seil um seinen tief in den Hang gestoßenen Eispickel. Schoening ist zuerst etwas verstört. Er allein hat das Leben aller gerettet. Dann verankert er Gilkey an seinem Eispickel. Er traversiert zu den anderen, und sofort werden zwei Zelte aufgestellt. Auf einer aus dem Hartschnee herausgehackten Plattform. Die verletzten Männer untersuchen gegenseitig ihre Wunden und versorgen sie notdürftig. Dann machen sich Streather, Bates und Craig auf den Weg zu Art Gilkey, der 100 Meter weiter unten hängt. Er muss warm eingepackt werden. Im wehenden Schnee finden sie ihn zuerst aber nicht. Dann die Erkenntnis: Der Hang ist leer! Hat eine zweite Lawine Gilkey in die Tiefe gerissen? Auch die Eispickel sind verschwunden. Verzweifeltes Suchen, Rufen, Herumirren im Whiteout.

Mittlerweile ist es dunkel geworden. Vier von ihnen kriechen in ein kleines Zelt. Es ist zu eng, um zu kochen. Die anderen drei, im Biwakzelt zusammengepfercht, brauen die ganze Nacht über Tee für alle. Keiner findet Schlaf, aber der Wind flaut ab, und im grauen Morgenlicht geht es weiter bergab. Ohne Art Gilkey.

Wie sie den Abstieg zum Lager VI schaffen, wissen sie später nicht. Der Wind hat wieder zugenommen, peitscht ihnen Schnee ins Gesicht. Alle Bänder sind mit Eis bedeckt, alle Fixseile am Fels festgefroren. Trotzdem, nach acht Stunden sind sie im Lager VI.

Auch der nächste Tag ist schlimm. Wieder tobt der Sturm. Mit voller Wucht trifft er die Zelte. Also abwarten. Am zeitigen Nachmittag wird klar, dass sie weiter absteigen müssen. Bells Füße sehen schlecht aus. Molenaar und Craig haben angefrorene Fersen. Schoening hat Schmerzen in der Brust.

Am 13. August wird der Abstieg zum Lager II fortgesetzt. Besseres Wetter jetzt. Immer wieder findet man Spuren von Gilkeys Absturz: Fetzen des Zeltes, ein zerbrochener Eispickel, Seilreste. Bittere Teile eines verlorenen Traums. Sechs Hunza-Träger sind ihnen entgegengestiegen und bringen heiße Getränke.

Am nächsten Tag – das Wetter ist kristallklar – steigen alle zum Standlager ab. Bells Füße sind erfroren. Auf einer Tragbahre bringen ihn die Träger, die von Askole heraufgekommen sind, zum Standlager. Unmögliches ist möglich geworden. Nur Gilkey fehlt. Es ist ein Wunder, dass die anderen mit dem Leben davongekommen sind.

Vor dem Rückmarsch versammeln sich alle auf einem Felsvorsprung. Zu einer Andacht für Gilkey. Sie deponieren seinen Eispickel und einige seiner persönlichen Sachen dort, wo der Blick über die Gletscher frei ist. In einer Metallbüchse an einem großen Steinmann, den die Träger aufgeschichtet haben, bleiben Erinnerungen zurück.

Die Heimreise beginnt. Bell muss getragen werden. Auf einer Bahre, von zwölf Trägern. Als sie die lange Mittelmoräne nach Concordia hinabwandern, ist der K2 in dichtes Gewölk gehüllt. Wieder Schneesturm am »Berg der Berge«.

Es liegt im Bereich der Möglichen, dass sich Gilkey, der um seinen hoffnungslosen Zustand wusste, von den Äxten selber löste und dann in die Tiefe stürzte – um die anderen nicht zu gefährden. GALEN ROWELL

Diese Gedenkstätte von Art Gilkey erinnert an alle Toten des K2

Die Enttäuschung des Walter Bonatti

Die Erstbesteigung durch eine italienische Expedition 1954

Nach den Erfolgen französischer, englischer und österreichischer Bergsteiger im Himalaja steigen auch die Italiener in den Wettlauf um die Eroberung der Achttausender ein. Ihre Wahl fällt auf den K2. Der zweithöchste Berg der Welt ist ihr Berg, wird ihr Traumziel. 1954 ist es endlich so weit.

Ein Jahr vorher sind Professor Ardito Desio und Riccardo Cassin zum K2 aufgebrochen. Um dessen Besteigungsmöglichkeiten zu studieren. Ardito Desio, als geistiger Urheber der Expedition, wird 1954 der Leiter sein. Das Unternehmen soll Italien als Nation Prestige brin-

Walter Bonatti, der weltweit wohl erfolgreichste Bergsteiger zwischen 1954 und 1965

K2 – magisches Symbol – Zauberbann, der das ganze Wesen des Lebens einschließen und das ganze Dasein eines Menschen erfüllen kann. WALTER BONATTI

gen. Wie einst die Berg- und Polarexpeditionen des Herzogs der Abruzzen und die Heldentaten von Umberto Nobile am Nordpol. Im großen Stil also wird in Italien geplant und gepackt. Und die ganze Welt verfolgt das italienische Unternehmen am K2. Obwohl keiner der italienischen Bergsteiger Himalaja-Erfahrung hat. Mit Hilfe des italienischen Alpenclubs wird zuletzt eine Mannschaft bestellt. Unter Aufsicht des Nationalrates für Forschung und unter der Führung von Ardito Desio wird die Expedition vorbereitet. Auch der junge Walter Bonatti wird für diese Expedition ausgewählt.

Nach strengen ärztlichen und sportlichen Tests steht also Bonattis Name auf der Liste des Teams. Er ist der jüngste Teilnehmer. Der K2 wird zum Wendepunkt in seinem Leben.

Die »Eroberung des K2« – vom 30. April, dem Aufbruch in Skardu, bis zum 31. Juli, dem Tag des »Sieges« – ist für Bonatti ein »Kampf mit unerhörten Schwierigkeiten«. Zwei Monate »Belagerung«, der Tod von Puchoz, Trauer, Schlechtwetterperioden und zuletzt ein Biwak in 8000 Meter Höhe sind bleibende Bilder, ja Traumata. Dieser Walter Bonatti aus Bergamo, für den die Berge eine Art Fluchtmöglichkeit aus der Stadt darstellen, muss am K2 zuletzt erleben, dass der Alltag in großer Höhe noch hässlicher und unerträglicher sein kann als das Leben im Tal. Vielleicht zieht er aus den Erfahrungen von 1954 auch viel Kraft und Motivation für weitere alpinistische Unternehmen, jedenfalls ist er seit damals verbittert. Die Zivilisation und ihre Gesetze sind ihm seit damals suspekt, Geschwätz und Pathos ein Gräuel. Nein, Bonattis Schicksal ist kein Geschenk, nie scheinen ihn die Umstände zu begünstigen, aber er kämpft weiter um sein Glück. Seine Ziele erreicht er oft gegen viele Widerstände. Sein Instinkt ist dabei ebenso gut wie sein gesunder und trainierter Körper.

Endlich, am 28. Juli, brechen Erich Abram, Achille Compagnoni, Pino Gallotti, Lino Lacedelli und Ubaldo Rey im Lager VII, 7345 Meter hoch, zum »letzten Angriff auf den K2« auf. Bonatti, seit 21 Tagen an

Blick von Urdukas auf die Granitwände rechts des Baltoro-Gletschers: lohnende Kletterziele

1954 kam eine italienische Großexpedition zum Zuge. Man wusste in Italien ganz genau: Wenn es 1954 nicht gelänge, würden 1955 wieder die Amerikaner an der Reihe sein. Also – jetzt galt es! Und man handelte danach. Die Finanzierung dieses riesigen Unternehmens, an der sich auch der italienische Staat beteiligte, soll 120 Millionen Lire erreicht haben, also rund 200 000 Dollar.

GÜNTER OSKAR DYHRENFURTH

der Spitze der Expedition, bleibt niedergeschlagen im Zelt zurück. Die anderen wollen Lager VIII aufbauen und mit Ausrüstung für zwei Mann versorgen. Die Bergsteiger, die diese vorgeschobene Stellung beziehen, sollen die Gipfelstürmer sein. Desio, der Expeditionsleiter, hat die Entscheidung für den Gipfelgang an Compagnoni delegiert. Für Bonatti scheinen alle Träume verloren. Er ist krank, gebrochen, kraftlos. Er fühlt sich unnütz und hadert mit dem Schicksal.

Selbstvorwürfe, Fragen. Wie soll er seinen Platz an der Spitze wieder erobern? Plötzlich kommt Rey von oben zurück. Das Gesicht verzerrt vor Müdigkeit und Enttäuschung, schließt er das Zelt von innen und legt sich neben Bonatti auf den Schlafsack. Er hat seine Last im Schnee zurückgelassen. Als erstes Opfer des Gipfelsturms fällt er nun aus.

Gegen Abend kommen Abram und Gallotti zurück. »Also Compagnoni und Lacedelli!«, denkt Bonatti. Werden sie die Glücklichen, die Gipfelsieger sein? Aber was für ein Glück! In dieser Nacht wird Bonatti im Lager VII wieder fit, er ist wieder gesund. Ein Wunder ist geschehen! Der Wetterbericht ist endlich gut: heiter, kalter Nordwind,

Nun, da der Moment des Aufbruchs meiner Gefährten zum Gipfel kommt, scheint alles um mich zusammenzustürzen, ich fühle mich leer und überflüssig. Ich hadere mit dem Schicksal, das mir verwehrt, diesen so sehr ersehnten Augenblick mitzuerleben. WALTER BONATTI

Die mit Fixseilen abgesicherten Steilstufen am Abruzzen-Sporn, links der Broad-Peak-Nordgipfel

weitere Besserung in Aussicht. Das Lager VIII steht in einer Höhe von 7627 Metern.

Der Morgen des 29. Juli ist klar. Bonatti hat sich von seiner Magenverstimmung völlig erholt. Er fühlt sich stark. Auch Rey hat wieder Kraft. Nur Gallotti und Abram haben sich nach ihrer Erschöpfung am Vortag nicht vollständig gefangen.

Nach Plan sollen Compagnoni und Lacedelli jetzt vom Lager VIII nach Lager IX aufsteigen. Bis zu einem Band unter den roten Felsen, über denen sich die Gipfelpyramide erhebt. Dort – so sieht es das Programm vor –, ungefähr auf 8100 Meter Höhe, sollen sie ein kleines Zelt aufschlagen, Lager IX. Von dort wieder zurück zum Lager VIII. Inzwischen sollen die vier vom Lager VII zwei weitere Zelte und Ausrüstung zum Lager VIII schleppen, um dort eine Art vorgeschobenes Hauptlager einzurichten. Auch zwei Sauerstoffsets, die Lacedelli und Compagnoni für ihren Aufstieg vom Lager IX zum Gipfel brauchen, müssen hinaufgeschafft werden.

Die vier im Lager VII packen also ihre Lasten und gehen nach oben. Vereint in Einsamkeit und Langsamkeit. Rey und Abram aber, am Ende ihrer Kräfte, geben bald auf. Sie können nicht weiter, keinen Schritt mehr. Sie lassen ihre Last in den Schnee fallen und steigen taumelnd bergab. Sie sind am Ende ihrer Kräfte, apathisch. Sie haben das Menschenmögliche getan.

Auch Gallotti macht einen erschöpften Eindruck. »Wie weit er noch kommt?«, fragt sich Bonatti. Er wagt es nicht, ihn zu bitten, die geschulterte Last gegen das von Abram zurückgelassene Sauerstoffgerät zu vertauschen. Die Sauerstoffausrüstung ist ja für den »Gipfelsturm« unentbehrlich. Und ein einziger Apparat nützt auch nichts. Deshalb lässt Bonatti nun seine Last mit Sauerstoffflaschen – das schwerste Stück – zurück. Er schultert Lebensmittel und andere Ausrüstung, sodass sie Lager VIII ausbauen können.

Immer langsamer kommen Bonatti und Gallotti voran. Vorwärts! Sie plagen sich, rasten, raffen sich wieder auf, steigen höher. Am Nachmittag erreichen die beiden Lager VIII. Compagnoni und Lacedelli sind schon da. Erschöpft liegen sie im Zelt. Sie erzählen, dass sie an diesem Tag nur etwa 100 Höhenmeter geschafft haben. Ihre Rucksäcke haben sie zurückgelassen und sie sind abgestiegen, um sich zu erholen. Keine hoffnungsvolle Ausgangslage also für den Gipfelgang. Denn die Zeit ist knapp.

Nach dem Abendessen kriechen alle vier in die Zelte. Sie kommen zu folgendem Schluss: Jetzt gilt es. Der Gipfel des K2 kann aber nur erreicht werden, wenn es anderntags gelingt, die Sauerstoffsets zum Lager IX zu bringen. Ein Versuch, den Gipfel ohne Masken anzugehen, erscheint allen aussichtslos. Oder soll man das Unternehmen um einen Tag verlängern? Nein, die knappen Lebensmittel- und Brennstoffvorräte, die körperliche Leistungsfähigkeit der Spitzenleute erlauben es nicht. In so großer Höhe ist ja keine Regeneration möglich. Das Risiko eines Wettersturzes kommt dazu. Also jetzt oder nie! Dazu muss aber jemand in der Lage sein, die Sauerstoffsets herbeizuschaffen.

Blick von der Schulter des K2 auf die Gasherbrum-Gruppe und den Broad Peak

Es wird vereinbart, dass Bonatti und Gallotti anderntags Richtung Lager VII absteigen, um die Sauerstoffausrüstung zu holen. Im Laufe des Tages müssen sie diese zum Lager IX schaffen, koste es was es wolle. Eine mörderische Arbeit! Lacedelli und Compagnoni sollen inzwischen Lager IX errichten. Aber nicht an der vorgesehenen Stelle, sondern etwas tiefer. Um Bonatti und Gallotti ihren Kraftakt zu erleichtern, müssen Kompromisse gemacht werden. Mehr als 200 Meter Abstieg, dann mindestens 600 Meter Aufstieg, alles mit 20-Kilo-Lasten auf dem Rücken, ist sehr viel! Noch dazu in Höhen von 8000 Metern, in der Todeszone. Eine Aufgabe, der sich nur ein Idealist stellt. Oder ein Wahnsinniger. Stünde nicht der »Sieg über den K2« auf dem Spiel, niemand nähme die Strapazen auf sich.

Compagnoni ist sichtlich erschöpft. Ob er als Koordinator beim Schlussangriff seinen Platz nicht besser an den Stärksten im Team, Walter Bonatti, abtreten soll? Bonatti würde gerne mit Compagnoni tauschen, doch er hat Skrupel, um einen Platz in der Gipfelseilschaft zu bitten. Auch weil er weiß, dass Compagnoni nicht in der Lage wäre, den Sauerstoff zum Lager IX zu schaffen. Es ist zuletzt Compagnoni, der Bonatti ein Angebot macht: »Wenn du morgen im Lager IX in Form bist, wirst du vielleicht die Stelle von einem von uns beiden einnehmen müssen.«

Niemand will beschlossene Pläne umstoßen! Und Compagnonis angedeutete Optionen machen so oder so nur Sinn, wenn der Sauerstoff im Lager IX ankommt. Und nur Bonatti ist stark genug, diese Gewaltanstrengung auf sich zu nehmen. Nur er ist bereit, die Arbeit des Wasserträgers zu übernehmen. Gegen ein vages Versprechen, das wieder nur einzulösen ist, wenn er es schafft. Er ist jetzt also der Garant für den Erfolg. Denn der härteste Teil des Gipfelsturms kommt diesmal vor dem »Sieg«.

Bonatti: »Wenn unser Plan gelingt, werden wir morgen Nacht alle vier, wie jetzt im Lager VIII, im winzigen Zelt des Lagers IX zusammenhocken und ungeduldig den Morgen des ersehnten Sieges erwarten.«

Am anderen Morgen sind Bonatti und Gallotti um 8 Uhr abmarschbereit. Der Gipfel über ihnen erscheint klar und nahe. Als sie ein Stück weit abgestiegen und bei den Sauerstoffgeräten angekommen sind, steigen ihnen von unten, aus dem Lager VII kommend, Abram und die beiden Hunzas Mahdi und Isar Khan entgegen. Bonatti und Gallotti, die Geräte auf dem Rücken, beginnen ihren letzten Aufstieg. Bonatti geht voraus. Die anderen folgen.

Also, Achille und Lino machten sich auf den Weg nach oben, Richtung Schulter, Walter und ich stiegen ab, um die Sauerstoffflaschen zu holen. Endlich sind wir da. Inzwischen, vom »Camp VII« kommend, erreichen uns Erich und die zwei »Hunzas« Isar Khan und Mahdi. Alle drei schwer beladen. Mit den Sauerstoffflaschen auf dem Buckel machen wir uns auf den Weg nach oben. Walter ist bestens in Form. Er geht schnell und leichtfüßig. Ich folge ihm so gut es geht mit erbärmlichem, schwerem Schritt. PINO (GUISEPPE) GALOTTI

Der K2 vom Broad Peak gesehen, rechter Hand der Aufstiegsweg: Schulter, Schneehänge, Gipfelpyramide und der Biwakplatz von Bonatti (✗)

Im Lager VIII angekommen, kann Gallotti nicht mehr. Auch Isar Khan jammert. Abram äußert sich nicht. Nur Bonatti ist noch motiviert. Ein einzigartiges Beispiel menschlicher Willenskraft und Zähigkeit ist dieser Bonatti: »Wir haben ein schönes Stück hinter uns gebracht, sind aber noch weit entfernt von den beiden, die im Lager IX warten, und mit der Verschlimmerung unserer Lage sind sie in noch weitere Ferne gerückt.« Phänomenal, diese Ausdauer! Wie kann er nur die Lasten zum Lager IX bringen? Und wer ist der zweite Mann? Es gilt, den stolzen Mahdi zu gewinnen!

Zuerst wird eine Suppe gemacht. Dann versprechen die Sahibs Mahdi für den Sauerstofftransport eine Belohnung. In Rupien! Die Begeisterung bleibt begrenzt. Also lassen sie durchblicken, dass er möglicherweise mit Lacedelli, Compagnoni und Bonatti zum Gipfel gehen könne. Nein, das ist kein Schwindel. Der Fall könnte eintreten. Wenn beide Gipfelanwärter zu müde wären für die letzte Anstrengung. Mahdi geht auf den Vorschlag ein. Gallotti und Abram treten Kleidungsstücke an den Hunza ab – die Schuhe ausgenommen. Mahdi macht sich fertig für den weiteren Aufstieg. Auch Abram, bereit, die anderen beim Tragen abzulösen, kommt mit.

Es ist inzwischen 15.30 Uhr. Noch vier Stunden bis zur Dämmerung. Die drei steigen jetzt im Schatten, das schwere Gewicht der Atemgeräte auf den Schultern, sich jeweils nach 20 bis 30 Metern beim Tragen der Atemgeräte ablösend. Es ist kalt. In der Spur der Kameraden steigen sie immer weiter aufwärts. Ohne Lager IX ausmachen zu können. Wo das Zelt und die Kameraden wohl stecken? Ob sie selbst vor Einbruch der Nacht im letzten Lager ankommen? Vielleicht. Schritt für Schritt folgen sie der Spur, die geradewegs auf den Gipfel des K2 zuführt. Aber sie sehen die anderen immer noch nicht. Also sind diese hinter einem Felsen oder in einer kleinen Gletscherspalte. Wo sonst sollten Lacedelli und Compagnoni stecken? Oder sind sie doch so hoch gestiegen, wie es ursprünglich geplant war? Gegen die Vereinbarung vom Vorabend. Nein, das wäre dumm. Bonatti vermutet sie am Felsblock in der steilen Rinne unter dem großen Sérac. Kein

Die letzten Hänge des K2: Schulter, Rinne mit Felsblöcken, der große Sérac, die Gipfelkalotte (O Lager IX, ✖ Biwak von Bonatti und Mahdi)

Eine kühne Idee und ein Biwak auf 8000 Meter Höhe, um die Sauerstoffflaschen dort hinaufzubringen! Damit hat Bonatti Undenkbares gewagt. Seine Tat erst hat Compagnoni und Lacedelli den letzten Aufstieg ermöglicht. Sie ist gleichzusetzen mit jener von Jacques Balmat, der auf 3000 Meter Höhe übernachtete, bevor er zum Mont Blanc aufstieg. PIERO NAVA

Zweifel, dass sie dort sind. Inzwischen ist die Sonne hinter dem K2 verschwunden. Es ist noch kälter geworden. Bonatti, Abram und Mahdi bewegen sich in einer gespenstischen Welt. Überwältigend der Anblick der umliegenden Berge, aber auch Angst! Ja, Angst überall. Abrams Füße sind gefühllos. Er muss umkehren. Es ist Abend, 18.30 Uhr.

Bonatti und Mahdi gehen weiter. Sie sind jetzt am Grat, der die Ostflanke von der Südwand trennt. Die Route folgt zuerst dem Grat und führt dann über einen steilen Abhang nach links. Von unten sieht dieser Hang wie ein steiles Couloir aus, das unter dem großen Eisabbruch am Rande der Gipfelkalotte beginnt, nach unten hin immer breiter wird und in einen Trichter mündet, der direkt zum Godwin-Austen-Gletscher abfällt. Die Spur zieht weiter nach links ins Couloir und geradlinig zu einem großen Felsblock. Es ist immer noch kein Zelt zu sehen! Wo sind die Kameraden? Bonatti, unsicher, in welche Richtung er gehen soll, beginnt nach den Kameraden zu rufen. »Lino! Achille! Wo seid ihr?« Aber alles bleibt still, keine Antwort. Ob sie die Rufe im Zelt hören können? Sie müssen sich doch sehen lassen! In einer halben Stunde ist es Nacht.

Statt das Couloir zu queren wie die Kameraden, steigen Bonatti und Mahdi jetzt diagonal aufwärts, direkt auf den großen Block zu, hinter dem Bonatti die anderen vermutet. Der Hang ist steil und das Zwielicht verwirrt. Das Steigen ist gefährlich. Die Lungen drohen vor Anstrengung zu zerreißen. Hier darf keiner rutschen. Er würde 3000 Meter tief abstürzen! Mahdi und Bonatti verfluchen die Sauerstoffflaschen! Ihr Gewicht macht sie fertig. Stechende Schmerzen in Schultern, Beinen und Brustkorb jetzt. Welche Ironie: Der Sauerstoff, 20 Kilogramm Last, könnte sofort Erleichterung schaffen. Aber sie haben keine Masken dabei. Und sie erfüllen einen Auftrag. Wenn sie es nicht schaffen, die vollen Flaschen bis zum letzten Lager zu tragen, ist die Expedition gescheitert! Der Erfolg hängt jetzt von ihrer Mühe, ihrem Durchhaltevermögen, ihrem Einsatz ab. Bonatti und Mahdi fluchen, schreien, leiden. An Husten, Kälte, Erstickungsanfällen. Dazu Verzweiflung. Aber sie steigen weiter. Warum, verdammt, antworten Lacedelli und Compagnoni nicht? Noch 50 Meter bis zum Felsblock! »Achille! Lino! Antwortet doch!« Mahdi beginnt wie ein Besessener zu brüllen. Außer Atem, die Beine bis zu den Knien im Schnee, schwarze Nacht rundherum, droht Panik. Bonatti kann seine Worte nicht verstehen. Aber auch er selbst ist jetzt außer sich, voller Wut, leer vor Angst, am Ende.

Wie ein Trichter läuft die Rinne zusammen, ein schwarzer Abgrund darunter, fast 3000 Meter tief

Die Lasten mit den Sauerstoffflaschen sind die schwersten Einheiten, zugleich aber auch die wichtigsten: Sie sind für den Gipfelsturm unerlässlich. WALTER BONATTI

Bonatti lässt die Last liegen und klettert mit seinen letzten Kräften voraus. Auf allen vieren. Geradewegs nach oben. Die Anstrengung verschleiert Gedanken und Blick. Aber auch hinter dem Block ist nichts. Nichts als Nacht. Halb verwehte Spuren ziehen weiter, schräg nach links aufwärts. Auf eine steile Felswand zu. Unmöglich jetzt. Die letzten Hoffnungen sind zusammengebrochen. Eine heftige Erregung packt Bonatti. Er spürt, wie er verrückt oder ohnmächtig wird. Nicht fähig, irgendetwas zu tun oder zu denken, lässt er sich abwärts sinken. Gefasster dann, zieht Bonatti seine Handschuhe aus und durchsucht seine Taschen nach einer Lampe. Aber sie leuchtet nicht. Wegen der Kälte hat sich die Batterie entladen. Also kein Licht!

Kein Zweifel, die Kameraden sind am Fuß des großen roten Bandes, das bei Dunkelheit nicht zu erreichen ist. Was, wenn Bonatti und Mahdi jetzt absteigen? Lacedelli und Compagnoni würden anderntags die Sauerstoffflaschen nicht finden und müssten folglich aufgeben. Alles wäre umsonst gewesen. Dazu ist es zu dunkel jetzt. Um sicher absteigen zu können, müssten sie sehen und Bonatti Mahdi sichern. Auch Mahdi, kopflos geworden, verflucht alles und alle. Panik jetzt! Als sei er verrückt geworden. Bonatti redet ihm gut zu. Er soll ruhig sitzen bleiben.

Ob Lacedelli und Compagnoni die Sauerstoffsets finden oder nicht, ist den beiden inzwischen vollkommen gleichgültig. Der Abstieg bei Nacht aber wäre schlimmer als in fast 8100 Meter Meereshöhe den Tag abzuwarten. Kein Ausweg also, sie müssen biwakieren. Trotz der verzweifelten Lage!

Auch Bonatti kann nicht mehr logisch denken. Immerzu die Vorstellung vom Ende. Trotzdem haut er eine Plattform aus dem Schnee, auf der beide hocken können. Unruhe quält ihn und zwischendurch brüllt er: »Nein, ich will nicht sterben! Lino! Achille! Es ist unmöglich, dass ihr uns nicht hören könnt! Helft uns!«

Bevor sich die Ausgesetzten ihrem Schicksal fügen, rufen sie wieder und noch einmal nach den Kameraden. Um Hilfe. So gut es mit der ausgedörrten Kehle und den vertrockneten Stimmbändern gelingen will. Und plötzlich – ein Wunder! – ist da am Grat ein Licht zu sehen. Ist da ein Felsband? »Lino! Achille! Wir sind hier!«, schreit Bonatti. Es ist Lacedelli, der antwortet.

»Habt ihr den Sauerstoff?«

»Ja!«

»Lasst ihn liegen und steigt ab!«, rät Lacedelli.

»Unmöglich! Mahdi kann nicht mehr!«, antwortet Bonatti.

Der Hunza schreit, steht auf, tastet sich in der Finsternis am steilen Hang dem Licht entgegen. Wie im Delirium. Das Licht blendet ihn.

»Mahdi! No good!«, schreit Bonatti.

Das Licht erlischt und Bonatti hofft, dass die anderen ihnen entgegenkommen. Aber er wartet vergeblich. Eine ganze Nacht lang kein Lichtzeichen mehr.

Mahdi setzt sich wieder neben Bonatti. Kehlen und Lippen brennen. Nur leichte Windstöße, die Kälte aber ist mörderisch. Dazu kommt die Angst vor Eisschlag. Über ihnen hängt ein riesiger Eisbalkon. Wenn sich auch nur ein Splitter davon löst, sind sie weg. Mahdi, vor Kälte ganz steif, will ins Lager VIII zurück. »Unmöglich!«, sagt Bonatti. Zitternd vor Kälte rücken Bonatti und Mahdi also eng zusammen. Trotzdem werden Beine und Hände gefühllos. Es ist wie eine langsame Erstarrung. Mit dem Pickel klopft Bonatti fortwährend auf Schuhe und Beine, um die Blutzirkulation wieder in Schwung zu bringen.

Plötzlich kommt Wind auf. In Stößen, dann in Wirbeln, treibt er ihnen Schneeschauer ins Gesicht. Mit den Händen schützen die Ausgesetzten Mund und Nase. Sehen können sie nichts. So viel Schneestaub in der Luft. Unter den Kleidern. Der Sturm hält an.

Am Morgen lässt der Wind nach. Unter der Schulter des K2 hängt eine Wolkendecke, der Himmel aber ist klar. Mahdi und Bonatti können kaum noch denken, Schüttelfrost plagt sie. Mahdi starrt steif vor Kälte nach unten. Mit verzerrtem Gesicht. Plötzlich, ohne die ersten Sonnenstrahlen abzuwarten, ist er auf und davon. Bonatti muss ihn allein absteigen lassen. Ein Stück weiter unten hält der Hunza kurz an, bleibt stehen und steigt dann weiter den Steilhang hinab.

Inzwischen ist das Sonnenlicht bei Bonatti. Es ist bald 6 Uhr. Lacedelli und Compagnoni? Was ist los mit den beiden? Bonatti legt die Sauerstoffgeräte frei, zieht die Steigeisen an und steigt ab. Dieser Bonatti ist nicht mehr der Bonatti vom Vortag, er ist völlig ausgedörrt, verzweifelt, gebrochen.

Nur die Sauerstoffflaschen, die er für die Gipfelseilschaft zurückgelassen hat, sind ihm ein kleiner Trost. Zurück im Lager VIII – Mahdi ist da, das Zelt, Freunde, Wärme –, kann Bonatti immer noch nicht

Der Blick vom Basislager des K2 nach Osten, links der untere Abruzzen-Grat. Hier unten begreift niemand, was oben passiert

Ich bin in jener Nacht am K2 beinahe gestorben, aber was mich wirklich umgebracht hat, ist dieses halbe Jahrhundert aus Scheinheiligkeit und Lügen. WALTER BONATTI

fassen, was passiert ist. Aber Abram und Gallotti sind erleichtert. Diese eine dramatische Nacht, der Bonatti nur physisch unversehrt entronnen ist, lässt die beiden nie wieder los: Der feinfühlige Bonatti sieht sich ungerechten Vorwürfen ausgesetzt. Und Mahdis Füße sehen schlimm aus.

Inzwischen ist es Nachmittag, 17.30 Uhr. Als Isar Khan in seinem Pidginenglisch plötzlich ruft: »Ein Sahib ist nahe dem Gipfel!«, stürzen alle aus den Zelten. Sie sehen, wie sich zwei winzige Pünktchen im blauen Schein der untergehenden Sonne dem Gipfel nähern. Es ist also gelungen!

Knapp vor Mitternacht sind die Gipfelsieger zurück im Lager VIII. Erich Abram, Pino Gallotti, Achille Compagnoni, Lino Lacedelli und Walter Bonatti sind wieder zusammen.

Bonatti: »Jubel über den Sieg.«

In dieser Nacht beginnt es zu schneien.

Achille Compagnoni und Lino Lacedelli haben 1954 also den Gipfel des K2 erreicht. Im Rahmen einer italienischen Expedition, die Professor Ardito Desio gewollt, organisiert und geleitet hat. Es steht außer Zweifel, dass der berühmte Geologe und Bergsteiger viel Zeit, Energie und Know-how eingesetzt hat, um seinen Traum, die »Eroberung

Die beiden »Gipfelsieger« Compagnoni und Lacedelli, die mit deutschen Sauerstoffflaschen (rot und blau) und Maske bis ganz oben kamen

Liebe Kameraden, seid frohen Mutes! Durch eure Anstrengungen habt ihr großen Ruhm für das Vaterland errungen.

ARDITO DESIO

»Gipfelsieg« für Italien. Die »Sieger« waren alle, also sollte die Gipfelseilschaft anonym bleiben

des K2«, zu realisieren. Ohne ihn, der den Karakorum gut kannte, wäre weder die Erkundungsexpedition 1953 noch die Besteigung 1954 möglich gewesen. Im offiziellen Expeditionsbuch (*La conquista del K2*, Garzanti 1954) und in einem Weißbuch (*Libro Bianco*, 1955) weist Desio nach, dass die Hauptleitung des Italienischen Alpenvereins (CAI) nicht viel mit seiner Expedition zu tun hatte. Im Gegenteil, der CAI war gegen eine solche Expedition, weil weder Mittel noch geeignete Alpinisten dafür zu finden gewesen wären. Gewiss, einige Sektionen des CAI, die ja eigenständig sind, haben Desio bei seinem Plan unterstützt, auch finanziell unterstützt. Die Hauptlasten aber trugen andere (C.O.N.I., C.N.R., private Sponsoren).

Warum der CAI diese Tatsachen bis heute nicht wahrhaben will, ist genauso unverständlich wie der Versuch Compagnonis, Bonattis Leistung zu schmälern. Ohne Desio hätte die Expedition nicht statt-

La Tribuna illustrata

Anno LXII - N. 33 15 agosto 1954 Lire 30

Una risonanza di gloria in tutto il mondo ha avuto la vittoria della spedizione italiana che il 31 luglio u. s. è riuscita a piantare il tricolore sulla vetta del K 2, alto 8610 metri, la più eccelsa cima dopo l'Everest e più difficile dell'Everest stesso. Con intensa emozione i compagni accampati 150 metri più in basso seguono lo scalatore nell'ultimo tratto di via breve ma rischiosissimo, lo vedono infine raggiungere la metà e segnare così una data storica negli annali dell'ardimento umano.

Es war unsere Absicht, bei einem Erfolg die Namen der Gipfelsieger geheim zu halten, um der Welt in eindrucksvoller Weise den wunderbaren Mannschaftsgeist unseres Unternehmens zu demonstrieren. CHARLES HOUSTON

Wie Houston will auch Desio den »gemeinsamen Sieg«. Compagnoni aber sieht sich als alleinigen Helden

gefunden, ohne Bonattis Einsatz wäre der Gipfel nicht zu erreichen gewesen. Der Erfolg am K2 hat also zwei Väter. Es mag sein, dass Walter Bonatti dünnhäutig ist, manchmal unduldsam, auch eifersüchtig darauf bedacht, seinen Ruhm zu verteidigen, Rechthaberei allein aber ist es nicht, die ihn heute noch in Wut versetzt, wenn von seinem Biwak am K2 die Rede ist. Seit 50 Jahren wird er in diesem Zusammenhang verleumdet.

Nicht nur, dass Bonatti und Mahdi, der später (1974) mir gegenüber Bonattis Schilderungen bestätigt hat, damals hätten umkommen können, steht außer Zweifel. Vor allem wie oberflächlich und falsch von ihrem verzweifelten Versuch, der Gipfelseilschaft die Sauerstoffausrüstung zu bringen, berichtet wird, treibt Bonatti bis heute zur Verzweiflung. Verständlicherweise.

Jede von Bonattis Handlungen an jenem denkwürdigen 30. Juli ist nachvollziehbar und alle Unterstellungen – er habe Sauerstoff aus den

Flaschen entnommen, selbst zum Gipfel gehen wollen – sind beleidigend. Zwar hat der CAI Bonatti rehabilitiert, Klarheit aber hat er nicht geschaffen.

Compagnoni und Lacedelli haben Bonatti und Mahdi nicht böswilligerweise im Freien biwakieren lassen. Vielleicht war ihnen nicht ganz klar, was es bedeutet, in dieser Höhe, Kälte und Exposition die Nacht auf einer Schneeleiste zu verbringen. Wollten sie nicht, dass Bonatti und Mahdi zum Lager VIII absteigen? Sie hätten sonst das Zelt mit den beiden Helfern teilen müssen. In der Nacht aber war der Abstieg für den Hunza zu gefährlich und die Sauerstoffflaschen hätten verschütt gehen können. Es ist verständlich, dass Bonatti, von Compagnoni mit dem Angebot geködert, im letzten Lager eventuell seine Stelle einnehmen zu dürfen, die Höllenanstrengung auf sich nahm, den Sauerstoffvorrat für den Gipfelgang bis ins letzte Lager zu bringen. Dass er den Hunza-Träger Mahdi seinerseits mit dem Versprechen lockte, ihn zum Gipfel mitzunehmen, wenn er bei der Schlüsselaktion hilft, die den Gipfelgang erst möglich machte, war nicht nur Taktik. Der Fall hätte tatsächlich eintreten können. Natürlich nicht nach einer so fürchterlichen Nacht im Freien, wie sie Bonatti und Mahdi nur knapp überlebt haben.

Wenn Bonatti auch später noch unterstellt wird, er habe die Sauerstoffvorräte angegriffen, die Gipfelseilschaft sei deshalb zuletzt ohne »Gas« geblieben, ist dies, weil inzwischen widerlegt, nicht zu entschuldigen. Erstens hatte Bonatti keine Maske und zweitens trugen Compagnoni und Lacedelli die ihren bis zum Gipfel über Mund und Nase gestülpt. Wohl nicht, weil die Flaschen seit Stunden leer waren?! Oder beruhigte Compagnoni im Unterbewusstsein sein schlechtes Gewissen, wenn er diese und ähnliche Vorwürfe in der Öffentlichkeit unbeantwortet ließ?

Bonatti ist nicht der Typ, der um etwas bettelt. Er will Gerechtigkeit. Nicht, weil ohne ihn der K2 1954 nicht bestiegen worden wäre, sondern weil er sich nichts vorzuwerfen hat. Es besteht kein Zweifel, dass

Die Karte des K2 (Ausschnitt) mit der Aufstiegslinie der Italiener 1954. Das Bonatti-Biwak ist allerdings falsch eingetragen, tatsächlich befand es sich an der mit ✖ markierten Stelle.

One sahib is ready to climb Key-Two. ISAR KHAN

Bonatti – obwohl der Jüngste – 1954 der stärkste Bergsteiger am K2 war. Er hat weitere zehn Jahre lang bewiesen, wozu er fähig ist. Er, und er allein, blieb am Ende in der Lage, die Situation zu retten. Sicher hatte Bonatti von Anfang an gehofft, den Gipfel zu erreichen. Wie fast alle anderen auch. Wer nicht? Seine Ambitionen wurden im Biwak unter dem Gipfel endgültig gebrochen. Dabei war er anfangs verletzt – ein von Lacedelli verursachter Unfall in Urdukas setzte ihm schwer zu – und wenige Tage vor dem Gipfelgang krank – verdorbener Magen. Sicher wäre ein ausgeruhter Bonatti 1954 auch ohne Sauerstoffhilfe vom letzten Lager zum Gipfel gegangen. Das heißt aber nicht, dass dies sein Plan gewesen ist. Sonst hätte er nicht den Transport der Flaschen übernommen. Damit ist endgültig, weil eindeutig bewiesen, dass er seine Ambitionen zurückgesteckt hat. Für den »gemeinsamen Sieg«.

Ist es also nur schlechter Stil, der nach dem K2-Erfolg sichtbar wurde? Nein, es ist mehr. Wie immer in solchen Fällen: je größer die Selbstvorwürfe, desto hemmungsloser die Schuldzuweisungen.

Die Geschichte hat Bonatti Recht gegeben. Und ich habe Verständnis dafür, wenn er in Kurzbiografien als der wahre »Sieger« über den K2 geführt wird. Er hat sich seine Anerkennung verdient. Auch seinem Rivalen Compagnoni ist sie nicht geschenkt worden. Wie dieser aber Bonattis Hilfe ausnützte, um sie dann als Verrat hinzustellen, ist geschmack- und stillos. Es ist auch entwürdigend.

Bonatti hat sich gewehrt, hat Recht bekommen, aber immer noch keine Genugtuung erzwungen. Weil so viele Vorurteile nicht widerlegbar sind! Er ist wohl auch deshalb zum Einzelgänger geworden. Dazu immer verschlossener. Er ist bis zuletzt wegen dieser Sache enttäuscht geblieben. In seiner tiefsten Seele verletzt. Bonatti hat ein gelungenes Leben hinter sich. Nur die Wunde vom K2 ist offen geblieben. Dabei hat er gerade am K2 bewiesen, dass er für eine gemeinsame Sache alles zu geben fähig ist. Es hätte nur einer Andeutung des Danks von Compagnoni bedurft und Bonatti wäre bei der 50-Jahr-Feier zur Erstbesteigung dabei. Für mich ist er der wahre Held vom K2: ein Star, der weit über allen anderen strahlt.

Milano, 7 maggio 1981

Egr. Signor
Reinhold Messner
1-39040 S.Maddalena di Funés (Bolzano)

Caro Reinhold

Ritengo doveroso inviarti per conoscenza copia della lettera e dei documenti indirizzati all'Istituto Geografico Militare di Firenze e al CAI Centrale dal momento che a darmene lo spunto sono stati proprio alcuni riferimenti contenuti nel libro della spedizione al K2 realizzata recentemente dal tuo gruppo.

Ho constatato tuttavia, rassicurandomi, che tali imprecisioni a cui ho fatto riferimento non provengono dalla tua penna, che accenna invece con obiettività alla pag. 112 dello stesso libro. Devo aggiungere che il tuo racconto sul balzo finale al K2 mi ha particolarmente interessato ed é anche molto ben scritto. Complimenti.

Con immutata stima e cordialità, e con i migliori auguri per le tue prossime imprese.

Sinceramente Walter

(Walter Bonatti)

In einem Brief von 1981 beklagte sich Bonatti über Fehler in der Berichterstattung zur Expedition von 1954

Was mich jedoch von allen Ereignissen am K2 in späteren Jahren am tiefsten prägte, waren die Geschehnisse nach der eigentlichen Expedition; sie gründeten auf Verleumdung, vor allem aber auf einer Lüge, die später als Wahrheit in die offizielle Geschichte der Eroberung dieses Gipfels eingehen sollte. Eine bewusste Falschaussage, die trotz der Entrüstung aller, auch der nationalen und ausländischen Presse, skandalöserweise bis heute nicht korrigiert worden ist. WALTER BONATTI

»Ein Wunder, wenn sie hinaufkommen«

Messner-Expedition 1979 – SPIEGEL-Artikel

1979 starte ich meine Reise zum K2. Es geht um die Südwand beziehungsweise den Felspfeiler links davon. Die SPIEGEL-Redakteure Wilhelm Bittorf und Joachim Hoelzgen (der die Expedition bis ins Hauptlager in 5000 Meter Höhe begleitet) berichten in einer Serie über das Unternehmen. Hier der Bericht aus dem SPIEGEL vom Juli und August 1979. Er steht stellvertretend für hintergründige Expeditionsberichterstattung.

Der Tote, der aus dem Gletscher kam. Der Fund, den eine japanische Expeditionsvorhut im vergangenen Herbst am Fuß des Berges Latok im Karakorum machte: eine knöcherne Hand und ein Unterarm mit noch einigen Hautfetzen daran, herausragend aus dem Gesteinsschutt, der das Gletschereis bedeckt. Gehören vermutlich zur Leiche eines Polen, der dort vor drei Jahren sein Leben ließ.

Naserullah Awan vom pakistanischen Ministerium für Tourismus erzählt diese Geschichte in seinem kahlen, heißen Büro in Islamabad. Vor ihm sitzen Reinhold Messner und ein Mitglied seiner Expedition, der Mailänder Alessandro Gogna. Sie sind zum »Briefing« erschienen, einem Vortrag über Verhaltensregeln vor Ort für die Chefs einer jeden Alpinistengruppe, die eine Lizenz bekommen hat, in den Bergen Nordpakistans zu operieren.

Der Pole sei mangelhaft begraben worden, meint Naserullah Awan und streicht die graue Haarsträhne zurück, die von dem Ventilator über seinen Kopf herabgeweht wird. Und direkt zu Messner: »Ich wünsche Ihnen das Beste. Aber wenn Sie einen Toten haben sollten, dann sorgen Sie bitte dafür, daß er möglichst tief begraben wird.«

Reinhold Messner grinst und bleckt aus seinem Bart heraus die Zähne. »Wir werden aber keinen Toten haben«, sagt er. Es klingt, als habe nur er ganz allein darüber zu entscheiden, ob in seiner Expedition gestorben wird oder nicht.

Einen Augenblick stutzt der Beamte der Islamischen Republik Pakistan, in der Allah über Sein oder Nichtsein befindet und nur in Ausnahmefällen der General Sia-ul Hak. »Es ist nur ein Hinweis«, sagt er dann. »Gletscher bewegen sich, und Moränen bewegen sich. Deshalb sollte man Tote so begraben, daß sie begraben bleiben.«

Das war Ende Mai. Denn Reinhold Messner, der ungewöhnliche Fels-, Eis- und Schneemensch aus Südtirol, der allein auf den Achttausender Nanga Parbat stieg und den höchsten Punkt des Globus am Everest ohne Sauerstoffmaske erreichte, ist wieder unterwegs.

Er ist inzwischen zusammen mit fünf anderen Alpinisten und 130 Trägern vom Oberlauf des Indus zum Fuß des entlegensten Bergrie-

Die Balti-Träger sind stolz, mit uns paar Sahibs auf Expedition zu gehen. Gegen Bezahlung.
REINHOLD MESSNER

Tanzender Balti-Träger während des Anmarsches

sen der Erde gezogen, zum Fuß der ruppigen Pyramide, die noch immer mit dem britisch-kolonialen Vermessungscode »K2« bezeichnet wird, weil auch die Einheimischen ursprünglich keinen Namen dafür hatten. Sie kannten den Berg nicht: zu weit lag er von der letzten menschenmöglichen Behausung entfernt.

Der K2 hockt am oberen Ende eines 60 Kilometer langen Gletschers auf der Grenze zwischen Pakistan und China im Karakorum-Gebirge. Sein Gipfel ist 239 Meter niedriger als der Mount Everest, der 1200 Kilometer weiter im Südosten in Nepal an der anderen Flanke der asiatischen Über-Alpen steht. Mit 8611 Metern ist der K2 die zweithöchste Erhebung der Erdkruste.

Den 130 Kilometer langen Fußmarsch zum K2 durch die Schlucht des Braldu-Flußes und über den langen Baltoro-Gletscher bewältigte Messners Truppe mit der Trägerkolonne Anfang Juni in elf Tagen. Das war gleich schon wieder eine neue Bestleistung: Alle früheren Expeditionen zum K2 haben erheblich länger gebraucht. Mit 21 Tagen Trekking lag das amerikanische K2-Team vom vergangenen Jahr für bisherige Begriffe noch ganz günstig.

Doch bei eben diesem Anmarsch traf Messners Unternehmen das erste Mißgeschick. Das einzige weibliche Expeditionsmitglied, Ursula Grether, stürzte an einem Geröllhang in der Braldu-Schlucht und rutschte fünfzehn Meter dem brodelnden Wildwasser entgegen, ehe sie ein vorspringender Felsbrocken stoppte. Sie verletzte sich dabei schwer am Knöchel, mit einer klaffenden Schnittwunde bis auf den Knochen und Bänderrissen.

Die 27jährige Badenserin war im letzten Jahr Messners Campgefährtin am Everest und am Nanga Parbat. Als frisch approbierte Medizinerin sollte sie nun im Basislager als Expeditionsärztin walten. Doch ein Hubschrauber der pakistanischen Armee mußte sie aus dem Braldu-Tal holen, nachdem die anderen sie notdürftig geschient und verbunden hatten. Per Linienjet wurde sie dann von Rawalpindi aus zur Behandlung nach Deutschland zurückgeflogen.

Das Basislager am Fuße des K2 mit den pyramidenförmigen Schlafzelten, in der Mitte das Kochzelt

Der Platz, der öder nicht sein kann, der beinhaltet doch die Hoffnung, den K2 zu besteigen. REINHARD KARL

Das Basislager der Messner-Expedition steht seit 10. Juni 4950 Meter über dem Meeresspiegel in tiefem Neuschnee auf dem Godwin-Austen-Gletscher nahe dem Südende des K2-Massivs. Es steht in Sichtweite der Gedenktafel für die sieben Männer, die bisher an diesem Berg umgekommen sind, von denen aber nur einer, der Italiener Mario Puchoz, dort ordnungsgemäß begraben werden konnte. Alle anderen Opfer blieben unauffindbar.

Nach dem Ausfall von Ursula Grether gibt es im Team nur noch einen, der ärztliche Kenntnisse hat: den Grazer Medizinstudenten Robert Schauer, der eigentlich nur klettern wollte.

Mit 25 der Jüngste, ist er am Berg so stark, daß ihn die ohnehin kleine Truppe Messners beim Aufstieg nicht entbehren kann. Ein einziger pflegebedürftiger Krankheits- oder Verletzungsfall würde die Expedition schon in größte Bedrängnis bringen. Einen anderen Arzt aus Europa herbeizuholen ist nicht möglich: Alle erprobt höhentauglichen Mediziner sind ausgebucht. Und wer sonst könnte ohne weiteres wochenlang in 5000 Meter Höhe leben, ohne selbst wieder einen Arzt zu brauchen? Messner: »Wir haben keine Wahl. Wir müßen's drauf ankommen lassen.«

Und doch ist dieses Dilemma nur eine der zusätzlichen Schwierigkeiten, die noch hinzukommen zu dem an sich schon gewaltigen Problem, das Reinhold Messner und seine Partner sich vorgenommen haben: den Gipfel des K2 über eine noch unbegangene neue Aufstiegsroute zu erreichen.

Gewiß, für Bergsteiger – und nicht nur für den Messner – ist die Tour, die sie gerade vorhaben, immer auch die absolut schwierigste und kühnste, verblassen daneben alle früheren Wagnisse. Messner aber schien nach seinen beiden Bravourstücken im letzten Jahr ernstlich vor der Frage zu stehen, ob und womit er sich noch übertreffen könnte – zumindest im Verständnis des breiten Publikums.

Sein Aufstieg mit Peter Habeler auf den Everest ohne künstliche Sauerstoffzufuhr wie seine vorsätzliche Alleinbesteigung eines Achttausenders: das waren beides Ersttaten und Höhepunkte, unter denen sich auch Seilbahn-Passagiere, Halbschuh-Kraxler und sogar die Bewohner der Insel Sylt etwas vorstellen konnten. Deshalb machten diese Taten Reinhold Messner zu einer Art Volkshelden bis hinab in die flachsten Regionen deutscher Zunge.

Ihm selbst indes war auch vor seinen Trips auf Everest und Nanga Parbat schon klar, daß es darüber hinaus durchaus noch Steigerungen gibt. »An den höchsten Bergen der Welt«, verkündete Messner 1977 in dem englischen Fachblatt *Mountain*, »gibt es noch sechs oder sieben Probleme – sozusagen die Eiger-Wände des Himalaja.« An die Spitze dieser Schwierigkeiten stellte er »alle Pfeiler und Grate am K2«.

Den Kennern der höchsten Berge sagte er damit nichts Neues. Etliche von ihnen haben schon lange vor Messners Zeiten bekundet, daß in ihren Augen der zweithöchste Berg in Wahrheit der größte sei. »Berg der Berge«, »Oberster aller Monarchen« und »Vater der Berge« nannte der italienische Geograph und Völkerkundler Fosco Maraini den K2.

»Killer« nennt ihn der britische Himalaja-Star Chris Bonington, der im vergangenen Jahr seinen Freund Nick Estcourt am Westgrat durch eine Lawine verlor. Für Bergautor Toni Hiebeler ist es zugleich »der schönste Achttausender«. Seine Form erinnert an das Matterhorn – doch nicht weniger als 41 Matterhörner wären nötig, um die Felsmasse zusammenzubekommen, aus welcher der K2 gebaut ist.

1953 wurde der Gipfel des Everest von Edmund Hillary und dem Sherpa Tensing Norgay erstmals betreten. Ein Jahr später erreichte eine erstaunliche Expedition aus Italien die Spitze des K2 – ein Überraschungserfolg, der den Chef der Equipe, Ardito Desio, zu den Worten hinriß: »Erhebt eure Herzen, meine lieben Kameraden! Durch euer Verdienst wird heute unserem Italien ein grandioser Sieg beschert. Ihr habt ... bewiesen, was Italiener zu leisten imstande sind, wenn sie der feste Wille zum Gelingen beseelt!«

Von Hillary bis heute sind auf dem Everest 16 Expeditionen zum Ziel gekommen. Nicht weniger als 86 Menschen, darunter auch drei Frauen, je eine aus Japan, Tibet und Polen, haben bis Ende 1978 auf dem höchsten Punkt der Erde gestanden, und diese Zahl wächst ständig schneller mit wachsendem Andrang. Denn die »Normalroute« zum Gipfel weist bis auf den Khumbu-Eisfall im unteren Teil rein bergsteigerisch keine großen Schwierigkeiten auf.

»Wenn die Höhenstürme nicht wären, die Wetterstürze und die grimmige Kälte und wenn das Ganze 4000 Meter niedriger angesiedelt wäre, dann könnten Bergtouristen mit einiger Kondition ohne weiteres auf den Everest wandern, so wie sie in Scharen auf dem Normalweg von der Hörnli-Hütte aufs Matterhorn gehen«, meint Messner ironisch. »Wenn man irgendwann den ersten Achttausender pauschal im Reisebüro buchen kann, wird das der Everest sein.«

Der K2 dagegen ist seit der Erstbesteigung vor 25 Jahren nur zweimal bewältigt worden. 1977 hat eine Großexpedition aus Japan die Aufstiegsroute von 1954, den »Abruzzen-Grat«, wiederholt und sieben Kletterer auf den Gipfel gebracht – sämtlich mit Sauerstoffmasken.

1978 gingen 14 Amerikaner den Berg auf einer im unteren Teil neuen Route an, mußten aber im entscheidenden oberen Drittel gleichfalls auf die Italiener-Route einschwenken. Vier Amerikaner drangen zum Gipfel vor – zwei davon ohne Sauerstoffmaske. Zur gleichen Zeit scheiterte Bonington mit dem Tod Estcourts auf der gegenüberliegenden Seite des K2 bei seinem Versuch, eine neue, schwierigere Route zu meistern. Auch alle früheren Anläufe, über andere als die Italiener-Route hinaufzugelangen, schlugen fehl.

Nun ist Reinhold Messner dran – der Mann, den der Boß des erfolgreichen K2-Teams vom letzten Jahr, Jim Whittaker, bewundernd als »the premier mountaineer of all time« bezeichnet hat, als den »Ersten der Bergsteiger aller Zeiten«: der Erste der Bergsteiger vor der schwersten aller Wände. Denn die Südroute am K2, die Messner anvisiert, ist nach dem Urteil von Gerhart Klamert, Vorstand der »Himalaja-Stiftung« im Deutschen Alpenverein, »unzweifelhaft der schwierigste Achttausender-Anstieg überhaupt«.

»Der K2 ist so schlimm, daß es auch bei den allerbesten Leuten nach wie vor ein Wunder ist, wenn sie überhaupt hinaufkommen«, sagte Galen Rowell, Veteran einer 1975 gescheiterten K2-Expedition der Amerikaner. »Diesen Berg auch noch über die schwierigste Seite anzugreifen ist vermessen – bei allem schuldigen Respekt vor Reinhold.«

Der SPIEGEL wird über Messners »vermessenes« Unternehmen am K2 in mehreren Folgen exklusiv berichten. Joachim Hoelzgen, 33, SPIEGEL-Redakteur und Amateur-Alpinist, begleitet Reinhold Messner und dessen fünf Partner: die Italiener Alessandro Gogna und Renato Casarotto, den Südtiroler Friedl Mutschlechner, den Grazer Robert Schauer und den Oberbayern Michl Dacher. Lauter starke Persönlichkeiten aus dem Kreis der Extrembergsteiger.

Beratung (Brainstorming) vor dem Koch- und Esszelt am Südfuß des K2

Beim Blick vom Basislager zum Gipfel, in eine Schwindel erregende Weltferne, platzt nicht selten jenes erhabene und zugleich bange Gefühl vom Weit-weit-weg-Sein in mir auf. REINHOLD MESSNER

Vom Basislager auf dem Godwin-Austen-Gletscher aus hat Joachim Hoelzgen über tragbare UKW-Sprechfunkgeräte, die von der Firma SEL für die Messner-Expedition geliefert wurden, Kontakt mit den Kletterern, die am Berg unterwegs sind.

Andererseits kann er über eine robuste Kurzwellen-Funkanlage, die AEG-Telefunken zur Verfügung stellte, mit SPIEGEL-Autor Wilhelm Bittorf Verbindung aufnehmen, der knapp 200 Kilometer entfernt in Gilgit sitzt, einem Balti-Provinznest nördlich vom Nanga Parbat. In Gilgit gibt es Elektrizität, zwei authentische Flohkinos und einen Flugplatz, der von zweimotorigen Fokker-27-Propellermaschinen der Pakistan Airline aus Rawalpindi angeflogen wird – doch nur bei bestem Wetter.

In Funkgesprächen zu festgesetzten Zeiten schildert Joachim Hoelzgen, was am Berg geschieht. Um die gemeinsam erarbeiteten Berichte aus Gilgit herauszubringen, gibt es für Bittorf nur eine praktische Möglichkeit, die Fokker nach Rawalpindi – wenn sie fliegt –, dann weiter per Fernschreiber nach Hamburg.

Fällt die Fokker aus, bleibt nur der 600 Kilometer lange Landweg von Gilgit nach Rawalpindi über den erst im vorigen Jahr fertiggestellten Karakorum-Highway durchs Indus-Tal. Das aber sind anderthalb knochenbrechende Tagesreisen im Jeep auf einer Straße, die zum beträchtlichen Teil unter Erdrutschen und Geröllhalden verschwunden ist. Nach jeder Gesteinslawine bahnen Bulldozer neue haarsträubende Pfade durch die Schuttmassen.

Hoelzgen, Bittorf und die SPIEGEL-Redaktion lassen sich auf ein journalistisches Problem ein, das fast so unbewältigt ist wie die Südwand des K2 – das Problem der Expeditionsberichterstattung. Obwohl er mit seinen Büchern über den Everest und den Nanga-Alleingang nacheinander die Bestseller-Liste erklomm, ist Reinhold Messner keineswegs zufrieden: »Ich kann immer erst schreiben, wenn alles vorbei ist. Damit entfällt die große Ungewißheit, die eine Expedition nicht nur spannend macht. Sie ist das beherrschende Element überhaupt.«

Mißlingt ein Unternehmen, erfährt man gar nichts darüber, obwohl doch spätestens seit Scotts Fahrt zum Südpol klar ist, daß eine scheiternde Expedition bewegender und enthüllender sein kann als jede geglückte. Zu oft erschöpft sich deren Erkenntniswert wortreich in der Auskunft, mit der die beiden legendären Freudenmädchen von Gumbinnen in Ostpreußen ihre Mühen während des Herbstmanövers zu kommentieren pflegten: »Wir ham jeweint, aber wir ham's jeschafft.«

Nach gründlicher Erkundung des Bergs, nach der Akklimatisierung der Teilnehmer an die schneidend dünne Höhenluft und nach der zeitraubenden Vorbereitung der Anstiegsroute hoffen Messner und seine Partner, daß sie um den 15. Juli einen ersten Angriff auf den Gipfel des K2 beginnen können. Wenn das Wetter mitspielt, von dem einer der ersten Besucher des K2, der Engländer Conway, schon 1892 bemerkte: »Wenn hier normales Wetter herrscht, bedeutet dies, daß es ganz außerordentlich abscheulich zugeht.«

Sein Versprechen an Naserullah Awan in Islamabad jedoch, daß es auf seiner Expedition keinen Toten geben werde, hat Reinhold Messner schon jetzt nicht halten können. Bei der Ankunft am Fuß des K2 stürzte der Träger Ali Quasir aus dem Dorf Shigar 18 Meter tief in eine verborgene Gletscherspalte.

Friedl Mutschlechner seilte sich als erster zu ihm ab, kurz darauf auch der Medizinstudent Robert Schauer. Sie fanden Ali Quasir ohne Leben, den aufgeschlagenen Kopf in einer Pfütze mit Schmelzwasser.

Robert Schauer im Hochlager II über Sprechfunk an Basislager: »Das Zelt steht noch. Aber der Sturm fährt unter den Zeltsaum und will es hochheben. Friedl ist ins Eck gekrochen, um es unten zu halten.«

Reinhold Messner im Basislager, wo er sich gerade ein wenig zu erholen versucht, an Robert Schauer, Lager II: »Macht folgendes: erst den überlappenden Zeltsaum mit Steinen beschweren, dann drüberpinkeln, damit der Saum mit dem Eis darunter einen Panzer bildet. Außerdem ein Seil entlang der Felswand spannen, damit niemand beim Austreten davonfliegt.«

Alessandro Gogna, Lager I, an Basislager: »Der Sturm ist noch stärker geworden. Das Zelt knattert so, daß an Schlaf wohl nicht zu denken ist. Renato fühlt sich noch sehr schlapp (›molto limpido‹) von seiner Bronchitis. Gehe morgen früh notfalls allein mit dem zweiten Zelt zum Lager II, wenn das Wetter mitmacht.«

Messner an Gogna: »Wenn das Wetter gut wird, gehen wir bis Camp III. Wenn es so bleibt, hängen wir uns auf.«

Der Abruzzen-Grat – eine Serie von Schneefeldern und Felspfeilern – ist durchgehend steil

In den ersten Tagen und Nächten des Hochsommermonats Juli mißhandelt ein eisiger Höhensturm die sechs Bergsteiger der K2-Expedition. Von Nordnordost fegt er aus der Provinz Sinkiang in China heran, braust in der »windigen Luke« (»Windy Gap«) über die Grenze nach Pakistan und heult um die Flanken der gewaltigen Felspyramide, die nach ihren Höhenmetern (8611) die zweite, nach ihrer bergsteigerischen Schwierigkeit aber die erste Erhebung dieser Erde ist.

»Der Mount Everest war ein Spaziergang dagegen«, bekennt Reinhold Messner, der im Mai 1978 zusammen mit Peter Habeler ohne Sauerstoffmaske mit unbewehrten Lungen auf den höchsten Punkt des Globus gestiegen ist – und auch dort zuvor am Südsattel eine Sturmnacht über sich ergehen lassen mußte, die er nicht zu überleben meinte.

Messner ist dafür berühmt geworden, daß er die Achttausender-Riesen in Himalaja und Karakorum so forsch angeht, als seien es die schlanken, sonnenwarmen Kalksteintürme seiner Dolomiten-Heimat. So überrumpelte er 1975 gemeinsam mit Habeler den 8068 Meter hohen Hidden Peak. So erklomm er den Nanga Parbat mit seinen 8125 Metern letztes Jahr in drei Tagen im Alleingang.

Der K2 aber hat den ersten Anlauf Messners und seiner fünf Partner zum Stehen gebracht, hat ihn eingefroren. Eine Woche lang haben die Bergsteiger darauf gewartet und vergeblich versucht, ihr geplantes Hochlager III auf 7300 Metern zu etablieren. Sie müssen jedes Zelt, jede Kochgas-Kartusche und jedes Pfund Proviant selbst hinaufschleppen: Für einheimische Hochträger ist das Gelände zu schwer.

»Ich sehe durchs Fernglas, wie Alessandro Gogna zwischen Wolkenfetzen in der Wand arbeitet«, berichtet SPIEGEL-Redakteur Joachim Hoelzgen über Funk aus dem Basislager. »Es sieht sehr, sehr mühselig aus. Er wirkt wie eine Biene, die versucht, aus einem Honigglas zu krabbeln.« Dann mußte Hoelzgen selber den Funkverkehr wegen steifgefrorener Finger vorübergehend einstellen.

Von undruckbaren Verwünschungen abgesehen, ist »Schinderei« (respektive »travaglio«) das meistgebrauchte Wort, wenn die Expeditionsmitglieder ihre bisherigen K2-Erfahrungen resümieren. Doch um eben diese Mühsal auf sich zu nehmen, sind sie von München und Mailand über Rom mit drei Tonnen Ausrüstung und Proviant 6000 Kilometer weit nach Rawalpindi in Pakistan geflogen.

Sie haben elf frustrierende Tage lang im heißen »Pindi« auf ihren Weitertransport gewartet, weil der Flugverkehr ins Karakorum-Gebirge durch schlechtes Wetter lahmgelegt war und eine befahrbare Landverbindung zur Ausgangsbasis Skardu am Indus-Oberlauf nicht besteht. Dabei waren sie nahe daran, ihren ersten Mann zu verlieren: Renato Casarotto vollführte einen Kopfsprung ins flache Ende des Swimmingpools am Hotel Intercontinental, kam aber mit einer leichten Gehirnerschütterung nebst aufgeplatzten Lippen davon.

Sie sind endlich mit ihrem Expeditionsgepäck in einer Hercules-Transportmaschine der pakistanischen Armee um den Nanga Parbat herum nach Skardu geflogen – wo ein Pilot wirklich nur bei guter Sicht sicher sein kann, beim Einschweben zur Landung nicht an ein paar schuttbedeckten grauen Fünftausendern hängenzubleiben.

Sie haben 120 Männer vom Bergvolk der Baltis als Träger angeheuert, deren Dienste für 20 Tage allein weit über 60 000 Mark kosten – zuzüglich 5000 Mark Versicherungsgebühr für Unfälle. Und sie haben sich mit diesem Troß in Bewegung gesetzt, erst 80 Kilometer weit mit Treckern, Anhängern und Jeeps, und dann, wo auch der letzte Rückgrat-zermalmende »Jeep-Trail« endet, für weitere 130 Kilometer zu Fuß.

Auf 204300 Mark insgesamt addiert sich das Berg-Vergnügen laut Vorauskalkulation. Dennoch ist dies eine besonders wohlfeile, »leichte« und kleine Expedition, die kleinste, die sich je an den K2 herangewagt hat.

Die Japaner setzten bei ihrem Massenansturm 1977 nicht weniger als 42 Kletterer ein, um immer eine Menge frische Seilschaften zu haben, die im Stafettensystem aufwärts robbten und einander ständig ablösten. Balti-Träger brachten das Material für diese Schlacht zum Basislager.

Die drei Japaner, die den Gipfel des K2 als erste ihrer Truppe erreichten, meldeten in ihrem Originalbericht denn auch pflichtschuldig: »Um 18.50 Uhr standen wir endlich auf dem Gipfel. Die Freudenrufe des Leiters, seines Stellvertreters sowie aller Mitglieder im Basislager konnten wir über Funk hören. Endlich hat sich die Anstrengung der 39 Freunde gelohnt.«

Die Amerikaner, die im vergangenen Jahr vier Mann auf den K2-Gipfel brachten, traten mit mehr als einem Dutzend Bergsteigern an, darunter drei Frauen – zwei zum Klettern und eine als Köchin.

Auch hier hatten die meisten im Team nur die Aufgabe, den beiden Gipfel-Seilschaften die Route so vorzubereiten, daß sie möglichst ausgeruht zur Endphase des Aufstiegs starten konnten. Das Unternehmen kostete fast siebenmal soviel wie Messners Expedition kosten soll.

»Ich hätte dieses Geld nicht zusammengebettelt und zusammengekratzt und diesen Aufwand nicht getrieben, wenn ich geglaubt hätte, daß es mit einem so kleinen Team geht, wie Reinhold Messner meint«, sagt Jim Whittaker, Leiter der amerikanischen K2-Expeditionen 1975 und 1978. »Wunderbar, wenn es auf die leichte und lockere Art glückt. Wir sind sehr gespannt und mehr als ein bißchen skeptisch.«

Whittaker denkt mit seiner Skepsis an die andere K2-Expedition des vergangenen Jahres: Der britische Bergmeister Christian Bonington unternahm sie zusammen mit den hartgesottenen Partnern, mit denen er 1975 die grimmige Südwestwand des Mount Everest überwunden hatte. Ohne Zweifel sind die Briten mit ihrem Leader Bonington die führenden Höhenbergsteiger.

Auch Boningtons Team hatte nur acht Bergsteiger, konnte aber bis auf die halbe Höhe seiner Route auf der Westseite einheimische Hochträger einsetzen. Zudem wollte Bonington ab 8000 Meter Höhe Sauerstoffmasken verwenden.

Am 12. Juni, bei grellem Sonnenschein nach zwei Tagen Schneefall, stiegen Doug Scott und Nick Estcourt von Camp I nach Camp II. In gut 100 Meter Abstand voneinander überquerten sie ein breites Schneefeld unter dem Westgrat. »Auf mich wirkte das Schneefeld sicher«, erklärte Chris Bonington später. »Wir hatten schon einige überquert, die viel verdächtiger aussahen.«

Der vorausgehende Doug Scott war nur noch zehn Meter von Camp II entfernt, als er zweimal einen lauten Knall hörte. Im Schneefeld hinter ihm hatten sich die Neuschneemassen vom oberen Hangende gelöst und rutschten in die Tiefe, »mit der unaufhaltsamen Wucht von hundert Bulldozern« (so Scott in seinem Bericht).

Von Lager I aus beobachteten Expeditionsarzt Jim Duff und Chris Bonington, wie die Lawine vor ihnen hinab auf den Negrotto-Gletscher donnerte. Bonington griff zur Kamera und photographierte sie – ohne zu ahnen, daß sein Freund Nick Estcourt von dieser Lawine mitgerissen worden war.

Lawinenabgang zwischen Scott- und Abruzzen-Route am K2

Als das Lawinengrollen verebbte, glaubte Jim Duff, Schreie aus der Gegend von Camp II zu hören. Bonington betätigte sein Walkie-Talkie-Sprechgerät und erreichte Scott, der ihm weinend meldete: »Nick ist weg …«

Bonington brach das Unternehmen ab und hätte es selbst dann abbrechen müssen, wenn er und seine Gefährten vom Tod Estcourts nicht so tief getroffen worden wären. Denn wenn man nur zu acht zum K2 geht, ist keiner zu entbehren, zumal ein zweiter Mann des britischen Teams an Bronchitis und Höhenhusten litt. Eben dies ist das besondere Risiko kleiner Expeditionen.

Doch auch die kleinste braucht jahrelange Vorausplanung, erfordert Organisationstalent, Verhandlungsgeschick und Finanzierungskünste, ehe es den Beteiligten endlich gelingt, sich auf dem Berg ihrer Sehnsucht in Schwierigkeiten zu bringen. Schon 1975 hat Reinhold Messner zum erstenmal um eine Genehmigung für den K2 bei den Pakistanis nachgesucht.

1977 sprach er in Islamabad persönlich bei Naserullah Awan vor, dem Expeditions-Administrator des pakistanischen Tourismus-Ministeriums. Im Sommer 1978 erhielt er die »Permission« für dieses Jahr. Denn in der verwalteten Welt wird auch die Mangelware Abenteuer längst bürokratisch rationiert.

Messner hatte keine Probleme, die Expedition zu finanzieren. Er ist sein eigener Unternehmer und braucht weder bei Alpenvereinen zu betteln noch an patriotische Gefühle zu appellieren, um Spenden lockerzumachen. »An welchen Patriotismus könnte ich mich schon wenden?« fragt er. »An den italienischen? An den südtirolischen? An den großdeutschen? Die Zeiten sind zum Glück vorbei, in denen Alpinisten so tun mußten, als gehe es ihnen nur darum, irgendein Stück nationales Tuch auf irgendeinen Gipfel zu pflanzen.«

Himalaja-Expeditionen, meint er, könne man nur durch Patriotismus oder durch Kommerzialismus auf die Beine stellen – oder wenn man ein ererbtes Vermögen besitze wie einst die Engländer, die mit dem Alpinismus anfingen.

Messner: »Da ich kein ererbtes Vermögen besitze, bleibt mir nur der Kommerzialismus«. Und der funktioniert in Gestalt seines Hauptsponsors, der italienischen Sportartikelfirma Fila, in Gestalt auch der wandelnden Litfaßsäule Messner, die für Jeans, Uhren, Traubenzucker wirbt.

All dies, um auf beschwerliche Art in eine Region zu reisen, die von den ersten Besuchern aus Europa (einer Gruppe portugiesischer Missionare) als »gebirgig, unfruchtbar und ganz und gar greulich« geschildert wurde.

Durch das Indus-Tal ins Karakorum-Gebirge hineinzureiten, das sei, »als wenn man einsam durch die Berge des Mondes ritte«, notierte der britische Kolonialoffizier Charles Bruce 1892: »Auch die Einmaligkeit der Gipfel kann die ebenso einmalige Häßlichkeit der Täler nicht wettmachen.«

Mit Friedl Mutschlechner (Mitte) und Trägern bei der Rast auf dem Weg nach Askole

Es ist nicht nur der K2, der anzieht, es ist das Land, es sind diese Leute. REINHOLD MESSNER

Das Tal des Indus und die Nebentäler des Shigar und des Braldu, durch die der Anmarsch zum K2 zunächst führt, sind bedeckt und vollgestopft mit dem Schutt der Eiszeit, die hier noch gar nicht so lange vorbei ist: nackte Moränenhügel wie eine riesige Kiesgrube, dazu die Geröllmassen, die von den sonnenversengten, vegetationslosen Bergflanken herunterieseln.

Es sieht aus, wie das Engadin aussähe, wenn man jeden Grashalm draus entfernen und anschließend sämtliche Abraumhalden des Ruhrgebiets unbegrünt hineinschütten würde. »Das nackte Gerippe der Welt« nannte es Charles Bruce, einen »Bauplatz Gottes, den der Schöpfer vorzeitig verlassen hat«. Auch der Name »Karakorum« sagt, wie es ist. Er bedeutet »schwarzes Geröll«.

Ins Braldu-Tal hinein: 60 Kilometer Schlucht mit wenigen Erweiterungen, fünf Tagesetappen mit der Trägerkolonne an Felswänden entlang und an Moränenhängen, die steil zum Fluß abfallen. Viele Passagen sind so steinschlaggefährdet, daß Messners Truppe sie angeht wie Landser, die ein von feindlichem Feuer bestrichenes Geländestück vor sich haben: lauern, lauschen, ob Steine kommen, dann geduckt hinübereilen.

Keine übertriebene Vorsicht. Denn erst im vergangenen Jahr ist wieder ein Reisender im Braldu verlorengegangen: »Nach dem Verlust von Pat Fearnehough in der Braldu-Schlucht am 17. Juli kehrte ein Mitglied, Patrick Green, nach England zurück. Die anderen setzten den Anmarsch fort …« (Bericht im *Mountain Magazine* über die britische K2-Expedition 1978).

Das Toteis des Baltoro-Gletschers, gesäumt von den Trango-Türmen, ist ständig in Bewegung

Fearnehough war an einem Hang aus krümeligem Schutt ausgerutscht bei dem Versuch, vor herabprasselnden Steinen auszuweichen. Ohne Halt zu finden, rutschte er in den Braldu, der im Hochsommer schmelzwasserprall durch seinen Canyon tost. Der Engländer verschwand in den braunen Strudeln und tauchte nicht mehr auf.

Das Wasser war vom Winter her noch niedrig, als jetzt Messners Kolonne durch die Schlucht balancierte. Zwischen den Flecken Tschongo und Tschakpo stieg Michael Dacher vom Trägerpfad hinab, um sich am Rand des Flußbetts von Stein zu Stein fortzubewegen.

Dabei entdeckte er den Toten im roten Anorak, eingeklemmt zwischen zwei mächtigen Steinen jenseits der Flußmitte. Er ragte mit der linken Schulter aus dem Wasser, auch mit der linken Gesichtshälfte oder dem, was davon noch übrig war.

Michael Dacher konnte nicht näher hin und war »froh darüber«. Er zögerte lange, eher er den anderen am Abend von seinem Fund erzählte. Er fürchtete, sie könnten es für ein böses Omen halten.

Jochen Hoelzgen, der sämtliche Himalaja-Kalamitäten bis zurück zum Verschwinden von Albert Frederick Mummery (1895) im Kopf hat, kam sogleich darauf, daß es sich um den vermißten Engländer handeln könne. Am Lagerfeuer in Tschakpo beschloß die Runde, die Entdeckung nach Rückkehr vom K2 in dem dann fälligen Abschlußbericht zu melden. Bis dahin wird die Leiche freilich wieder vom Hochwasser überspült sein.

Tschongo, Tschakpo, Askole, Dörfer im Braldu-Tal. Selbst zwischen den »Bergen des Monds« haben Menschen sich in ihrer unergründlichen Zähigkeit festgekrallt. Wo ein leidlich flacher Moränenhang zu finden ist und ein Gletscherbach aus einem Seitental herunterkommt, haben sie terrassierte Felder angelegt und Bewässerungsgräben gezogen, haben Gerste, Kartoffeln und Aprikosenbäume angepflanzt. Trotzige grüne Forts sind das, von Wüstenei belagert – als hätte jemand ein Stück saftiges Irland samt Feldmauern ausgeschnitten und mitten ins Tal des Todes geklebt.

Selbstbewusst sind die Leute aus Baltistan und hart im Nehmen. Trägerarbeit ist gute Arbeit

Zwei Welten, die aufeinander prallen und zusammenleben. Die traditionelle Balti-Kultur, die Kultur der Armut, des Leidens, des Ertragenkönnens und der Begrenztheit, und wir, die Hochtechnologiekultur, die Plastic-People, Produkte der Überflussgesellschaft, die hierher zum Spielen gekommen sind und diese Armut benutzen, um zu ihrem Spielplatz zu kommen. REINHARD KARL

20 oder 30 Familien hausen darin in aneinandergekauerten Lehmhöhlen. Sie leben auf dem Existenzminimum »so wie früher unsere Bergbauern daheim auch«, sagt Reinhold Messner, »sie haben sogar dieselben Kröpfe«.

Die Baltis sind Moslems der strengen schiitischen Observanz. Die Frauen in den Feldern wenden sich ab, sobald ein Fremder naht, und verschwinden in ihren Behausungen. Doch jedes Jahr von neuem erleben sie wie die Männer eine bizarre Kollision der Kulturen, wenn die Leute aus Europa, Amerika und Japan mit ihren bunten Parkas und

Rucksäcken, mit ihren originellen Kopfbedeckungen, ihren Spezial-Wanderschuhen und ihrer überschüssigen Kraft durch das Tal ziehen und bei den Dörfern kampieren.

Der Überfluß begegnet dem Überleben. Das Geld trifft auf eine geldlose Selbsterhaltungs-Ökonomie und produziert blanken Irrsinn. In den vergangenen Jahren nämlich haben viele Expeditionen versucht, »aus dem Land« zu leben, solange sie noch durch Siedlungen kamen, um so den mitgeschleppten Proviant zu schonen. Für Rupien haben sie in den Dörfern Hühner, Eier, »Lhassi« (Sauermilch) und gelegentlich ein Lamm gekauft.

Im Bann der bunten Scheine haben die Bergbauern mehr verkauft, als sie erübrigen konnten, und im Winter darauf nagende Not erlitten. »Sie konnten Geld nicht essen«, sagt der Lambardar (Dorfälteste) von Askole zu Major Tahir, dem pakistanischen Begleitoffizier und Dolmetscher der Messner-Expedition. Sie konnten auch die Transistor-Radios nicht essen, die sich einige Dorfbewohner nach sechs Tagesreisen im Basar von Skardu besorgt hatten.

So beschlossen sie, die Einführung der Geldwirtschaft in Askole vorerst wieder zu drosseln, sie verkauften nichts außer Mehl für die Träger, was wiederum die Expedition zwang, ihre Anmarsch-Verpflegung zu rationieren, um die für den Berg bestimmten Vorräte nicht anzugreifen.

Zum Frühstück gab es hinfort pro Person eine halbe Portion Müsli, etwas Zwieback und einen Marmeladenwürfel, das Mittagessen fiel aus, das Abendessen bestand aus zweieinhalb Scheiben Knäckebrot, einer halben Dose Sardellen und zwei Tassen Minestrone. Bis zum Basislager verloren alle Mitglieder mehrere Pfund Gewicht, sie fühlten sich alle »geschwächt«.

»Adrenalin wird auf diesem Abschnitt von den Nebennieren mächtig produziert«, notierte Jochen Hoelzgen, nachdem er sich an einer 1000 Meter langen Felsbarriere über den Braldu entlanggehangelt hatte. »Könnte es sein, daß meine Gefährten schlicht adrenalinsüchtig sind? Daß sie dies tun, um ihren Andrenalin-Fix zu bekommen wie der Speed-Freak sein Speed und der Penner seinen Wermut?«

Zwischendurch aber war Reinhold Messner »an der Reihe, Schiß zu haben: Seine Augenbrauen ziehen sich zusammen, sein Gesicht wird spitz«, denn auf dem Weg Braldo-aufwärts muß die Expedition mehrere Gletscherbäche durchqueren, in denen das Wasser den Männern bis zur Brust steigt, und Reinhold Messner, der Sohn der Berge, kann nicht schwimmen.

»Wenn du den Reinhold ängstlich sehen willst«, sagt seine Ex-Frau Uschi Demeter, »brauchst du ihn nur zu einer Kahnfahrt auf dem Starnberger See einzuladen. Vielleicht ist das die wahre Ironie, daß er vorm Ertrinken beinahe so einen Horror hat wie unsereiner vorm Sturz in die Tiefe.«

In Rawalpindi hat er sogar um den Swimmingpool einen Bogen gemacht. Gefaßt begibt er sich nun in die eisige, eilige Strömung des Biafo und des Dumordo. Wenn er mit den Füßen den Halt verliere, sagt er, sei es aus. In einem solchen Fall hätte es hier aber auch ein Schwimmer nicht leicht.

Wie Ameisen, die durch einen Steinbruch kriechen, sehen die Sahibs und ihre Träger bei ihrem Zug über den Baltoro-Gletscher aus. Er ist 60 Kilometer lang und bedeckt von einem wogenden Meer aus Steinen mit grünen Seen dazwischen oder Sanddünen, wo einmal ein See war. Erst weiter oben liegt Neuschnee und ragen Eistürme aus den Geröllwellen wie die Rückenflossen gigantischer weißer Haie.

Die Träger setzten ihre Lasten ab und begannen mit rauhen Tenorstimmen zu singen, ehe sie auf den Gletscher stiegen. Sie riefen den Kalifen Hasrat Ali an, den Gemahl von Mohammeds Tochter, um seinen Beistand auf dem Eis zu erbitten. Viele faßten sich bei den Händen und sahen einander an, während sie sangen, sie sangen mehr als eine Stunde lang.

Sie haben von den ohnehin spärlichen Sträuchern und Bäumen im Braldu-Tal die trockenen Äste abgeknickt und Bündel von Feuerholz gesammelt, die sie mit auf den Baltoro schleppen. Mit einer Maximallast von 25 Kilo tragen die hageren Baltis oft die Hälfte ihres eigenen Gewichts. Aus Selbsterhaltung tun sie die Arbeit, die es den Männern aus Europa ermöglicht, ihre Selbsterhaltung zu gefährden.

Am Schluß der Kolonne geht Mohammed Tahir, genannt »Terry«, ein 29 Jahre alter, 1,90 großer Major der pakistanischen Armee. Jede Expedition muß einen Offizier zu ihrem Basislager mitnehmen – er ist zuständig für den Umgang mit den Trägern und dafür, daß die Bergsteiger keine Brücken, Militäranlagen und Frauen photographieren und keine nach China gerichteten Detektoren der CIA auf den Bergen installieren (wie ja auf dem Nanda Kot in Indien tatsächlich geschehen).

Den Gletscherrand säumen eigenwillige Berggipfel. Der Mustagh-Tower ist besonders schön

Terry hat Reinhold Messner im letzten Jahr schon zum Nanga Parbat begleitet und eine große Zuneigung zu ihm gefaßt, er hat sich freiwillig zum K2 gemeldet.

Drei Tagesmärsche vor dem K2, auf dem Lagerplatz Urdukas, waren sich die Expeditionsmitglieder, während sie an ihren Kochern hockten und Tee schlürften, darüber einig, daß bei einem wolkenlosen Sonnenaufgang ihre Blicke auf dem erstaunlichsten Bergpanorama ruhen, dessen sie jemals ansichtig geworden seien.

Zuerst traf die Sonne die Paiju-Spitze wie ein enormer rosiger Scheinwerfer. Dann leuchtete hinter den stumpfen, wolkenkratzersteilen Trango-Türmen ein Schneegipfel auf und ließ ihre Umrisse scharf hervortreten. Dann begannen die Trangos selbst lebendig zu werden: glatte Wände, geriffelte Wände, schlanke Türme, wuchtige Kuppeln und grobe Kanten – eine brutalistische Überplastik aus bronzefarbenem Granit. Dem ganz entgegengesetzt die klar gegliederten, raffiniert gestaffelten Felsdreiecke der »großen Kathedrale« mit ihren 2000 Meter tiefen Schluchten dazwischen – »eine unvollendete gotische Kirche in einem Maßstab, der Sterblichen verwehrt ist«, wie der Amerikaner Galen Rowell andächtig schrieb.

Über diesen Sechstausendern ist erstmals klar der Gipfel des K2 zu erkennen. Er hockt hinter ihren vergleichsweise zierlichen Spitzen wie King Kong hinter einem Stakettenzaun, den er mühelos hinwegfegen könnte. »Was für eine Bestie«, sagt Renato Casarotto.

Doch der Blick zu den lichten Höhen erhebt sich von einem Lagerplatz, auf dem durchdringender Latrinengeruch lastet, und der Weg in die Erhabenheit ist gepflastert mit menschlicher Notdurft. Boningtons Engländer haben den Pfad zum K2 schlicht »Turd Alley« getauft: »Kothaufen-Allee«. Denn die Balti-Träger haben, wie es Dianne Roberts von der amerikanischen K2-Expedition 1975 so artig formulierte, »keine Vorstellung von Hygiene«.

Sie erleichtern sich, wann und wo immer es ihnen behagt. Sie wie Pfadfinder zu räumlicher Konzentration und zum Eingraben zu erziehen, besteht wenig Aussicht. Resultat: Alle die ohnehin beengten Lagerplätze auf dem Anmarsch sind mit einem Kranz von Kot umgeben, der mit jedem Jahr und jeder Expedition breiter und dichter wird.

Das Wasser, das jungfräulich aus dem Gletscher sprudelt, ist schon nach kurzer Strecke so verdorben, daß man es abkochen muß. Medizinstudent Robert Schauer: »Wenn jährlich zwanzig Expeditionen ins Karakorum ziehen, kann es nicht lange dauern, bis das Tal wegen Verschmutzung und Seuchengefahr gesperrt werden muß.« Es deprimiert ihn, meint Alessandro Gogna, wie die Gegend »kahlgerupft und vollgeschissen« werde.

Die Messner-Expedition hat »Turd Alley« in zwölf Tagen durchmessen. Ihrem Ziel nahe, steht sie vor dem südlichen Vorberg des K2, »Angelus« genannt. Wie ein überdimensionaler Eisbrecher scheint er sich zwischen die beiden Gletscher zu schieben, die vor seinem Bug aufeinandertreffen.

Nachtlager in Concordia. Die Berge werden frei, die Träger bauen ihre Unterkunft

Der Savoia-Gletscher drängt sich hier in den Godwin-Austen-Gletscher. Und da er steiler ist und schneller kriecht als der flachere Godwin-Austen-Hauptstrom, hat der Savoia sich zu einer chaotischen Barriere aus Palais-Schaumburg-großen Eisbrocken und wild gezackten Spalten aufgestaut.

Auf dem Weg zum geplanten Basislager auf dem Savoia-Gletscher ist dies das letzte Hindernis. Während die Trägerkolonne sich ein Stück unterhalb auf dem Godwin-Austen-Gletscher zu ihrem letzten Anmarsch-Biwak niederläßt, suchen die Bergsteiger einen Pfad an dem Eisfall vorbei. Nach den Berichten der Vorgänger gibt es nur die Möglichkeit über die Felskante des Angelus zu klettern etwa dort, wo der Gletscher an ihr entlangschrammt.

Messner und Michl Dacher finden einen Steig in dem Neuschnee, der die schmalen Spalten verdeckt. Die anderen sichern die Felspassage für die Träger mit einer Hängeleiter aus Fixseilen, die sie mit Haken rechts am Felsen befestigen. Oberhalb der Eisbruch-Umgebung wirkt der Savoia-Gletscher begehbar. Doch es ist schon zu spät am Tag, um das Terrain noch bis zum vorgesehenen Platz für das Basislager zu erkunden.

Die Situation bei den Trägern ist belämmert, sie verzehren an diesem Abend die letzten Reste der Rationen, die sie vier Tage zuvor in Urdukas erhalten haben. Das mitgeschleppte Feuerholz ist aufgebraucht, und in kauernden Gruppen frieren sie Stein und Bein, so dicht sie auch zusammenrücken.

Major Terry Tahir und Messner beschließen deshalb, am nächsten Morgen schon um 5 Uhr aufzubrechen in der Hoffnung, mit der Kolonne so rasch auf dem Savoia-Gletscher zum Basislager aufzusteigen, daß die Träger schon am frühen Nachmittag wieder auf dem Lagerplatz Concordia sein können, wo die meisten von ihnen ihre Rückweg-Rationen deponiert haben. »Außerdem«, sagt Messner, »ist in der Frühe die Gefahr geringer, in versteckte Spalten einzubrechen.«

Bei Sonnenaufgang (der ihnen nichts nützt, weil der eisige Schatten des Broad Peak auf ihnen liegt) nehmen die graugefrorenen Baltis noch einmal ihre Lasten auf. Robert Schauer betrachtet sie bewundernd und mitfühlend und sagt mit breitem Grazer Phlegma in der Stimme: »Noch eine Noacht holtn die net aus da heroben.«

Die Expeditionsmitglieder und die 20 willigsten Träger steigen den seilgesicherten Fels-und-Eis-Pfad hinan bis zu einem Rastplatz direkt neben dem Gletscher-Eisbruch. Sie wenden sich um und erkennen, daß das Gros der Träger ihnen nicht folgt.

Einige der Zurückgebliebenen rufen und zeigen zum Godwin-Austen-Gletscher hinauf. Sie tun, als sei ihnen unverständlich, warum es die steile Wand hinauf gehen soll. Das Basecamp früherer Expeditionen sei doch auf dem Godwin-Austen gewesen und nicht auf dem Savoia! (Tatsächlich haben sich bisher nur zwei K2-Teams auf dem Savoia-Gletscher etabliert, das amerikanische von 1975 und das britische vom vergangenen Jahr – und beide hätten das beinahe nicht geschafft, weil die Träger sich weigerten, da mit hinaufzukommen.)

Konferenz zwischen Messner und Terry Tahir. Unterdessen haben die mit aufgestiegenen Träger ihre Lasten abgesetzt. Sie recken die Hälse, um ihre gestikulierenden Landsleute unten auf dem Godwin-Austen-Gletscher zu sehen. Einer tritt ohne seine Last seitlich über den eisbedeckten Felsvorsprung hinaus auf eine gleich hohe Stufe des Eisbruchs.

Warnrufe von Terry. Warnrufe von Messner: »Back! Back!« Da ist der Mann schon weg. Keiner hat ihn verschwinden sehen. Niemand hört den langgezogenen Schrei, den wir von in die Tiefe Stürzenden schon in so vielen Kinos gehört haben, daß wir ihn einfach erwarten.

Kein Hilferuf kommt. Nur ein wenig Schnee rieselt über den Rand des schmalen Lochs, das da ist, wo eben noch der Mann gestanden hat.

»Friedl! Robert! Michl!« schreit Messner. Die Träger weichen zurück, drängen zur Felswand, weg von dem Vorsprung. Friedl Mutschlechner wird von Messner und Dacher am Doppelseil in die Spalte hinabgelassen, die sich nach unten erweitert, ungefähr 15 Meter tief ist und am Boden so dunkel, daß er seine Taschenlampe braucht, um den Träger zu sehen.

Die Berggestalten, die Eisformationen, die aus dem Toteisgletscher ragen – alles ist so bizarr

Er liegt mit dem Gesicht in einer flachen Pfütze, die gerade erst entsteht aus dem Schmelzwasser, das von dem jetzt sonnenbeschienenen Schnee auf dem Gletscher herabtropft. Robert Schauer, der Mutschlechner sofort folgt, kann nur bestätigen, was der heraufgerufen hat. Der Mann ist tot.

Er heißt Ali Quasir und stammt aus dem Oasendorf Shigar am Anfang des langen Weges zum K2. Er ist 51 Jahre alt geworden und einer der ältesten in der Kolonne gewesen. Als Träger ist er im Todesfall mit 25 000 Rupien (umgerechnet knapp 5000 Mark) versichert. Das ist mehr Bargeld, als er in seinem ganzen Leben hat verdienen können.

Entgeistert kommen Schauer und Mutschlechner wieder zutage. Die übrigen Träger, die mit heraufgestiegen sind, schauen den verstörten Sahibs zu und reden leise untereinander. Auch für sie gibt es jetzt keinen Weitermarsch auf den Savoia-Gletscher mehr.

Sie nehmen ihre Lasten wieder auf und formieren sich zu einer Reihe, die sich mit den Rücken voran an den Abstieg macht, fest an die Sicherungsseile geklammert. Es sieht aus wie der Film des Aufstiegs, der in Zeitlupe rückwärts läuft. Nur Renato Casarotto bewegt sich schneller. Mit Ingrimm schlägt er vor den Trägern her Stufen in das Eis, um sicherzugehen, daß nicht noch einer abrutscht.

Ali Quasirs Leiche bleibt unbestattet in der Spalte zurück. Der Major, Messner und Ali Mohammed, der Sprecher der Träger, sind sich ohne Diskussion einig, daß es unsinnig wäre, den Toten heraufzuziehen und ihn zwölf Tagesmärsche weit in sein Heimatdorf zu tragen. Von der Beschwernis abgesehen, wäre er bis dahin längst in Verwesung übergegangen.

Gegen Mittag haben die wieder abgestiegenen Träger und die mehr als hundert Zurückgebliebenen ihre Lasten gemeinsam auf dem Platz des alten italienischen Basislagers von 1954 auf dem Godwin-Austen-Gletscher abgestellt, in Höhe der Gedenktafeln für die bisherigen K2-Opfer am Felsenbug des Angelus. Der Platz liegt 4950 Meter hoch und fast sechs vertrackte Kilometer entfernt von dem ursprünglich geplanten Basecamp auf dem Savoia-Gletscher.

Ohne Rationen, ohne Feuerholz und nach dem Unglück gibt es auch keine Chance, die Träger wenigstens dazu zu bewegen, noch ein Stück weiter den Godwin-Austen hinaufzugehen. Sie wollen, hungrig und müde, vor Abend noch so weit wie möglich zurück.

Reinhold Messner zahlt sie aus an einem Camping-Tisch zwischen Felstrümmern. Sie bekommen jeder 1500 Rupien. Mit den 200 Rupien Vorschuß sind das 280 Mark. In kleinen Gruppen trotten sie davon, und Ali Mohammed, ihr Kapo, umarmt zum Abschied würdevoll jeden Sahib und blickt zum Himmel, um zu zeigen, daß er ihnen keine Schuld gibt an dem Todesfall.

Aber die Bestürzung sitzt tief. Das Gefühl ist unabweislich, daß diese Expedition für eine verrückte und unnütze Laune ein fremdes Menschenleben geopfert hat, ohne Absicht zwar, aber in Kauf neh-

Mitten im Eisstrom, 5000 Meter hoch, werden die Träger ausbezahlt. Alle kriegen zusätzlich zum Lohn ein Bakschisch

mend. »Ein Toter wegen eines Bergs ist zuviel. Das ist die Sache nicht wert«, sagt Renato Casarotto, der bei seinen Alleingängen bisher nur sich selbst aufs Spiel gesetzt hat.

Reinhold Messner reagiert darauf nicht ganz so zornig wie im Frühjahr in Trient, als ihm bei einem Bergsteigertreffen ein junger Italiener vorwarf, er trage seine Unternehmen auf den Knochen von Eingeborenen aus, die nur nackte Not in seinen Dienst zwinge.

Aber er hält den Selbstvorwürfen Casarottos heftig entgegen, daß nicht ein Expeditionsmitglied den Unfall verschuldet habe, sondern die Träger selbst mit ihrem Streik: »Sie haben diesen Tod verursacht und den dann noch zum Vorwand genommen, uns vollends im Stich zu lassen – bei voller Bezahlung selbstverständlich.«

Major Terry Tahir, der Reinhold Messner bewundert, auch wenn dieser ungerecht gegen seine Landsleute zu sein scheint, legt seinem Idol seine braune Pranke sanft auf die Schulter und sagt beschwörend:

Träger beim Abendgebet. Nicht nur der Tod erinnert die Baltis täglich an Allah

»Reinhold, bitte streitet euch nicht. Es war Allahs Wille, daß wir das Basecamp hier aufschlagen und nicht an der geplanten Stelle. Er allein weiß auch heute schon, wozu das gut sein wird.«

Die geplante Aufstiegsroute auf den K2 jedenfalls, die »Magic Line« Messners, ist von dem nun auf dem Godwin-Austen-Gletscher bezogenen Basislager aus nicht zu machen. Womit die Expedition unwiderruflich einen anderen als den berechneten Verlauf nehmen wird.

Inzwischen hat Messners kleines Team am Montag letzter Woche den zweiten Ausfall hinnehmen müssen. Schon beim Anmarsch hatte sich die Expeditionsärztin Ursula Grether den Fuß so schwer verletzt, daß sie nach Deutschland heimreisen mußte. Unmittelbar vor dem Gipfelangriff, der für Ende letzter Woche vorgesehen war, hat nun der

Bergsteiger Renato Casarotto aufgegeben. Von einer sich verschlimmernden Bronchitis und schwerem Höhenhusten gequält, hat er den Aufstieg nicht über das Hochlager I hinaus fortsetzen können. Er ist ins Basislager zurückgekehrt: »Diese Expedition ist für mich zu Ende.«

Aufbruch in die Todeszone

Vom Tag der Ankunft der Expedition am K2 war klar, daß dieses Unternehmen ganz anders verlaufen würde als geplant. Der Tod des Trägers Ali Quasir hatte verhindert, daß die Expedition bis zum geplanten Basislager auf dem Savoia-Gletscher kam. Die geplante Aufstiegsroute, die vom Savoia-Gletscher aus in die Südwand des K2

Ich gehe los, und alle Unruhe fällt von mir ab, alle Grübeleien sind verflogen. REINHOLD MESSNER

Basislager mit K2: irreal erscheint der Berg aus der Froschperspektive und ist nicht einzuschätzen

führen sollte, war dadurch von vornherein unmachbar geworden. Aber nicht nur dadurch.

Noch am Tag des Trägerunfalls ging Reinhold Messner ergrimmt und ungeduldig den Savoia hinauf, um endlich wenigstens den unteren Teil der Wand in natura zu sehen, in die er zu Hause anhand von Luftaufnahmen des K2 seine Wunschroute hineingezeichnet hatte. Mit dem ihm eigenen Touch für Publicity und André-Heller-Schmonzes hatte er sie »Magic Line« getauft.

»Diese Linie wird vom Berg selber suggeriert. Sie ist phantastisch strukturiert und drei Monate meines Lebens wert, die ich darauf verwende, ihr zu folgen«, erklärte er im Februar in Mailand, als er sein K2-Projekt der Presse präsentierte. Schon als er 1975 den Südwestpfeiler des K2 erstmals mit eigenen Augen sah, allerdings aus 15 Kilometer Entfernung auf dem Weg zum Hidden Peak, habe es ihn »wie ein Blitz getroffen«, fuhr Messner fort zu schwärmen. »Der Pfeiler ist so ideal, daß ich ihn gedanklich schon mehrfach begangen habe. Es wird dort darauf ankommen, das Gleichgewicht zu finden zwischen der Idee und der Wirklichkeit.«
Die Alpinismus-Korrespondenten zeigten sich beeindruckt von der Route und der Rhetorik des Südtirolers. »Eine Linie von extremer Schwierigkeit und Eleganz«, urteilte die Mailänder Zeitung *Il Giorno*. Die Experten gingen wie Messner selbst bei seiner Planung davon aus, daß er als Veteran von acht Achttausender-Unternehmungen den Unterschied zwischen einem Photo oder einem Fernblick und der Realität einer solchen Riesenwand sehr wohl einschätzen kann.

Doch sobald er nun auf dem Savoia-Gletscher um den sichtbehindernden Angelus herumgelaufen war und mit dem Fernglas hinaufspähte auf den Südwestpfeiler und die Wand knapp links davon, auf die er ein Stück seiner Magic Line gelegt hatte, wurde ihm bewußt, daß zwischen seiner Idee und dieser Wirklichkeit kein »Gleichgewicht« zu finden ist.

Als erstes entdeckte er Eisfälle über der geplanten Route, von denen er nicht wußte, daß es sie gibt. Auf den Photos hatten die Stellen wie leidlich harmlose Preßschnee-Flächen ausgesehen, wie Vertiefungen, in die der Wind den Schnee hineinbläst und in denen er sich dann festpreßt. Ein Eisfall aber ist ein kleiner hängender Gletscher, der peu à peu über eine Felskante rutscht, bis sein vorderes Ende abbricht und in die Wand hinunterprasselt. Die gezackten Abbruchkanten waren im Feldstecher deutlich zu erkennen.

Das Risiko, daß ein Eisfall gerade eine Ladung abwirft, wenn ein Bergsteiger im Weg ist, wäre erträglich gering zu halten, wenn der

Mit dem Fernglas studiere ich die mögliche Aufstiegslinie in der Südwand: machbar, aber gefährlich

Mann die Fallinie des Eises nur zu überqueren brauchte, also nur für kurze Zeit in die Gefahrenzone geriete. Zumal in der Morgenkälte, ehe die Sonne auf das Eis knallt und Bewegung hineinbringt, könnte er sich auch in einer Südwand ziemlich sicher fühlen.

Das Eis der unvermuteten Eisfälle am Südwestpfeiler aber würde ein beträchtliches Stück an der geplanten Aufstiegsroute entlangfallen. Ein Kletterer würde Stunden brauchen, um diesen Abschnitt hinter sich zu bringen – und die Männer der Expedition müßten immer wieder da hindurch, wenn sie die Hochlager einrichten und versorgen. Nicht wie ein Blitz, sondern mehr »wie ein Pfahl im Hirn« kommt Messner die Erkenntnis: »Das hieße, daß wir einen Unfall mit mindestens einer Seilschaft blindwütig herausfordern. Minimum zwei Tote.«

Das wäre nicht nur russisches Roulett, erklärte er später seinen Gefährten: »Das wäre, wie wenn wir Guillotinen in ein Irrenhaus bringen, uns draufschnallen und warten, bis die Irren den Hebel finden, der das Fallbeil auslöst.«

Der Zauber war raus aus der Magic Line. Eine Alternative konnte Reinhold Messner vom Savoia-Gletscher aus auf der Südwestseite des K2 nicht entdecken. Auch erschienen ihm diese Seite und der Südwestpfeiler noch zerklüfteter, als er es ohnehin erwartet hatte. Der einzige Trost war, daß ein Basislager auf dem Savoia der Expedition offenbar gar nichts genützt hätte, im Gegenteil.

Nach vier miserablen Tagen voll Schneefall und Wind brechen die sechs Bergsteiger am 16. Juni von ihrem Camp auf dem Godwin-Austen-Gletscher aus zu einer Generalerkundung des K2 auf. Messners Gefährten haben seine überraschenden Beobachtungen erschöpft, noch verwirrt von dem Unfall und ziemlich ungläubig aufgenommen. Jetzt wollen sie sich Klarheit verschaffen. Sie teilen sich in drei Zweiergruppen und kehren erst am Abend des nächsten Tages zur Basis zurück. Ob in der kurzen noch verbliebenen Zeit eine der drei Routen bis zum Gipfel möglich ist?

Im Basislager gilt es Ordnung zu schaffen, am Berg eine gangbare Route zu finden

Alessandro Gogna und Renato Casarotto gehen den Godwin-Austen weiter hinauf zum »Abruzzen-Grat« auf der Ostseite des Bergs. Dieser Name stammt wie all die anderen italienischen Bezeichnungen am und um den K2 (»Negrotto-Sattel«, »De-Filippi-Gletscher«) von keinem geringeren als von seiner Königlichen Hoheit Luigi Amedeo von Savoyen, einem Enkel des italienischen Monarchen Viktor Emanuel II. mit dem Herzogstitel »Duca degli Abruzzi«.

Als Gentleman-Abenteurer versuchte der Herzog bereits 1899 zum Nordpol vorzudringen und fror sich dabei die Fingerkuppen ab. 1909 zog er mit einer wohlbestückten Expedition zum K2 (oder »Kappa due«) und wollte mit seinen Begleitern den Südostgrat hinaufsteigen. Dies schien ihm nach gründlicher Erkundung rund um den Berg die einzige überhaupt denkbare Route zu sein.

Etwa 1000 Höhenmeter rackerte sich der Namensgeber über Schutthalden, Schneemulden und Felsrippen am Abruzzen-Grat empor. Dann kehrte er um. »Man kann nicht hoffen«, befand der Herzog, »einen derart langen und furchtbaren Aufstieg ans Ziel zu führen, wenn man schon bei den ersten Schritten solche Schwierigkeiten antrifft … Der K2 wird wohl nie bestiegen werden.«

Nach drei gescheiterten Versuchen der Amerikaner (1938, 1939, 1953), bei denen es fünf Tote gab, erreichten Landsleute des Herzogs 45 Jahre nach dessen Anlauf als erste die Spitze des »Kappa due«. Und alle Expeditionen bis 1975 benutzten die vom Duca degli Abruzzi entworfene und begonnene Gratroute.

Gogna und Casarotto steigen am ersten Tag bis zu dem Punkt, an dem ihr königlicher Vorgänger 70 Jahre zuvor aufgab. Es ist der 6100 Meter hohe Platz, an dem alle früheren Expeditionen ihr zweites Hochlager anlegten, auch die Japaner, die den Berg 1977 über diese Route mit 42 Kletterern attackierten und sieben davon auf den Gipfel brachten.

Tatsächlich finden Gogna und Casarotto unter tiefem Schnee überreiche Überreste des japanischen Camps: Seetang in Dosen, tiefgefrorenen Kochschinken in Plastikfolie, Propangasflaschen, Sauerstoffflaschen (denn die Japaner arbeiteten im oberen Bereich durchweg mit künstlicher Beatmung), einen Rettungsschlitten zum Abseilen von Verletzten und, etwas abseits, »sacco di merda«, »jede Menge Scheiße«.

Sie finden auch jede Menge Seile und ziehen unter dem krustigen Schnee Seilgeländer hervor, die von einem Befestigungshaken zum nächsten weiter grataufwärts führen. Offensichtlich haben die Japaner den gesamten Abruzzen-Grat mit solchen »Fixseilen« versichert, um das ständige Auf und Ab der Kletterriegen bei ihrem Massenansturm maximal zu erleichtern. Oberhalb des Lagers, in einem nahezu lot-

Der Westgrat (links) wäre leichter als der Südwest-pfeiler (»Magic Line«, rechts)

100 Meter über uns hängen gigantische Eisséracs. Einen halben Kilometer lang müssen wir unter diesen Riesenangstmachern traversieren, die wie Erschießungskommandos an unserem Weg lauern. In der Angst bleiben wir alle zusammen. 500 Meter das totale Ausgeliefertsein an Eistürme, Eislawinen, Eisschlag. Ein eiskalter Weg durch einen Friedhof. Das Zentrum der Angst bildet die tiefste Stelle des konkaven Couloirs, wo sich alle Lawinen sammeln und 2000 Meter tief die Rinne hinunterdonnern. REINHARD KARL

rechten Wandstück namens »House-Kamin«, erkennen die beiden Italiener sogar mehrere Aluminiumleitern, die in der Sonne blinken.

Unterdessen sind Michael Dacher und Robert Schauer auf der entgegengesetzten Seite des Bergs am Savoia-Gletscher unterwegs. Sie sollen auf Drängen Messners prüfen, »ob der Reinhold bei seiner ersten Erkundung richtig g'schaut oder an verfrühten Halluzinationen gelitten hat« (Schauer). Sie haben die beiden Paar Ski der Expedition dabei, mit denen sie sich auf dem mit Neuschnee bedeckten und glatten Savoia sehr gut fortbewegen können.

Sie finden Überbleibsel vom Basecamp des Chris-Bonington-Teams, das im Vorjahr von hier aus vergebens versucht hat, den Westgrat des K2 zu bezwingen. Dort schlagen Dacher und Schauer mittags ihr Biwak-Zelt auf. Es ist heiß geworden. Die Strahlungshitze der Höhensonne und ihre grelle Reflektion auf dem Schnee sengen die Männer, »wie wenn einer ein riesengroßes Brennglas über dich halten würde« (Dacher).

Sie hören es rumpeln und wummern und sehen von unterhalb des Westgrates eine Lawine abgehen, über mehr als 1000 Meter Höhe röhrt sie die Wand hinab und donnert auf den Negrotto-Gletscher, der zwischen der Südwestwand des K2 und dessen Vorberg Angelus herunterkommt. Michael Dacher: »Die Schneewolke war ungefähr so hoch wie ein kleiner Atompilz.«

Robert Schauer: »Das war der Urknall. Die Massen fegten beim Aufprall quer über den Negrotto und wirbelten noch gegenüber am Angelus hinauf. Da ist mir klar gewesen, daß genau eine solche Lawine letztes Jahr den Nick Estcourt (von Boningtons Team) mitgenommen hat.« Dem jungen Mann von Messners Mannschaft bleibt auch nicht verborgen, daß die Lawine sich über den untersten Teil der Magic Line gewälzt hat, die vom Savoia-Gletscher über den Negrotto auf den Sattel zwischen K2 und Angelus führen sollte.

Dacher und Schauer fahren mit Skiern auf den Negrotto-Gletscher und steigen über den Kegel der Lawine in der sicheren Meinung, daß alles, was locker war in der Wand, soeben mit heruntergesaust ist. Sie stellen fest, daß der vorgesehene Anstieg am Negrotto-Sattel durchaus »Gehgelände« sei – wenn nur die Eisbrüche nicht wären, die die Route »permanent bedrohen« und »furchterregend ausschauen« (Schauer). Den phantasievollen Dacher erinnern die Abbruchkanten an »riesige Raubtiergebisse«.

Reinhold Messner und der Leiter von Messners Bergschule in Villnöß, Friedl Mutschlechner, sind vom Godwin-Austen-Gletscher aus, nicht weit vom Basislager, in die Südwand eingestiegen. Rechts vom Südwestpfeiler erhebt sie sich als einzige steile, zerfurchte, aber durchgehende, eisbedeckte Flanke bis zum Gipfelbau des K2. Durch die

Meine Bergsteigerei entspricht einer Art Religionsausübung:
Sie verhilft mir zu einer neuen Beziehung zur Welt, zur Erfassung dieser Welt und der eigenen Gestalt, die ich darin bilde.

REINHOLD MESSNER

Biwakzelt in der Südwand. Blick aus der Wandmitte auf den Godwin-Austen-Gletscher

Südwand zu gehen, wäre der steilste, direkteste und kürzeste Weg zur Spitze des K2.

So wenigstens schien es, als Messner letzten Winter daheim über Karten und Photos brütete. Er sah in der Südwand eine mögliche Alleingang-Route für sich und erklärte seinen Partnern bei der ersten gemeinsamen Besprechung im Februar, daß er einen Solotrip versuchen werde, wenn das Team auf der Magic Line scheitern sollte.

Die fünf Partner reagierten ohne Entzücken auf diese Ankündigung. Sie argwöhnten, daß Messner die Expedition als Sprungbrett für eine neue spektakuläre Einzeltat benutzen wolle, bei der die anderen bloß Hilfsdienste leisten. Denn ihnen war ebenso klar wie Messner selbst, daß er am K2 – anders als am Nanga Parbat – auch bei einem Alleingang ohne bergerfahrene Untermänner nicht auskommt.

Alessandro Gogna drohte schon, seine Teilnahme aufzukündigen. Casarotto hätte sich ihm angeschlossen. Auch Robert Schauer kamen Zweifel. Messner beteuerte, er werde sich als Expeditionsleiter auch am Berg mit aller Kraft für das gemeinsame Unterfangen einsetzen. Erst nach einem von allen Mitgliedern akzeptierten Fehlschlag auf der Magic Line werde er einen Alleinversuch ins Auge fassen.

Im Sonnenglast der Südwand wühlen sich Messner und Mutschlechner nun angeseilt am Rand des De-Filippi-Gletschers durch den Neuschnee bis auf 6100 Meter. Es ist einer der raren warmen Tage, wie der, an dem Dianne Roberts, die photographierende Frau des amerikanischen Expeditionschefs Jim Whittaker, im letzten Jahr beschloß, ein Sonnenbad im Bikini zu nehmen – bis das Wolfsgeheul der darbenden Kletterer sie zurück in ihre Kleider trieb.

Messner und Mutschlechner buddeln eine Terrasse in den steilen Hang und verankern ihr Biwakzelt an einem einigermaßen sicher scheinenden Platz unterhalb der gewaltigen »Seracchi« (Eisbrüche), die in einer Schrägrinne hinunter auf den De-Filippi-Gletscher zielen. Sie steigen noch 200 Meter höher bis an den Rand einer Mulde, die Messners Solo-Route queren müßte.

Er steht zum zweitenmal vor einem »Aus«. Die Mulde ist einen Kilometer breit und mit Tiefschnee angefüllt. Da müßte er hindurch und zugleich schräg aufwärts 400 Meter Höhe gewinnen. Dazu bräuchte er mindestens fünf bis sechs Stunden. Über der Mulde aber hängen, so Messner, »einsturzreife Eistürme so hoch wie das Hamburger ›Plaza‹ « (in dieser 27geschossigen Herberge nächtigt er, wenn er im »Congress Centrum« der Hansestadt Vorträge hält).

Reinhold Messner zeigt wenig Neigung, sich von einem Wolkenkratzer erschlagen zu lassen, in der langen Zeit, die er brauchte, um unter ihm vorbeizurobben. Als er am folgenden Tag mit angesengtem Gesicht und aufgesprungenen Lippen (einem besonderen Leiden von ihm) ins Basecamp zurückkommt, erklärt er: »Das da oben macht man im Leben nur einmal und dann ist man tot.«

Auch in einer Zweier-Seilschaft mit gegenseitiger Sicherung und Spurhilfe hält er den Aufstieg an der K2-Südwand nicht mehr für vertretbar. Zumal: »Die Kerle sind alle verheiratet, da ist die Verantwortung größer.« Und Reinhold Messner ist allergisch geworden gegen den offenen oder versteckten Vorwurf, er bringe seine Mitmenschen mutwillig in Gefahr.

Am 18. Juni versammeln sich die Expeditionsmitglieder in dem Sieben-Quadratmeter-Küchenzelt zum Frühstück und zur Beratung. Es sind Messners Pläne und Routen, die der K2 zunichte macht, aber die anderen haben wenig Grund, ihm seine Fehlspekulation vorzuhalten. Sie haben selbst fest daran geglaubt, fester noch als ihr Leader, der bei der Februar-Konferenz in Villnöß an einem Punkt dämpfend einwarf: »Hoffentlich kommen wir überhaupt bis zum ›Pilz‹!« (Spitzname eines Hängegletschers in halber Höhe des Südwestpfeilers).

Selbst der erfahrene Mittvierziger Michl Dacher, der den dritthöchsten Berg der Erde, den Kangchendzönga (8586 Meter), und den vierthöchsten, den Lhotse (8516 Meter), erstiegen hat, wollte keinen Zweifel hören: »Wenn ich nicht wüßte, daß wir an dem Pfeiler hochkommen, würde ich nicht drei Monate meiner Zeit für den K2 opfern.«

Messners Selbstbewußtsein schien denn auch nicht weiter gestört, als er die Erkundungsresultate dahingehend zusammenfaßte, daß keine der projektierten Routen gehe: »Der erste Berg, an dem keine Wand zu machen ist« (Wandroute im Unterschied zur Gratroute). Deshalb bleibe ihnen tatsächlich keine andere Wahl als die gute alte Italiener-Route über den Abruzzen-Grat.

Eine alte Route, aber im neuen Stil: »Im alpinen Stil, ohne Hochlager, nur mit Biwakzelten in wenigen Tagen.« Das heißt: Jeder muß von unten an alles mit sich schleppen, was er bis zum Gipfel und zurück an Proviant und Ausrüstung braucht. Messner, schon wieder ganz in Fahrt: »Jeder soll so hoch gehen, wie er kommt. Niemals zuvor wurde ein Achttausender in dieser Weise angegriffen.«

Es wäre ein Alleingang zu sechst mit mehrfach tödlichem Ausgang, wenn ein am K2 so gut wie sicherer Schlechtwetter-Einbruch die Kletterer am Berg festnagelt. Mit winzigen Biwakzelten und ein paar

Renato Casarotto, der ausgezeichnete Kletterer und Alleingänger, starb 1986 am K2

Pfund Proviant wäre eine Woche Sturm nicht zu überleben. Aber die forschen Reden des Leaders erwärmen sogleich drei der fünf Zuhörer für den Abruzzen-Plan.

Robert Schauer: »Der einzige Weg, unsere Gipfelchance zu wahren.«

Friedl Mutschlechner: »Wir würden uns in der Südwand aufreiben.«

Michl Dacher: »Ich bin hierhergekommen, um auf den Gipfel zu steigen. Alle sechs über den Abruzzen-Grat wäre großartig!«

Alessandro Gogna will noch immer nicht glauben, daß in der ganzen Südwand keine Route möglich sein soll. Doch noch während die Männer im Zelt debattieren, donnert eine Eislawine über die fragliche Flanke. Alle rasen hinaus und sehen größere Teile der Wand unter Eisstaub verschwinden. Eine Druckwelle wie von einer Explosion fegt durchs Camp, ein bißchen später rieseln Eiskristalle darauf herab.

Gogna: »Das war ein Zeichen. Die Südwand ist für mich gestorben.«

Nur Renato Casarotto, der Anden-Alleingänger und nach Messners Meinung »technisch beste Kletterer im Team«, bleibt hartnäckig: »Unser Programm war die Magic Line. Ich mache lieber den Pfeiler mit dem Gefühl, etwas Neues zu versuchen, auch wenn es nicht bis zum Gipfel reicht. Auch wenn ich nur zum ›Pilz‹ komme, fände ich das besser, als die alte Route zu wiederholen.«

Casarotto denkt an einen Alleingang-Versuch – und vertritt damit genau die Haltung, für die Reinhold Messner berühmt geworden ist: Lieber am Unmöglichen scheitern als das erwiesenermaßen Mögliche neu zu machen. So geschehen im letzten Jahr am Everest, als sein Partner Peter Habeler Zweifel bekam, ob der höchste Punkt der Erde wirklich mit unbewehrten Lungen zu erreichen sei, ohne daß man Hirnschäden davonträgt und »zum Trottel« wird.

Habeler wäre lieber mit Sauerstoffmaske gegangen. Aber Messner erklärte ihm mit der verächtlichen Schärfe, deren er fähig ist und die nichts übrigläßt vom ewig lächelnden Charmeur, daß er lieber auf den Everest-Gipfel verzichte, ehe er zu dem »Trick« mit der Sauerstoffflasche greife. Einen Versuch nur wollte er wagen, mehr nicht. Immer nach dem Prinzip: Das Können ist des Dürfens Maß.

Jetzt am K2 sitzt der Schuh auf dem anderen Fuß, und Reinhold Messner kann gar nichts Komisches daran finden, daß hier jemand versucht, ausgerechnet ihm gegenüber den Reinhold Messner zu mimen. Erst auf italienisch für Casarotto, der nur diese Sprache spricht, dann auf deutsch macht er klar, was er davon hält: »Casarotto glaubt, wir haben den Abruzzen-Grat in der Tasche. Er meint, es sei ein Spaziergang. Dabei weiß er, daß er ihn nicht schaffen würde. Er ist nur auf Klettern trainiert, nicht auf Höhe. Außerdem hat er zuviel Gewicht für einen so langen Aufstieg.« (Casarotto wiegt 80 Kilo.)

Alessandro Gogna versucht, seinen Landsmann zur Einsicht zu bewegen: »Wenn ich eine Entscheidung treffen müßte für eine Wand, bei der ich von vornherein weiß, daß ich über einen bestimmten Punkt nicht hinauskomme, würde ich mir eine andere Route aussuchen.«

Messner: »Vollkommen richtig. Ich habe nie etwas probiert, was ich von vornherein für unmöglich gehalten habe. Aber es gibt Leute, die ziehen eine Schau ab nach dem Motto ›heroisch gescheitert‹, und zwar nur, weil sie sich das Mögliche nicht zutrauen. Das ist ein Psychoproblem, sonst nichts.«

Und alles. Messner schlägt Casarottos Rebellionsversuch so sarkastisch nieder, daß der sich nicht mehr davon erholt. Der Mann aus Vicenza lenkt eint, er bekennt sich einige Tage später ausdrücklich zum Abruzzen-Beschluß der anderen und bittet, seine Himalaja-Unerfahrenheit zu entschuldigen. Aber er bleibt der »Odd man out«, isoliert auch, weil er als einziger nur Italienisch spricht.

Er geht mit Gogna an den Berg, erscheint zwischendurch auch aufgeräumt und zuversichtlich. Aber er fühlt sich nie ganz gesund und tastet mit der für Spitzensportler typischen Hypochondrie ständig nach irgendeinem Organ (»Leber? Nieren?«), das seinen Dienst einzustellen drohe. Daß er am 9. Juli, als es ernst wird, wegen Höhenhusten und Schwächegefühl aufgibt, kommt für Messner »nicht überraschend«: »Casarotto ist nicht gewöhnt, sich so zu quälen, wie ein Achttausender es verlangt.« Aber vielleicht ist es nur der Mangel an Erfahrung, der ihn immer wieder zurückwirft.

Auch Mutschlechner hat nach dem Südwand-Ausflug mehrere Tage lang hohes Fieber unbekannter Herkunft. Robert Schauer leidet an Durchfall und kann in der ersten Kletterwoche ebenso wenig an den Berg. Dadurch werden die beiden später zum Gespann – während Reinhold Messner, dem nie etwas fehlt (»weil ich das nicht zulasse«), sich mit dem unverschleißbaren Michl Dacher zusammentut.

Der Abruzzen-Sporn, auf den Messner und Dacher am 22. Juni erstmals zumarschieren, mag die einzige angreifbare Stelle des K2 sein: Er gehört gleichwohl zu den höchsten und steilsten Achttausendergraten. Von der Moräne, auf der die Männer herankommen, mißt er 2400 Höhenmeter bis zu seiner »Schulter«, zu der man seitlich in gerader Linie hinaufschaut (Eiger-Nordwand: 1865 Meter). Von dort schwingt sich ein flacheres Schneefeld bis zum Fuß des Gipfelbaus in knapp 8000 Meter Höhe. Von da an ist dann nur noch ein kleinerer Alpen-

Lager I am Abruzzen-Sporn. Es steht hoch und ist bescheiden ausgestattet

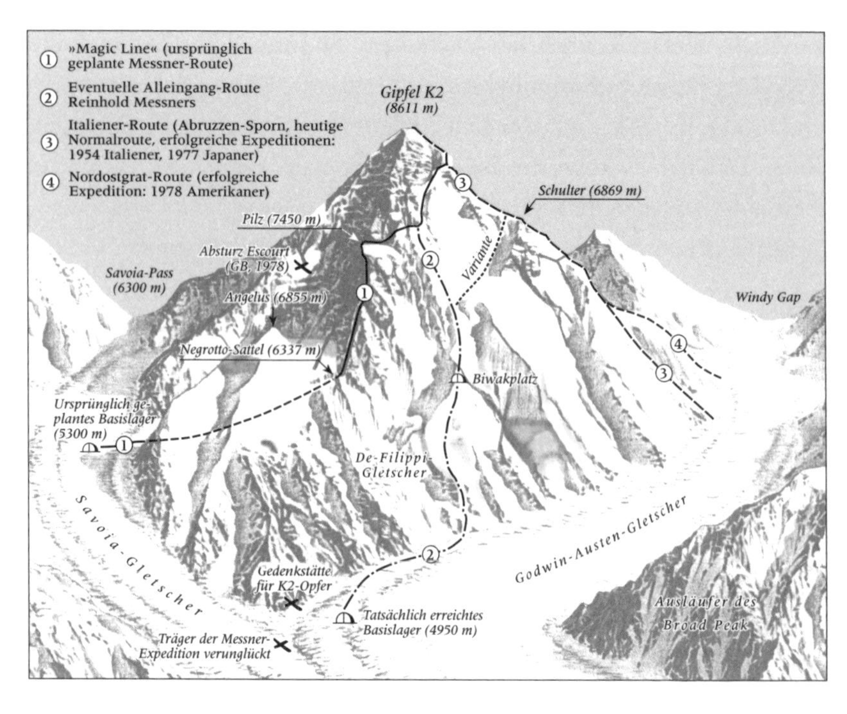

Übersicht aller bis 1979 erfolgreich begangenen beziehungsweise geplanten Routen

berg, der Wallberg etwa, bis zum Gipfel zu überwinden – nur nicht in so dicker Luft wie am Tegernsee.

Doch als der Beschluß gefaßt ist, den Abruzzen-Grat zu wiederholen, entwickelt Messner mit seinem Team den Drive und das Tempo eines hundertmal geprobten Kommando-Unternehmens – ohne die Kommandos. Der Ablauf der Blitzaktion:

22. Juni: Messner und Dacher steigen vom Basislager (4950 Meter) zum Hochlager I (6100 Meter) auf dem alten japanischen Campingplatz. Gogna und Casarotto folgen noch am gleichen Tag nach, die beiden Seilschaften errichten zwei Doppelzelte.

23. Juni: Messner und Dacher steigen durch den House-Kamin weiter zu Camp II auf (6680 Meter). Es entspricht dem Camp V früherer Expeditionen und enthält sechs Zelte der Japaner »in trostlosem Zustand« nebst Vorräten, darunter 50 Kilo Reis. Gogna und Casarotto folgen nach und bringen zwei Seilrollen mit. Abstieg zur Übernachtung in Camp I.

24. Juni: Wiederaufstieg der beiden Seilschaften nach Lager II. Rückkehr Gogna/Casarotto nach Lager I bei bewölktem Wetter und starkem Wind. Die beiden Italiener müssen dort den Angriff einer der Riesenkrähen abwehren, die vom Abfall der Expeditionen an den Berg gelockt werden.

25. Juni: Rückkehr beider Seilschaften zur Erholung ins Basislager.

27. Juni: Robert Schauer und Friedl Mutschlechner steigen bei gutem Wetter ins Lager I auf. Sie werden bis dahin begleitet von den beiden jungen Balti-Trägern, die Messner zurückbehalten hat, damit sie Vorräte ins erste Camp schleppen (weiter kommen sie nicht) und im Basislager aushelfen. Schauer wird beinahe von einer japanischen Sauerstoffflasche getroffen, die sich weiter oben aus dem Schnee gelöst hat.

28. Juni: Bei auf Orkanstärke anwachsendem Sturm steigen Schauer und Mutschlechner mit zwei Zelten im Gepäck ins Camp II auf. Gogna und Casarotto gehen in Lager I und können gerade noch verhindern, daß eines der Zelte dort davonfliegt.

29. Juni: Nach schlafloser Sturmnacht in Camp II steigen Schauer und Mutschlechner bei weiterhin schlechtem Wetter wieder ab. Gogna und Casarotto bleiben in Camp I.

30. Juni: Gogna klettert allein ins Camp II, Casarotto folgt mühsam nach. Gogna stellt das von ihm mitgebrachte Doppelzelt auf.

1. Juli: Gogna klettert in beißendem Wind 300 Wandmeter in die vereisten Felsen der »Schwarzen Pyramide«. Er prüft die japanischen Fixseile, die im Eis sitzen und an zwei Stellen gerissen sind. Er ersetzt die schadhaften Stücke durch eigene Seile und Haken. Casarotto bleibt in Camp II. Messner und Dacher gehen vom Basislager ins Camp I.

2. Juli: Sturm und dichtes Schneetreiben unterbinden jede Bewegung.

3. Juli: Gogna und Casarotto steigen ins Camp I ab und kehren ins Basislager zurück. Trotz schlechten Wetters steigen Messner und Dacher ins Camp I. Sie setzen auf Besserung.

4. Juli: Strahlendes Wetter. Messner steigt an der von Gogna gesicherten Route rasch durch die »Schwarze Pyramide«, Dacher folgt ihm. Sie klettern 300 Meter über Gognas Umkehrpunkt hinaus und erreichen 7300 Meter. Sie müssen kurz vor dem Platz für Camp III umkehren, weil ihnen das Seil ausgeht. Schauer und Mutschlechner gehen ins Lager I.
5. Juli: Messner und Dacher kehren ins Basislager zurück. Schauer und Mutschlechner erreichen Camp II. Gutes Wetter mit Tagestemperaturen bis plus 15 Grad.
6. Juli: Schauer und Mutschlechner bauen das Hochlager III (7350 Meter) auf und kehren ins Camp II zurück.
7. Juli: Schauer und Mutschlechner zurück im Basecamp, wo nun alle Expeditionsmitglieder versammelt sind.

Die Hauptarbeit der Männer am Berg hat darin bestanden, das von oberhalb Camp I bis über die »Schulter« (7400 Meter) durchgehende Seilgeländer der Japaner aus Schnee und Eis herauszuzerren und herauszupickeln und es instand zu setzen: für gelockerte Haken neue einzuschlagen, an zweifelhaften Passagen neue Seile festmachen. Wo die japanischen Seile zu tief im Eis verschwanden, knüpften die Kletterer ein eigenes Seil bis dahin, wo die roten Nippon-Nylons wieder auftauchten.

Sie arbeiteten wie Dachdecker auf einem 2000 Meter hohen Kirchendach. »Spenglerarbeit« nannte es der Starkstrom-Elektriker Dacher. Und Messner holte sich beim Hämmern Blasen an den Händen: »Ich bin das nicht gewohnt.«

Major Terry Tahir, der bärenhafte Begleitoffizier der Expedition, kann stundenlang entzückt durchs Fernrohr zuschauen, wie Reinhold Messner sich am Berg bewegt. »How graceful«, murmelt er dann zwischen Zügen aus einer »K2«-Zigarette. (K2 ist die populärste Marke Pakistans – ein Kraut, das dem Raucher schon auf Meereshöhe die Luftnot der Todeszone verschafft.) Terry, der gut und gern kocht, hat auch stets etwas Besonderes zubereitet, wenn Messner ins Basislager

Der mit Schnee und Eis gefüllte House-Kamin ist abgesichert.
Links der Broad Peak

Solange ich nach bequemen Erklärungen suche, nach Erklärungen, die von praktischem Wert für mich sind, finde ich keinen Sinn in unserem Unternehmen. Die Vernünftigkeit ist gegen dieses mein Abenteuerleben. Indem ich handle, gehe, steige, löst sich die Sinnfrage auf.

REINHOLD MESSNER

kommt. Am Nachmittag vor dem Aufbruch zum Gipfel serviert er dem versammelten Team Kotelett »pakistanisch« aus der Dose.

Bei diesem Essen und im letzten möglichen Moment bringt Robert Schauer, der Mediziner, die Frage auf, was geschehen soll, wenn sich am Berg einer so verletzt, daß er mit eigener Kraft nicht mehr hinunterkommt. Was geschieht, wenn sich einer den Haxn bricht? Oberhalb von Camp II zum Beispiel?

Messner: »Ein Abtransport aus der ›Schwarzen Pyramide‹ ist fast unmöglich. Er ist oberhalb des House-Kamins sehr schwierig.«

Schauer: »Glaubst du, man sollte jeden Rettungsversuch unterlassen?«

Messner: »Die Amerikaner waren 1953 auch zu sechst hier am Berg, als Gilkey die Venenentzündung bekam und sich nicht mehr rühren konnte oben auf der ›Schulter‹. Sie wollten ihn abseilen, sind dabei ins Rutschen gekommen und nur durch einen irren Zufall nicht alle miteinander abgestürzt. Dann ist ihnen Gilkey doch noch aus der Sicherung gebrochen und war weg.«

Messner möchte seine Partner zwingen, den grausamen Gedanken zu akzeptieren, daß sie mit einem gebrochenen Fuß bei vollem Bewußtsein am K2 zurückgelassen werden. Noch eine Mutprobe, die böseste: Wer kann dieses Risiko bei klarem Verstand hinnehmen und traut sich dann noch, auf den Berg zu gehen?

Schauer protestiert: »Wir können einem Verletzten doch nicht den Gnadenschuß geben. Du weißt genau, daß wir versuchen müssen zu retten, auch wenn's aussichtslos ist.«

Messner merkt, wie die Sache den anderen an die Nieren geht. Er lächelt und sagt: »Warten wir's ab.«

Zwei Männer schlafen in einem engen Biwak-Zelt. Ihr keuchender Atem schlägt sich innen am Zeltdach nieder, verwandelt sich in Rauhreif und rieselt in kristalliner Form zurück in ihre Gesichter. Der Höhenmesser, den einer der beiden Männer am Arm hat, zeigt 7910 Meter über Normalnull an.

Das Zelt steht im Mondlicht in einer Nische, die die Männer in einen 30 Grad steilen Hang aus Eis und festem Schnee geschlagen haben. Sie haben es mit Pickeln und Haken befestigt und man fühlt sich darin wie in der Ablauf-Luke einer Sprungschanze, die fast 3000 Meter tief abfällt auf den Godwin-Austen-Gletscher am Fuß des Berges mit dem Namen »K2«.

Um 2 Uhr früh wacht Reinhold Messner als erster auf. Durch Daunenschlafsack, Daunen-Anzug, Flausch-Anzug und seidene Unterwäsche hindurch knufft er seinen Nebenmann: »Michl, wir müssen kochen.« Später sagt Michl Dacher aus Peiting in Oberbayern: »Das sind die Momente, in denen du dich fragst: ›Was tu ich hier? Warum lieg ich nicht daheim in meinem warmen Bett?‹ «

Doch als Dacher mit dem Oberkörper durch den schlauchartigen Zelteingang ins minus 30 Grad kalte Freie kriecht, um mit einem Perlonsack Schnee für den Kocher hereinzuholen, ist Reinhold Messner wieder eingeschlafen. Und sobald Messner ihm den Rücken kehrt und Schnee beschafft, entschlummert Dacher.

Erst der Tee und die heiße Kraftsuppe machen die beiden wach, und mehr noch der Höhensturm, der gegen Morgen aus China heranfegt und Dacher die nördliche Zeltwand ins Kreuz drückt. Sie wollten noch bei Dunkelheit aufbrechen, doch der Sturm hält sie im Zelt fest.

Die Sonne geht kurz nach fünf auf, strahlt grell durch die gelbbraune Kunststoffplane und heizt das Zelt im Nu stickig auf. Noch immer können die beiden Männer nicht hinaus – obwohl es doch beim

Im Zelt von Lager II. Michl Dacher hantiert mit dem Kochgeschirr: Schnee schmelzen

Angriff auf einen Achttausender-Gipfel jedesmal vor allem darum geht, so rechtzeitig oben zu sein, daß man vor Einbruch der Nacht das oberste Zelt wieder erreicht.

Um 7 Uhr erst flaut der Jet-Wind ab. Der Himmel ist wolkenlos. Die beiden Männer lassen im Zelt (wegen des Windschutzes) noch Wasser in eine Folientüte, in der Suppenpulver war, ziehen die Gamaschen und die Steigeisen fest und gehen los. Sie haben in der Todeszone 700 Meter Höhenunterschied zu überwinden, machen sich aber vor, sie könnten es bis kurz vor Mitternacht schaffen. Dacher: »In sechs Stunden reißen wir den Zapfen nieder.«

Nach einem täuschend leichten Stück »Gehgelände«, das Dacher in seinem Optimismus bestärkt, geraten sie auf einen Hang mit grundlos weichem Schnee – einem Teil der gewaltigen Neuschneemengen, die in diesem Frühjahr im nordpakistanischen Gebirge gefallen sind und in denen schon mehrere Expeditionen hoffnungslos steckenblieben, zwei davon, eine französische und eine österreichische, allein am Nanga Parbat.

Wie zwei Dackel im Tiefschnee müssen sich Messner und Dacher den Hang hinaufwühlen. Messner später: »Eine Zeitlang hatten wir Angst, daß die Schneemassen uns mit hinunternehmen auf den Godwin-Austen.« Dacher: »In den Alpen hätten wir die Hosen voll gehabt und wären umgekehrt.«

Durch eine tiefe Rinne (den »Flaschenhals«) voller Felsbrocken und Eisklumpen erreichen sie unter überhängenden Eisbalkonen den Fuß einer Felsbarriere, die den Weg auf die Gipfelhänge des K2 versperrt. Sie ist 30 Meter hoch, sehr steil, es wäre in den Dolomiten eine Kletterei III. Grades. Aber in 8200 Metern, mit rutschenden Steigeisen auf eisigem Fels und ohne Seilsicherung, ist es hirnrissig.

Sie kommen nicht weiter und schieben sich japsend zentimeterweise nach links und nach rechts durch die Wand auf der Suche nach einem Ausweg – Messner in seinem Spezialschuh für den zehenlosen linken Fuß, den er sich vor neun Jahren auf seinem ersten Achttausender, dem Nanga Parbat, erfroren hat. (Und wenn er den Kopf zu wenden vermöchte, ohne abzustürzen, könnte er den Nanga von der Felsbarriere aus, 200 Kilometer entfernt im Südwesten, in strahlender Behäbigkeit daliegen sehen.)

Michl Dacher findet eine Leiste im Fels, die er durch eisige Flächen mit dem Pickel verlängert. Über sie können die Männer nach links aus der Barriere herausqueren in einen Schneehang – aber nur um den Preis verschlimmerter Wühlerei.

Um 12.40 Uhr meldet sich Reinhold Messner, »bis über den Arsch im Schnee«, mit seinem Walkie-Talkie im Basislager. Sein Höhenmesser zeigt 8350 Meter. »Du denkst, du bist gleich am Gipfel, wenn du über der Barriere bist, aber der Weg wird mit jedem Schritt länger«, sagt

Da steht diese Gipfelpyramide vor uns, und es ist alles vollkommen klar, ohne noch vernünftig oder unvernünftig zu sein.

REINHOLD MESSNER

Querung unter dem großen Sérac im tiefen Schnee. Unter uns 3000 Meter Abgrund.

Messner unter stoßenden Atemzügen. »Aber wir gehen weiter. Vielleicht kommen wir erst bei Vollmond zum Zelt zurück.«

Um 15 Uhr meldet er sich wieder. Höhenmesser-Anzeige 8460 Meter, immer noch tiefer Schnee, »ein Hang nach dem anderen ... wir sind sehr müde, obwohl wir uns beim Spuren abwechseln«. Später sagt Messner: »Wenn es so etwas gäbe, dann war es wie in einem Sumpf, in dem man bergauf gehen muß.«

Es hat jedenfalls mit Bergsteigen nicht mehr viel zu tun. Es geht nur noch um das Ertragen, das Durchhalten einer Tortur jenseits von Schmerz und Erschöpfung. Sie machen nur noch weiter, »weil jeder hofft, daß der andere zuerst aufgibt«. Die Partnerschaft wird zum verbissenen Ringen miteinander, das sie weitertreibt. Und Michl Dacher, der zähe 45jährige, ist, was das Zuerst-Aufgeben anlangt, ebenso stur wie Messner – sein Wille, kein »alter Mann« zu sein, ist unbändig.

An der Gipfelpyramide nimmt der Schnee allmählich ab und wird fest. Um 16.40 Uhr meldet sich Messner im Basecamp: »Gipfel erreicht ... wir sind okay ... keine Halluzinationen, keine Gefühlsausbrüche. Nur Dankbarkeit für die wunderbare Tatsache, daß wir nicht mehr höher zu steigen brauchen.«

Der Extrembesteiger Reinhold Messner, 34, Südtiroler, italienischer Staatsbürger und neudeutscher Volksheld, ist damit der erste Mensch, der den höchsten Berg der Erde, den Mount Everest, und den zweithöchsten, aber schwierigsten, den K2, erstiegen hat – noch dazu ohne künstlichen Sauerstoff und mit geringstem Aufwand an Hilfstruppen und Material.

Als erster hat Messner auf dem Gipfel von fünf Achttausendern gestanden – auf einem davon, dem Nanga Parbat, sogar zweimal. Sein Gipfelgefährte Michl Dacher hat nun die zweit-, dritt- und vierthöchste Erhebung der Erdkruste bewältigt.

Die Daten ihres Aufstiegs klingen für Alpinisten noch märchenhafter als für Flachländer. Nach gut zweiwöchiger Vorbereitung der Aufstiegsroute bis auf 7400 Meter Höhe und zwei Tagen Erholung im

Blick vom Gipfel des K2 nach Südosten: Broad Peak, Gasherbrums, Chogolisa

Der Erfolg einer Besteigung ist nicht wichtig, der Genuss einer Gipfelstunde vergeht schnell; das Bemühen um ihn ist es, das im menschlichen Wesen lebendig bleibt. GEOFFREY WINTHROP YOUNG

Basislager (auf 4950 Meter) steigen Messner und Dacher am 8. Juli zum Hochlager I (6100 Meter) auf, am 9. Juli zum Camp II (6680 Meter), am 10. Juli zum Camp III (7350 Meter). Am 11. Juli steigen sie über ihnen unbekanntes Terrain bis auf 7910 Meter, bauen dort ihr Biwak-Zelt auf und gehen am Tag darauf zum Gipfel.

Sie haben ungewöhnliches Wetterglück in einer Ecke, in der »das Wetter für gewöhnlich von außerordentlicher Abscheulichkeit ist« (wie es ein früherer englischer Karakorum-Forscher umschrieb). Aber sie haben diese Gunst auch mit einer Entschlossenheit und Energie genutzt, für die es in der langen Himalaja-Geschichte wenige Vergleiche gibt:

Maurice Herzog und Louis Lachenal aus Frankreich bei der ersten Achttausender-Besteigung auf die Annapurna 1950, Hermann Buhl aus Innsbruck bei seiner einsamen Gipfel-Entscheidung auf dem Nanga Parbat 1953 oder Reinhold Messner selbst bei seinem Alleingang auf denselben Berg im vorigen Jahr.

Nur dreimal ist der K2 zuvor bezwungen worden: von einer italienischen Expedition 1954, von einer japanischen 1977 und von einer amerikanischen 1978.

Die beiden Erstbesteiger Compagnoni und Lacedelli brauchten acht Tage vom Basislager zum Gipfel – mit Sauerstoffmaske. Sie gingen über eine vorbereitete Kette von neun Hochlagern, von denen aus sie durch andere Expeditionsmitglieder unterstützt wurden. Japaner und Amerikaner brauchten auch wegen des Wetters länger und etablierten zuvor sechs Hochlager plus ein Biwak auf dem Weg zum Gipfel. Messner und Dacher sind mit drei Lagern plus einem Biwak vor dem Gipfel ausgekommen.

»Gratulation von uns in Camp III. Irre, daß ihr das geschafft habt. Paßt aber bloß beim Abstieg auf«, hatte Robert Schauer per Walkie-Talkie zur Spitze des K2 hinaufgerufen, als Messner und Dacher ihren Erfolg meldeten. Ins Lager III war an diesem Tag die zweite Gruppe der Expedition aufgestiegen, um nach den beiden ersten zum Gipfel zu gehen: Schauer, Mutschlechner und Alessandro Gogna. Der Italiener hatte sich den beiden anderen angeschlossen, als sein Partner Casarotto am 9. Juli den Aufstieg aufgab.

Die drei Männer gehen früh am Freitag, dem 13. Juli, bergan in Richtung Biwak, wo Messner und Dacher nach ihrem eisigen abendlichen Abstieg eine »elende Nacht« totaler Erschöpfung verbracht haben. Nun treiben Wolken über den Abhang, auf dem sich die drei voranarbeiten. Sie haben so viel Pech wie ihre Vorgänger Glück: Das Wetter schlägt jetzt um.

Schneebrocken kullern den dreien entgegen. Zwei Schemen tauchen im Wolkendunst auf. »Noch zwei Meter vor uns konnten wir

Messner und Dacher nicht voneinander unterscheiden«, erinnert sich Friedl Mutschlechner.

Sie sind auch sonst nicht leicht wiederzuerkennen. Messners Unterlippe ist über die ganze Breite aufgeplatzt. Seine Lachfalten sind tief eingeschnitten, sein Gesicht wirkt eingeschrumpft hinter dem Bart voll Schnee und Eiszapfen. Michl Dachers Augen glänzen und erscheinen noch größer als sonst. Doch er sieht aus wie der alte Mann, der auch er einmal sein wird.

Die Männer umarmen einander. Dacher beklagt das Wetterpech der drei. Schauer, Gogna und Mutschlechner beschließen, mit den Gipfelgängern abzusteigen und auf Besserung zu warten.

Reinhold Messner zeigt ihnen »mit diebischer Freude« (würde seine Mutter sagen) eine rosarote Kapsel. Statt etwas oben zu lassen auf dem Gipfel, hat er etwas von dort mitgenommen – die Kunststoffhülse, die die Amerikaner im vorigen Jahr in einem Spalt der Gipfelwächte deponiert haben, sie enthält auf edlem Papier die Namen der Geldspender der US-Expedition.

Sehr fraglich, ob Jim Whittaker, der Boß dieser Expedition, diesen originellen Einfall Messners zu würdigen weiß – derselbe Jim Whittaker, der Messner das höchste aller Komplimente machte.

Trotz des brillanten Handstreichs auf den Gipfel aber hat Messner am K2 auch seine Grenzen gezeigt bekommen. Der »Drache des Unmöglichen«, von dem Messner schwärmt, hat sich in den Wochen zuvor an den Flanken des K2 gewaltig aufgerichtet und den alpinen Siegfried aus dem Villnößtal so furchterregend angefaucht, daß dieser seine ursprünglichen Pläne fallenlassen mußte.

Denn der Weg zum Gipfel führte nicht über die neue Route am Südwestpfeiler des K2, wie Messner angekündigt hatte. Er führte über die Standard-Route am »Abruzzen-Sporn«, nicht über unberührten Fels und jungfräuliches Eis, sondern auf den Spuren früherer Expeditionen – entlang den Seilsicherungen, die die Japaner anlegten, und vorbei an den zerschlissenen Tau-Enden, die noch von 1953 und 1954 her »gespenstisch sinnlos an den Überhängen baumelten« (Messner).

Das Leben auf dem Gletscherstrom oder in den Steilflanken des K2 ist immerzu bedroht

Wir sind nicht nur von Wildnis umgeben; diese Vor-Zeit-Landschaft herrscht auch innerhalb der Lagerplätze und auf dem Weg, den wir Schritt für Schritt erfinden. REINHOLD MESSNER

Das Basislager steht auf der langgestreckten Moräne, die wie eine roh aufgeschüttete Terrasse am Fuß des K2-Vorberges Angelus lehnt und auf der anderen Seite zum Godwin-Austen-Gletscher abfällt. Man hat einen Logenblick auf die gegenüberliegende, drei Kilometer hohe Westwand des Broad Peak und, gletscheraufwärts, auf die Südwand des K2 und das markige Profil des Abruzzen-Grats. Bei gutem Wetter konnte man die Kletterer auf dem Grat passagenweise als winzige Schattenrisse gegen den tiefblauen Himmel erkennen.

Vierzehn Tage nach dem Gipfelerfolg von Reinhold Messner und Michael Dacher auf dem K2 steht das Basislager der Expedition noch immer. Am letzten Freitag, 27. Juli, sollten die für den Rückmarsch benötigten 40 Balti-Träger eintreffen, die ein einheimischer Meldeläufer im 85 Kilometer entfernten Askole (der nächsten menschlichen Ansiedlung) bestellt hat.

Sie werden sich um Tage verspäten. Also haben alle Teilnehmer der Messner-Expedition Gipfelchancen.

Aber nach einer Woche ohnehin miserablen Wetters mit Wind und dichtem Wolkennebel hat es am Dienstag letzter Woche so heftig zu schneien begonnen, daß das Camp am Mittwochmorgen schon unter einem Meter Neuschnee erstickte. Der Sommer-Monsun, der in normalen Jahren das Baltoro-Tal gar nicht erreicht, bläst heuer so heftig vom Indischen Ozean herauf, daß seine Wolkenmassen bis in den hinteren Karakorum vordringen.

»Es macht Mühe, sich von den Wohnzelten bis zum Küchenzelt durchzuschlagen«, meldete die Messner-Truppe am Mittwoch letzter Woche, »und dort sieht es erst recht traurig aus. Wichtige und beliebte Nahrungsmittel sind uns ausgegangen. Es gibt keine Spaghetti mehr, keine Bolognesersauce, keinen Parmesankäse, keinen Schinken, kein Fladenbrot und keinen Honig. Es gibt praktisch nur noch Reis und Thunfisch, bei dem es uns den Magen umdreht.«

»Selbst der Tee geht trotz Rationierung zur Neige, ab Wochenende werden wir uns wohl nur noch mit lauwarmem Wasser und Brausepulver laben. Wahrscheinlich hätten wir unseren Bedarf auch wie (der englische Expeditionsleiter) Bonington mit dem Computer ausrechnen sollen. Aber Reinhold hält nichts von Computern.«

Da half auch das Tiroler Geräucherte nichts, das Messners Hungerleider bei der österreichischen Broad-Peak-Expedition abstaubten, die ihr Basecamp nur vier Kilometer gletscherabwärts hatten und sich nach mehreren vergeblichen Anläufen, den 8047 Meter hohen Hauptgipfel des K2-Nachbarn zu erklimmen, auf den Heimweg machte. Der jähe Genuß der heimatlichen Schmankerln führte lediglich zu Bauchgrimmen und zahlreichen hastigen Trips an den Rand der Moräne, wo auf einer Breite von einem Kilometer jedes Expeditionsmitglied seine eigene Lokalität hat.

Sie sind noch und wieder leidlich gesund, bis auf Messner, der vor dem Gipfelgang als einziger keinerlei Beschwerden hatte, nun aber leichtes Fieber hat und über Nierenschmerzen klagt. Dieses Leiden plagt ihn nicht zum erstenmal. Er sieht die Ursache in der Kälte am Berg und in den großen Flüssigkeitsmengen, die sein Organismus in extremen Höhen umsetzen muß. Außerdem gehen ihm seit der Rückkehr vom Berg die Barthaare aus.

Vermuteter Auslöser: die Wirkung der Höhenstrahlung auf den Hormonhaushalt. Alessandro Gogna, um melancholisch stimmende Anekdoten nie verlegen, fällt dazu ein, daß die Amerikanerinnen, die im vergangenen Jahr auf dem Achttausender Annapurna in Nepal waren, ein deutliches Schrumpfen ihrer Brüste festgestellt hätten. Woraufhin die Gemütslage im blauen Küchenzelt über die mageren Rationen erst recht eine Ausgelassenheit erreicht, wie sie gemeinhin in mittellosen Wanderzirkussen herrscht, wenn das Dromedar geschlachtet werden muß.

Denn das Triumphgefühl nach dem Gipfelerfolg ist längst in dem »Loch« verschwunden, das laut Messner »jede verwirklichte Idee hinterläßt«. Sein Gefährte Michael Dacher, eine glücklicher beschaffene Natur, freute sich »wie ein Lausbub«. Er schwärmte tagelang von der »Herrlichkeit« des Rundblicks vom Gipfel: »Wir konnten in jede Richtung 300 Kilometer weit sehen. Es war unvergleichlich.«

Reinhold Messner aber kannte schon und fürchtete die post-aktionable Tristesse, die ihn nach Gipfelgängen befällt. Um ihr zu trotzen, verkündete er dem Basecamp noch beim Abstieg vom K2 per Walkie-Talkie seinen Plan, nach ein paar Tagen Erholung anschließend noch den Broad Peak zu machen, mit Dacher und notfalls ohne ihn.

Zwei Achttausender in einem Aufwaschen: Das wäre wieder etwas nie Dagewesenes. Hermann Buhl und Kurt Diemberger waren 1957 nach ihrer Broad-Peak-Besteigung noch den Fast-Achttausender Chogolisa angegangen – beim Abstieg brach Buhl mit einer Wächte ab und stürzte zu Tode. Seitdem hat es ähnliches nicht mehr gegeben.

Kaum war Messner am 13. Juli bei noch schönem Wetter lässig schlendernd, die Hände in den Hosentaschen seines Kletteranzugs, als Sieger im Basislager eingekehrt, bat er Karin Rocholl in Gilgit über Funk, ihm umgehend in Pakistans Regierungssitz Islamabad bei dem Gipfel-Verwalter Naserullah Awan eine Blitz-Genehmigung für den Broad Peak zu besorgen. Er ginge notfalls auch ohne, wolle aber seinem Begleitoffizier »Terry« Tahir keine Scherereien machen.

Awan schlug den Antrag glatt ab: So Knall auf Fall gebe es auch für den berühmten Messner keine Lizenzen. Außerdem sei der Broad Peak in diesem Jahr nach den Österreichern auch noch an die Spanier versprochen.

Messner zog sich daraufhin noch häufiger als zuvor in das geräumige Zelt zurück, das er allein bewohnt. (Die anderen hausten immer noch bequem zu zweit in solchen Zelten.) Er zeigte sich nur noch zu den mageren Mahlzeiten im Küchenzelt, hörte dauernd Elton John (»Single Man«), las viel (Tolstois »Familienglück«, Platons »Phaidros«, Duerrs »Traumzeit«), manchmal auch beim Essen. Vor allem aber schrieb er im Basislager von Hand auf dem Knie eine Neufassung seines Buches »Der 7. Grad«.

Er wartete darauf, daß auch die anderen Mitglieder der Expedition ihren Vorstoß zum Gipfel des K2 unternehmen, doch der Verlauf und der Ausgang dieser Versuche waren das, was die Stimmung im Camp am Ende der vorletzten Woche am allermeisten drückte.

Nach dem ursprünglichen Plan sollten die anderen beiden Seilschaften hinter Messner und Dacher mit je einem Tag Abstand über die Hochlager auf dem Abruzzen-Grat vorrücken. Am 9. Juli stiegen Messner und Dacher von Camp I ins Camp II. Zugleich sollten Alessandro Gogna und Renato Casarotto vom Basislager zum Camp I gehen. Am folgenden Tag sollten auch Robert Schauer und Friedl Mutschlechner das Basislager verlassen.

Casarotto aber gab in Camp I auf. Messner hatte ihn wegen seiner exzellenten technischen Kletterfähigkeiten ausgewählt. Dieses Können schien dem Leader auf der ursprünglich geplanten »Magic Line« am Südwestpfeiler entlang unentbehrlich. Der in den asiatischen Gebirgen unerfahrene Italiener kam jedoch mit der Höhe und der Härte des Karakorum von Anfang an nicht zurecht, weder körperlich noch im Gemüt.

Aus der Furcht und in der Gewißheit zu versagen, benahm er sich unberechenbar, erklärte den Abruzzen-Grat für »zu leicht« und »zu langweilig« und isolierte sich zusehends vom übrigen Team, auch von seinem Landsmann Gogna. Dem zuliebe raffte er sich am 9. Juli auf, hatte aber dann doch »keine Lust« mehr und kehrte um.

Gogna wartete im Camp I auf die Seilschaft Schauer/Mutschlechner und schloß sich ihr an. Die Verständigung zwischen den dreien war kein Problem. Als Südtiroler spricht Mutschlechner ebenso fließend wie krachledern italienisch, Schauer und Gogna kommen auf englisch gut zurecht.

Am Freitag, dem 13. Juli, strebte die Dreiergruppe von Hochlager III (7350 Meter) über einen langen Schneehang dem Biwak in 7910 Metern zu, in dem Messner und Dacher die Nacht vor und nach ihrem Gipfelgang verbracht hatten, auf halbem Weg trafen sie die beiden erschöpft absteigenden Gewinner in dichtem Wolkendunst. Das bis dahin strahlende Wetter schien umzuschlagen.

Die Dreiergruppe kehrte mit Messner und Dacher ins Camp III zurück. Dort gab es eine Diskussion: Friedl Mutschlechner war dafür, daß die drei in Camp III auf besseres Wetter warten. Robert Schauer hielt ihm entgegen, es sei entschieden vernünftiger, wieder ganz bis zum Basecamp abzusteigen und die Wetterbesserung dort abzuwarten. In Camp III baue man bei vielleicht tagelangem Aufenthalt körperlich ab und zehre den ohnehin knappen Proviant auf, den man später beim Abstieg dringend brauche für den Fall, daß man dann von einem Sturm am Berg festgehalten werde.

Reinhold Messner hielt sich heraus: »Ihr seid für euch selbst verantwortlich. Ihr müßt selbst entscheiden.« Schauer, erst 25 Jahre alt, hat schon auf drei Achttausendern gestanden (Hidden Peak, Nanga Parbat, Everest – mit Sauerstoff). Mutschlechner war noch nie im Himalaja. Das gab den Ausschlag für Gogna. Er schloß sich der Meinung des Erfahreneren an. Die drei folgten Messner bis zum Basecamp.

Damit vergaben sie die einzige Gipfelchance, die sie bekommen sollten. Schon am 14. besserte sich das Wetter wieder und blieb gut bis zum 17. Vom Camp III aus hätte das für Gipfelversuch und sichere Rückkehr durchaus gereicht.

Doch erst am 15. Juli früh starteten die drei vom Basislager. Jetzt wollte auch der zerrissene Renato Casarotto wieder mitkommen. Da griff Messner ein und wies ihn zornig zurück: Mit Casarotto zusammen habe Gogna nicht die geringste Aussicht. Er könnte nicht zulassen, daß Gognas Möglichkeiten durch die Launen seines Landsmannes zunichte gemacht würden.

Es war ohnehin zu spät. Als Schauer, Gogna und Mutschlechner am 17. Juli früh von Camp III aus erneut in Richtung Biwak aufbrachen, war der Berg über ihnen restlos in Wolken gehüllt. Diesmal gingen sie trotzdem weiter, aber diesmal nützte es nichts. Sie erreichten das Biwak und verbrachten dort in dem engen Zelt eine schlaflose, demoralisierende Sturmnacht.

Gogna: »Eine Nacht für Hunde, nicht für Christen.«

Der Sturm hielt am nächsten Morgen an und hatte die Aufstiegsspuren verweht. Die drei tasteten sich bergab in dem grellen Weiß-in-Weiß, in dem das Auge so blind ist wie in der Finsternis. Sie stiegen wiederum ab bis zum Basislager.

Das war das Ende ihrer Hoffnungen, auch wenn sie am 21. Juli halbherzig noch einmal bis Camp II aufstiegen. Das Wetter blieb schlecht, und ihre Willenskraft war so verschlissen, daß sie selbst bei Sonnenschein nicht mehr bis zum Gipfel gereicht hätte. Messner im Basecamp: »Vor allem Schauer drängte nach unten. Er sieht einfach nicht ein, daß es mit dem Auf und Ab vom Basecamp nicht geht. Mutschlechner hatte recht. Sie hätten beim erstenmal in Camp III abwarten sollen. Aber ich konnte die Sache nicht für sie entscheiden.«

Mehr noch als der Erfolg von Messner und Dacher demonstriert der Mißerfolg der drei, wieviel Glück, aber auch wieviel Instinkt und innere Schnellkraft dazu gehören, das Monster K2 zu packen. Schauer »drängte nach unten«, weil er als angehender Höhenmediziner viel Respekt vor den Wirkungen der Höhe hat, vielleicht zuviel Respekt inzwischen für einen Achttausender-Bergsteiger. (Deshalb entschied er sich im vorigen Jahr am Everest in letzter Minute doch noch für die Sauerstoffmaske.)

Auch was den Proviant in den Hochlagern angeht, wollte Schauer jedes Risiko ausschließen – es jedenfalls in stärkerem Maße ausschließen, als das in einer kleinen »alpinen« Expedition möglich ist, wenn man außerdem auch noch auf den Gipfel kommen will. Und letztlich konnten Schauers Entscheidungen auch durch den Umstand nicht ganz unbeeinflußt bleiben, daß just am Tag vor dem ersten Gipfelanlauf seine Frau im Basislager aufkreuzte.

Es gibt Leute, auf die du dich verlassen kannst. Michl Dacher gehörte dazu.
REINHOLD MESSNER

Michl Dacher – offenherzig, einsatzfreudig, zäh – ein idealer Partner

Das war geplant. Lieselotte Schauer, genannt »Kati«, eine kompakte Blondine, wollte und sollte Anfang Juli ins Basecamp kommen, also zur entscheidenden Phase. Für den langen Anmarsch sollte sie sich einer der vielen Expeditionen anschließen, die um diese Zeit zum Baltoro-Gletscher ziehen, und tat dies auch. Friedl Mutschlechner räumte seine Schlafstelle im mit Robert Schauer geteilten Zelt und zog zu Jochen Hoelzgen um.

Solche Besuche sind unter aufgeklärten jungen Bergsteigern »in« – und nicht nur, weil ihre Frauen darauf drängen: Schluß mit der Männerbündelei am Berg, mit dem zotenreißenden Spezltum von einst. Das Problem ist nur, daß Frauen im Basislager keineswegs imstande sind, einen K2 zu erweichen und zugänglicher zu machen.

Der konservative Oberbayer Michl Dacher, der davon gar nichts hält, sinnierte in diesem Zusammenhang über die Erfolgschancen einer Armee, »bei der jeder zweite oder dritte Landser seine Alte dabei hat«. Er glaubt, die jungen Leute wollten »zuviel, was nicht zusammengeht, auf einmal haben ... die härtesten Abenteuer, aber auf Nummer sicher und möglichst bequem«.

Doch nicht nur Kati Schauer kam. Vom 6. Juli an kroch in mehreren Schüben ein wahrer Heerwurm den Godwin-Austen-Gletscher herauf, die größte Expedition des Jahres, aus Frankreich kommend unter dem Protektorat des alpinistisch engagierten Staatspräsidenten Giscard d'Estaing persönlich: vierzehn der besten Kletterer der Westalpen unter Führung von Bernard Mellet und Yannick Seigneur, zehn Mann (keine Frauen), Hilfs- und Filmpersonal, nicht weniger als 1200 Balti-Träger für 30 Tonnen Material.

Eine echte nationale Prestige-Expedition, wie nur Japaner und Franzosen sie noch zustande bringen, also eine Expedition der traditionellen Art, für die Reinhold Messner von jeher nur Hohn und Spott übrig hatte, und diese Expedition hat sich noch dazu vorgenommen, was auch Messner zuerst wollte: den K2 über eine neue Route auf der Südseite zu bezwingen. Mehr noch: Die Franzosen wollen direkt auf dem zerklüfteten Südwestpfeiler hinauf, den Messners ursprüngliche »Magic Line« geschickt umgehen sollte.

Wie beim Klondike-Goldrausch breitete sich nur 300 Meter von Messners Camp die französische Zeltstadt aus auf den Moränen, die, wenn der Neuschnee wegtaut, ohnehin schon aussehen wie eine kosmopolitische Müll-Deponie: Wegwerf-Bierflaschen und Filmbüchsen der Japaner (von 1977), Schlagsahne-Spraydosen (um nur einen Artikel aus der Vielfalt amerikanischen Abfalls von 1978 zu nennen), Plastik-Container in Horrorfarben und flatternde Folien überall, kein kläglicherer Kommentar zu diesen Unternehmungen ist denkbar als der, den ihre Überreste geben.

Für seinen Gipfelgang war Messner das französische Publikum im Parterre nicht unlieb. Bei seiner Rückkehr schaute er erst bei ihnen vorbei und ließ sich von Yannick Seigneur umarmen. Zugleich aber versicherte er diesem: »Was ihr da vorhabt, schafft ihr nie.«

Doch die Franzosen versuchen es. Sie steigen über den De-Filippi-Gletscher, den Messner für zu lawinengefährdet hielt, auf den Negrotto-Sattel (6300 Meter), an dem der Südpfeiler beginnt. Sie gehen sogar über die Reste der mächtigen Lawine, die am 1. Juli auf den De-Filippi-Gletscher donnerte. Nach letztem Vernehmen haben sie Anfang letzter Woche in etwa 6700 Metern ihr Lager III etabliert, ehe ein Schneesturm auch sie in ihre Zelte bannte.

»Absolut unverantwortlich« nennt Messner Mellets Vorgehen. Klar ist, daß die Franzosen den Berg auf dieser Route nicht im Handstreich nehmen können und wollen, sondern durch Belagerung mit allen Mitteln, natürlich auch Sauerstoff-Apparaten.

Ihre Chancen scheinen gering. Und doch ist damit am K2 von neuem und direkter als zuvor die große Auseinandersetzung über alpinen Stil und alpine Mittel entbrannt – die Auseinandersetzung, in deren Zusammenhang auch Reinhold Messner und seine Expedition erst richtig zu sehen und zu beurteilen sind, sein Erfolg, wie das, was ihm nicht gelungen ist.

Kleinexpedition in Concordia. In der Selbstbeschränkung liegt die Kunst der Besten

Eine kleine Expedition ist auch viel interessanter – die großen kosten zu viel Nerven. CHARLES HOUSTON

»Man kann nicht unbegrenzt in großen Höhen leben. Wichtig ist, im richtigen Moment alles Fett am Leib los zu sein, aber trotzdem noch genügend Energie für einen Gipfelsturm zu haben. Dann heißt es sofort abhauen, noch ehe der Berg Rache nehmen kann …« Genauso könnte Reinhold Messner, der wiederum von Hermann Buhl gelernt hat, seine eigene Achttausender-Technik, den Alpinstil, auf den Punkt bringen.

Das Zitat stammt aber von Aleister Crowley, der schon 1902 zusammen mit zwei Briten, zwei österreichischen Kletterbekanntschaften aus den Alpen, Dr. Victor Wessely und Heinrich Pfannl, und einem Schweizer Arzt zum K2 pilgerte. Die eigenartige Gesellschaft kam zwar nicht allzu weit, weil die Träger nicht weiterkonnten und Pfannl an einem Lungenödem erkrankte, das schleunigste Umkehr notwendig machte. Doch Crowley schied in der Überzeugung: »Der Gipfel des K2 kann an einem Tag erreicht werden« – dann nämlich, wenn man erst einmal »die schneebedeckte Schulter des Berges in mehr als 7000 Meter Höhe erreicht hat«.

Dann gab es im Himalaja neben den Großexpeditionen der zwanziger und dreißiger Jahre die »Lonesome Loonies«, die »einsamen Verrückten«, die den höchsten Berg des Erde im Alleingang nehmen wollten: Frank Smythe 1933 und 1934 Maurice Wilson, der am Everest verschwand, bis eine chinesische Expedition 26 Jahre später in 6500 Meter Höhe seine Leiche fand.

»Ich habe meinen Körper durch Fasten auf die kommenden Strapazen vorbereitet«, hatte Maurice Wilson in sein Tagebuch geschrieben. »Ich will … in einer einmaligen Dauerleistung den höchsten Gipfel der Welt erobern. Ich weiß, daß meine Methode für die Alpinisten der Zukunft wegweisend sein wird …«

Bald darauf wurden just am K2 die ersten Kleinexpeditionen im Gebirge der Riesen ausprobiert. Mit fünf Gefährten, sechs Sherpas und nur 75 Balti-Trägern zog der junge amerikanische Mediziner Charles Houston den Baltoro-Gletscher hinauf – in demselben Jahr 1938, in dem die Deutschen den Nanga Parbat mit Unterstützung der Hitler-Regierung unter größtem Aufwand berannten und für den Lastentransport zum Berg sogar eine dreimotorige JU-52 einsetzten, die im Basislager Nachschub abwarf.

Charles Houston dagegen fand, Bergsteigen sollte das Gegenteil von »Ingenieursarbeit« sein. Außerdem konnte er als Amerikaner von seiner Regierung ohnehin keine Hilfe für so nutzlose Spiele erwarten. Er beschloß, mit 10 000 Dollar auszukommen (und tat es auch). Sinn für Ökonomie verband sich bei ihm mit Neigung wie später bei Reinhold Messner.

Houston: »Eine kleine Expedition ist auch viel interessanter – die großen kosten zu viel Nerven.«

Die amerikanische Mini-Truppe scheiterte am K2 wie der großdeutsche Großangriff am Nanga Parbat. Doch die Amerikaner überwanden erstmals den Abruzzen-Grat bis zur »Schulter«. Houston und sein Partner Petzold drangen auf der Schulter ohne Sauerstoffmaske auf 7800 Meter vor. Als die beiden erschöpft und ohne Proviant kehrtmachten, hatte Houston den Kulminationspunkt seines Daseins erreicht: »Ich fühlte, daß mein ganzes Leben auf seine höchste Stufe gelangt war. Tieferes, glaube ich, kann ich nie mehr empfinden.«

1939 folgte die Wiessner-Expedition. Der Sachse wollte den K2 im Handstreich erobern und erlebte ein Desaster. Ein alpiner Alptraum, der das frühe Ende von »leichter« Expedition zu besiegeln schien, bei denen der Leader allen voranstürmt, statt vom Basislager aus die Operation zu dirigieren. Fritz Wiessner wurde in Amerika, noch dazu in der antideutschen Stimmung des beginnenden Hitlerkriegs, als rücksichtsloser Teutone vehement angefeindet. Das angesehene britische *Himalayan Journal* urteilte: »Im hohen Himalaja und Karakorum ist die ›Eigerwand-Taktik‹ schlechterdings kriminell.«

Doch die »Eigerwand-Taktik« (so genannt nach der grimmigen Schweizer Nordwand, die 1938 von deutschen und österreichischen Bergsteigern in vier Tagen mit drei Biwaks unterwegs erstmals bezwungen wurde) lebte wieder auf, nachdem in den fünfziger und sechziger Jahren sämtliche 14 Achttausender von »schweren« Expeditionen erstbestiegen worden waren. Es kam nicht mehr darauf an, überhaupt auf den Gipfel zu gelangen, ganz gleich, mit welchen Mitteln. Für ehrgeizige Alpinisten ging es jetzt auch an den höchsten Bergen der Erde vor allem darum, in welchem Stil und über welche neue, schwerere Route der Aufstieg vollbracht wird. Der Engländer Chris Bonington forderte 1975: »Die Riesen im Himalaja sollten künftig wie die großen Wände in den Alpen attackiert werden: auf dem direktesten Weg, mit dem geringsten Aufwand und in möglichst kurzer Zeit. Je kleiner das Team, um so größer die Herausforderung.«

Reinhold Messner praktizierte, was Bonington predigte. Im Frühjahr 1975 machte er das letzte Großunternehmen mit, eine italienische Expedition unter dem Kommando des Alt-Alpinisten Riccardo Cassin, die den Everest-Nachbarn Lhotse (8516 Meter) erstmals über die gefährliche Südwand angriff. Der Anlauf scheiterte an der Vertracktheit der Wand, am Wetter und an zwei Lawinen, die das Basecamp verwüsteten. Messner beschloß, nie mehr ein »Kletter-Soldat« zu sein, der in den Fels geschickt wird und keinen Einfluß auf die Operation hat.

Im Spätsommer des gleichen Jahres noch wanderte er mit Peter Habeler und nur einem Dutzend Trägern zum erstenmal den Baltoro-Gletscher im Karakorum hinauf zum Fuß des Hidden Peak, nicht weit vom K2. Sie bauten sich ein winziges Basislager und stiegen vom 8. bis zum 10. August auf den 8068 Meter hohen Gipfel, als wäre dies wirklich eine Eiger-Wand – freilich eine, die doppelt so hoch ist wie das Original und erst anfängt in einer Höhe über Normalnull, in welcher der Schweizer Berg längst aufgehört hat.

Nach Hermann Buhls »leichtem« Gang auf den Broad Peak 1957 war es die erste authentisch »alpine« Besteigung eines Achttausenders: zwei Männer ohne Hochträger, nur mit dem, was sie selber schleppen konnten, ohne vorbereitete Lager und ohne daß irgendein Teil der Route vorher mit Fixseilen gesichert und geglättet worden wäre. Kostenpunkt: 20000 Mark. Der »Erbe kühner alpinistischer Ideen« (US-Autor Galen Rowell über Messner) schien wahr zu machen, wovon Crowley träumte und womit Wiessner schrecklich gescheitert war.

Die Technik half ihm dabei. Die enorme Gewichtsersparnis bei der Ausrüstung, bei Seilen, Kletterhaken, Kleidung und Lebensmitteln, setzte die Bergsteiger instand, bei gleicher Belastung ungleich mehr Material und Proviant zu tragen als ihre Vorgänger.

Sie haben es dadurch nicht leichter (was oft mißverstanden wird), sie schleppen genauso schwer. Aber sie konnten nun auf die früher unentbehrlichen Hochträger verzichten. Auch haben Funksprechgeräte das Kommunikationsproblem gelöst, das der Wiessner-Expedition (und nicht nur ihr) zum Verhängnis wurde.

Blieb das menschliche Problem, dem weder mit ultraleichten Titanhaken noch mit Walkie-Talkies oder gefriergetrockneten Kraftsuppen beizukommen ist. In den traditionellen Kletter-Kollektiven wurde diese Seite der Sache mit militärischer Strenge »in Zucht« gehalten. In den lockeren, demokratischen Teams neuen Stils dagegen gelangen die Launen, die Schwächen und sogar die Tugenden der Beteiligten voll zu gepriesener Selbstverwirklichung.

Ardito Desio, ein spitznasiger Drillmeister, führte seine erfolgreiche italienische K2-Expedition von 1954 noch wie eine Schwarzhemden-Brigade und gebärdete sich, als könnte er mit einem Sieg am »Kappa due« sämtliche Debakel seit den Schlachten von Custozza ausbügeln. Er zwang seine Truppe, 40 Tage fast ununterbrochen schlechten Wetters auszuhalten, ehe ein Gipfelangriff möglich war. Und als einer »meiner Männer«, Mario Puchoz, an einem Lungenödem starb, erklärte er den übrigen: »Wir können Marios Andenken keine höhere Ehre erweisen, als daß wir nun erst recht den K2 bezwingen, für den er sich geopfert hat.«

Reinhold Messner gehörte zur ersten Reihe junger Alpinisten, die gegen Kommißbetrieb, Kameradschaftskult und heldische Phrasen rebellierten und die den neuen Geist der Zeit auch auf den Bergen wehen ließen – freilich auch neue Phrasen, die nun psychologisch waren statt heroisch und von »Motivation« und von »natural highs« tönten statt von Ehre und Mannesmut.

Messner machte sich ein Vergnügen daraus, die geheiligten Tabus der Kletterwelt zu brechen. Er war der erste, der seine Frau ins Basislager nachkommen ließ (1975 am Lhotse), wobei es mehr um die Provokation ging und geht als um die bestenfalls kuriose Koexistenz in ungewaschener Einfalt.

Er fabulierte davon, mit einer Frau zusammen einen Achttausender zu erklimmen. Er hätte auch diesmal eine Campgefährtin dabeigehabt, wenn Ursula Grether nicht auf dem Anmarsch gestürzt wäre und hätte umkehren müssen. Er will und kann auch anderen Expeditionsmitgliedern nicht verwehren, es ihm wenigstens darin gleichzutun – schließlich hatten die Amerikaner im letzten Jahr drei Frauen dabei und sind trotzdem auf den Gipfel des K2 gekommen.

Doch die, die auf den Gipfel kamen, waren nicht die mit den Frauen. Und auch Messner hatte schon mehrfach Gelegenheit zu erkennen, daß der lockere neue Stil zwar sympathisch, aber – allem Wunschdenken zum Trotz – dem Bezwingen von Achttausendern nicht unbedingt dienlich ist.

Im Frühjahr 1977 unternahm er nach dem Hidden Peak seine zweite eigene Expedition, diesmal zu viert: mit dem Österreicher Peter Habeler, dem bayerischen Heeresbergführer Otto Wiedemann und dem Amerikaner Michael Covington. Allein zu zweit mit Habeler hielt selbst er nicht für machbar, was er sich vorgenommen hatte – die unbezwungene, 4000 Meter aufragende Südwand des Dhaulagiri (8167 Meter) in Nepal.

Es war ein ähnlich extremes Projekt wie die ursprünglich geplante »Magic Line« am Südwestpfeiler des K2. Er mußte im unteren Teil der Dhaulagiri-Südwand aufgeben »und war froh, noch zu leben« – weil diese Wand so lawinen- und steinschlaggefährdet ist. Er kehrte auch am Pfeiler der Dhaulagiri-Südseite um, den er danach probierte.

Aber nicht die Gefahren allein gaben den Ausschlag oder der Ärger mit einem ZDF-Fernsehteam, das Messner mitgenommen hatte. Michael Covington betrachtete diese das Äußerste fordernde Tour allzu relaxed als eine Art erweiterten Hippie-Trip zu den Quellen östlicher Weisheit. Er konnte sich mit seinem Partner Wiedemann nicht verständigen und zog sich in bekiffte Beschaulichkeit zurück.

Dadurch fiel die zweite Seilschaft praktisch aus, ohne deren Unterstützung auch Messner und Habeler keine Chance hatten. Messner selbst war durch die bevorstehende Trennung von seiner Frau Uschi auch alles andere als in Bestform.

»Diese Wand ist erst fürs nächste Jahrhundert gemacht«, verkündete er bei seiner Rückkehr. Doch schon im Jahr darauf bewältigte eine japanische Expedition zumindest den Südpfeiler des Dhaulagiri –

nicht genial zwar, sondern zäh und beharrlich und mit viermal soviel Kletterern sowie vielen Fixseil-Sicherungen und Aluminiumleitern, aber immerhin.

Anders sind die wirklich extremen Wände und Routen im Himalaja auch gar nicht zu machen, selbst nicht von einer Ausnahme-Seilschaft, wie Messner und Peter Habeler aus Mayrhofen im Zillertal es waren. Sie hielten sich selber für das absolute Idealgespann, obwohl (oder weil) sie nur auf ihren Touren Umgang miteinander hatten. »Peter ist der einzig richtige Mann«, bestätigte Messner noch in seinem Everest-Bericht.

Doch auch diese bedeutende Beziehung fiel der menschlichen Irratio zum Opfer. Denn Peter Habeler tat Unverzeihliches: Er wagte es, mit journalistischer Hilfe gleichfalls einen Everest-Bericht zu machen. Er wagte es, sich darin über Reinhold Messners unglückliche Liebe zu Uschi zu verbreiten, »obwohl ihm selbst schon eine Frau weggelaufen ist, doch davon kein Wort« (Messner). Und er hat seinen Gefährten in einer Situation der Schwäche und Hilflosigkeit gezeigt – was er selbst dann nicht hätte tun dürfen, wenn seine Darstellung zuträfe. Es geht um die Nacht nach dem Everest-Aufstieg in einem Sturmlager in 8000 Meter Höhe.

Ist das Grund genug, die erfolgreichste Seilschaft der jüngeren alpinen Geschichte zu zerreißen? Messner: »Der Peter war eh schon nicht mehr der, der er war. Seine Frau hat ihm so viel Angst gemacht, daß er in der Todeszone Hirn- und sonstige Schäden davonträgt, daß er deswegen schon am Everest in Panikstimmung war.« Auch wollte Messner beweisen, daß er nicht nur bei Alleingängen nicht auf Habeler angewiesen ist.

So bleibt am Ende der K2-Expedition der famose Handstreich Reinhold Messners und Michael Dachers auf den Gipfel. Zugleich jedoch wächst der Zweifel, ob der von Messner verfochtene Expeditions-Stil wirklich zu mehr gut ist als zu bravourösen Reprisen auf bereits begangenen Routen, in schon bewältigten Wänden. Die uneroberten und

Das Ausgesetztsein beim Alpinstil an den Achttausendern (Reinhold Messner auf der Schulter am K2) ist enorm

furchterregenden »Eiger-Wände« in Himalaja und Karakorum dagegen sind so offenbar kaum zu meistern.

An beiden Wänden dieser Kategorie, die Messner in eigener Regie angegriffen hat, ist er gescheitert: an der Dhaulagiri-Südwand und an seiner »Magic Line« durch die K2-Südwand, auf der er es gar nicht erst versucht hat. Dafür gibt es akzeptable Gründe. Aber die Art dieses Scheiterns und dieses Verzichts läßt wenig Hoffnung, daß ihm eine so harte Route mit seiner »alpinen« Methode jemals gelingen wird.

Daran kann weder sein beredtes Plädoyer für seine »spielerische« und »abenteuerliche« Auffassung etwas ändern noch sein Zorn auf »inhumane Kriegszüge« wie die französische K2-Expedition. In einem Teil seines gespaltenen Bewußtseins weiß Messner auch ganz genau, daß der Südwestpfeiler des K2, wenn überhaupt, dann gewiß nicht spielerisch und im Handstreich zu schaffen ist, sondern nur durch brutale Plackerei. Also verzichtet er lieber.

Schon bei seinen Planungen daheim in Villnöß hat er die direkte Route über den Südgrat des K2 verworfen, obwohl es, wenn man den Pfeiler einmal erreicht hat, der einzige lawinensichere Weg ist. Sein Argument: Der Grat sei so zerklüftet, daß er nur durch eine äußerst mühselige und langwierige Kletterei zu überwinden ist. Das bedeute aber in der oberen Pfeilerpartie ein so langes Verweilen in der Todeszone, daß es nur mit künstlichem Sauerstoff durchzuhalten wäre. Und den will er auf gar keinen Fall.

Chris Bonington, der anfängliche Mitverfechter des alpinen Stils, hat aus diesem Dilemma längst den unalpinen Ausweg gewählt: Er ist beim Sauerstoff geblieben. Die berühmt gewordene Erstbegehung einer der »Eiger-Wände«, der Südwestwand des Mount Everest, durch eine von Bonington kommandierte Expedition im Herbst 1975 war ein Muster an kalter Kalkulation (mit Computerhilfe) und eherner Gruppendisziplin von 16 Kletterern mit Oxygen-Schnorcheln im Gesicht. Das war, wie Bonington es nannte, »Everest auf die harte Tour«.

Denn es gibt bislang nur diese Wahl: entweder unbetretene Wände und Grate durch eine Sauerstoffmaske hindurch zu erleben, »mit dem Rasseln des Flaschenventils im Ohr, abgeschlossen von der Umwelt wie ein Astronaut« (so der Bonington-Freund Peter Boardman), oder frei zu atmen und »ohne Tricks« in dünner Luft, dafür aber beschränkt zu sein auf die weniger mörderischen Routen, die schon begangen worden sind, mit Tricks oder auch ohne, wie am K2, dessen Gipfel ja schon von den Amerikanern John Roskelley und Rick Ridgeway »without oxygen« erreicht worden ist.

Beides zusammen, »Eiger-Wände des Himalaja« und alpiner Stil, ist nur mit einem Team vorstellbar, das aus lauter Messners, Wiessners, Dachers und Habelers besteht, die in der Form ihres Lebens perfekt zusammenwirken – eine Utopie, nicht nur wegen der menschlichen Störfaktoren, der »Eifersüchteleien wie unter Schauspielern« (Habeler). Denn diese Männer – Messner voran – gehören zur Rasse der Unvernünftigen, die nicht nur nach der Ansicht Peter Handkes im Aussterben begriffen sind, ohne viel Nachwuchs zu hinterlassen.

Walter Bonatti, der gefeierte italienische Bergsteiger, Mitglied der K2-Expedition 1954, hat Reinhold Messner vor Jahren in einer Buchwidmung als »die letzte Hoffnung des Alpinismus« bezeichnet. »Sendbote eines vergessenen Menschenschlages« hat ihn ein amerikanischer Bewunderer genannt: einen Sendboten, der mehr an das erinnert, was war, an die Verrückten von einst, die Wilsons, Wiessners und Buhls, als an das, was sein wird. Denn die Zukunft in den unbezwungenen Bergflanken des Himalaja und des Karakorum wird den Sherpas gehören, und dem organisierten Tourismus. Die Täler im Gebirge der Riesen werden von Trekking-Touristen wimmeln, die das Abenteuer vertreiben, das sie suchen.

Der Alpinismus ist tot. Klettern wird Sport, Bergsteigen Show oder Tourismus. Selbstbetrügerisch folgen die Stars den abgesicherten Trampelpfaden der Touristen. REINHOLD MESSNER

Für den K2 habe ich einen Traum. Ich möchte das Basislager mit einem Rucksack verlassen, so leicht wie ein Wanderer, der zu einer Schutzhütte hochgeht. Natürlich ohne Sauerstoffmaske. Losgehen, klettern, klettern, klettern – Tag und Nacht, und irgendwann zurückkehren ins Basislager. Ganz alleine, ohne Hilfe von außen. Dann sollen die Jungen weitermachen. Dann werde ich mich schön zurücklehnen, ein Glas Wein in die Hand nehmen und mich richtig freuen. HANS KAMMERLANDER

Der Schatten des K2

Die Kleinexpedition 1979 – Messners Bericht

Meinen Gipfelgang am K2 will ich noch einmal zusammenfassen, nicht nur, weil er zu meinen intensiven Grenzgängen zählt, auch weil diese Erfahrung die Voraussetzung ist, dieses Buch abzuschließen. Wäre ich nicht oben gewesen, wie sollte ich darüber schreiben?

Es ist Nachmittag, noch angenehm warm, während ich vor dem Zelt meinen Rucksack ausschüttle. Einige Kolkraben, die wie Wegelagerer um das Basecamp hocken, kommen ein paar Sprünge näher. Ich krieche ins Zelt. Die Ausrüstungsgegenstände, die ich zum Gipfelsturm brauche, liegen in einem geordneten Durcheinander auf der Schlafmatte. Nur ich kann eine Logik in diesem Wust von Kleidern, Stiefeln und Schnüren erkennen. Stück für Stück schichte ich in den blauen Sack, was ich zu brauchen glaube, wiege ab, packe weiter.

Als ich wieder ins Freie robbe, fliegen die großen schwarzen Vögel mit heiseren Lauten davon. Eine Windböe fährt in ihre Formation, wirft sie durcheinander, lässt sie trudeln. Sie segeln in verschiedene Himmelsrichtungen weiter. Einer steigt so hoch, dass er für einen kurzen Augenblick in der Linie zwischen dem K2-Gipfel und meinem Zelt steht. Nein, ich denke den Gipfel nie herbei; er kommt, während ich hinaufblicke, zu mir. Das ist meine Art, über den Horizont zu treiben. Noch einmal öffne ich den Rucksack. Um nachzusehen, ob ich nichts vergessen habe. Als ich die Ausrüstung Stück für Stück in der Hand halte, habe ich immer neue, sich überblendende Visionen: beim Anfassen der Steigeisen ein Stück blankes, blaugrünes Eis; bei den Handschuhen Nachtkälte; beim winzigen Sturmzelt die frostige Luft der Todeszone. Die Assoziationen addieren sich zu Lebenslust.

Wieder im Zelt, höre ich, wie draußen jemand rumort. Steine poltern. Dann guckt Michl herein und fragt, ob ich nicht zufällig ein zweites Paar Handschuhe für ihn habe. Als ich sie ihm reiche, sehe ich, wie glücklich er ist. Er nickt nur, geht zu seinem Zelt zurück, wo er mit seinem Rucksack hantiert.

Michl ist bei all seiner Ruhe und Beständigkeit ehrgeizig und aufrichtig. Schon über die Wochen der Vorbereitung, froh, einander zu haben, stand seit einer Krankheit Friedl Mutschlechners stillschweigend fest, dass wir gemeinsam zum Gipfel gehen würden. Wir beide haben ja den Großteil des Weges gesichert. Wir sind eingespielte, aber nicht verschworene Partner.

Eine halbe Stunde später stelle ich den Rucksack vors Zelt, wiege ihn zweimal in der Hand und sage: »So.« Einfach »so«, als ob dies etwas zu bedeuten habe.

Langsam verschwindet der trübe Schleier, der seit dem Morgen in der Luft hing. Die Dunstschicht weicht gegen Osten. Am Himmel erscheinen glasklare blaue Fenster. Der erste Hochsommertag im Karakorum, der 7. Juli 1979, geht zu Ende.

Als ich mich in der Morgendämmerung aus dem Zelt mache, ist mir ganz leicht ums Herz. Die Luft ist erfrischend, die Schritte vor dem Zelt aufmunternd. Um 4 Uhr ist es hell. Ich sehe die Berge, die Gletscherströme, höre den Schnee, der unter den Schuhsohlen knirscht. Vergesse, was ich hier will, wohin ich gehe. Keine besondere Aufregung. Wer weiß, ob es gelingen wird. Vielleicht wirft uns der Schneesturm bald wieder zurück.

Das Frühstück im Basislager ist wie immer. Ros Ali serviert dampfenden Tee. Wir nehmen Leinsamenkekse aus einer offenen Dose, essen Speck und Brot. Es ist kalt, nur ein Schatten von Helligkeit fällt durch die blaue Zeltplane.

Gleich hinter dem Basislager, nach ungefähr einem Kilometer, bleibe ich am flachen Gletscher stehen. Bei einem großen Felsklotz. Die Sonne trifft jetzt den Gipfel des K2. Es sieht aus, als taste ein

Hauch des Erhabenen über die Eishänge. Die Schnee- und Eisflanken beginnen zu leben. Diese Liebkosung dauert Minuten. Ich habe nicht die geringste Ahnung, wie hoch dieser Berg ist. Dimensionsverlust? Aber ich spüre eine Welle von Hoffnung in mir aufsteigen, als ich den Gipfel anpeile. Ich will nicht nur hinauf, ich weiß, wer ich bin. Diese Sonne! Ob es ein gutes Zeichen ist? Über die Bergketten, die das Basislager im Westen einfassen und deren Anblick mir so vertraut ist, fliegen erste Sonnenstrahlen. Hell und deutlich stehen sie in all ihrer Durchsichtigkeit gegen den noch glasigen Hintergrund des Himmels. An den Gipfeln hängen zerschlissene Windfahnen.

Michl ist zurückgeblieben. Er kommt jetzt als kleiner schwarzer Strich über den schmutzigen Gletscher.

»Das Licht ist heute besonders intensiv«, sage ich zu ihm, als er bei mir angekommen ist.

Während ich weitersteige, schaue ich zwischendurch über die beleuchteten Bergflanken hinweg und komme aus dem Gehrhythmus dabei. Stolpernd finden meine Füße, der Boden und der Blick voraus wieder zusammen.

Sonst reimt sich hier alles. Ich denke nicht über mich nach, auch nicht über die Landschaft. Ich gehe und schaue. »Da wollen wir hinauf!«, ist der einzige, alles beherrschende Gedanke.

Langsam und in einem großen Bogen gehen wir rechtshaltend zum Einstieg. Michl und ich klettern dann den Schneehang rechts des Abruzzi-Grats hoch. Wie in alter Gewohnheit. Warum wir diesen und nicht den üblichen Weg einschlagen? Wir haben es immer getan: vor gut zwei Wochen, als wir das erste und zweite Lager aufbauten, und dann wieder, als es galt, den Weg bis zum Lager III zu bahnen.

Auch jetzt, beim letzten Mal, gehen wir die gewohnte Strecke. In spitzen Serpentinen ziehen wir die Spur über den von der Sonne aufgerauten Firn. Ich stütze meinen Oberkörper leicht mit dem Pickel, sodass mein ganzes Gewicht auf dem bergseitigen Rand der Schuhsohlen liegt, die ich bei jedem Tritt fest in den Firn stoße. Jeder geht in seinem Tempo, keiner lässt sich vom anderen treiben.

Auch später, im Lager I, keine Hetze. Wir liegen, dösen, schlafen. Zwischendurch macht einer Tee. Wir müssen viel trinken.

Am Morgen beim Blick in die Sonne dann wieder dieses Hochgefühl! Die Täler unter uns sind mit Dunst angefüllt. Die Hänge scheinen zu dampfen. Auch gegen Westen klare Sicht. Der Karakorum ist so weit, dass ich nicht versuche, seine Gipfel zu zählen.

Am Großen Turm, auf halbem Weg zwischen Lager I und II, mache ich halt. Ich will nur rasten und schauen. Eine Zeit lang sitze ich da, ganz mit mir allein, und sehe an den Eisströmen entlang hinab. Es ist als ob sie wachsen, je länger ich hinstarre, weiter und weiter. In riesigen Mäandern ziehen diese tälerfüllenden Monster zum Basislager

Toteisgletscher – das nackte Gerippe der Welt, ein Bauplatz, den der Schöpfer vorzeitig verlassen hat. CHARLES BRUCE

Am frühen Morgen, beim Marsch zum Lager I, ist der Gletscher noch eisstarr

und weiter nach Concordia, wo sie in einer scharfen Rechtsbiegung in den Baltoro-Gletscher münden. Wie breite Landstraßen sehen diese geröllbedeckten Gletscher von oben aus. Die Berghänge darüber sind vereist. Dahinter eine gezackte Linie, der Horizont, aus dem wir gekommen sind.

Über dem Baltoro-Gletscher scheint die Luft jetzt zu schweben. Wie eine amorphe Masse. Wir sind schon hoch heroben, denke ich, und alles lässt sich gut an. Wäre irre, wenn es diesmal wirklich klappt. Wie durchsichtig die Luft über uns ist. Ich sehe mich höher spazieren, immer höher. Vor mir der K2 als ferne Unbekannte und einzige Hoffnungslinie. Welch wunderbarer Wahnsinn ist doch dieser Aufstieg! Mehr noch die Möglichkeit, auf den Alltag hinunterzusehen! Die Erinnerung von Glück, wenn ich dabei an den späteren Blick von unten denke.

Überlegungen, die mir nur allzu vertraut sind: zurückgehen, den Berg hinter sich lassen. Ich kenne das – das ist ja das Schöne am Bergsteigen, dass es nicht immer aufwärts geht. Heimwärts erst können wir uns richtig freuen. Etwas Wind kommt auf, er pfeift an den Felsen.

Entschlossen stehe ich auf, nehme den Rucksack und mache ein paar Schritte nach oben. Klettern ist anstrengend in dieser Höhe! Die Steilheit der Wand, die glatten Felsen, an denen mit Steigeisen oft kein Halt zu finden ist, zwingen mir zudem einen unregelmäßigen Rhythmus auf. Ich klettere um eine Kante herum, raste. Nach Minuten erst spüre ich wieder Kraft in Beinen und Armen. Sonne und Strahlung liegen schwer auf meinem Rücken. Wie eine zweite Last. Aber immer wenn ich gehe, steige, klettere, fühle ich mich wohl, auch im Kopf. Sogar beim Rasten, wenn die Lungen fliegen und das Herz bis zum Halse klopft – ist es nicht beängstigend.

Im Zelt – es ist alles so eng und doch gemütlich – sitzen wir eine Zeit lang da, ordnen unsere Sachen. Das Ganze ist knapp so groß wie ein Bett. Trotzdem Geborgenheit! Ein Gefühl dabei – abgekapselt von der Welt und in diesem »Nest« verkrochen im Berg – überleben zu können. Schon vergesse ich, wo ich bin. Nein, nur das selbst gebastelt Enge, das Häusliche, das Sichere erlöst nicht. Ich decke mich zu mit den Bergen.

Meine Gedanken sind nicht mehr bei den Gefahren, die uns umgeben; nicht bei der Anstrengung, die auf uns wartet; nicht bei der Entfernung, die uns von der Menschheit trennt. Ich bin nur da – und dieses Dasein fällt mir leicht. Also öffne ich den Zelteingang, beuge mich hinaus, um Schnee zu holen. Ein Paar Steigeisen liegt auf den Steinen. Daneben ein Pickel. Tief unten im Tal zittert die Luft. Oder kommt es mir nur so vor?

So viele Gegensätze: im Zelt der surrende Kocher; Michl im Schlafsack. Draußen Kälte und diese schreckliche Weite. Diese enge Gemütlichkeit – und diese schier endlose Tiefe! Die heiße Tasse Tee und Steine, an denen Eiskristalle glitzern; der feinste Windhauch schon jagt mir eine Gänsehaut ins Gesicht. – Was ist nun wirklich?

Am Nachmittag schlafen wir ein Weilchen. Gleichzeitig fahren wir hoch. Ein fallender Stein poltert durch unser Bewusstsein. Es bleibt keine Zeit, den Zelteingang aufzureißen. Wir können nur hoffen, dass das Zelt nicht getroffen wird.

Am dritten Klettertag scheint das Wetter umzuschlagen. Zwar steht die Sonne am Himmel, doch ihr Licht ist fahl, geisterhaft. In den Tälern lagert Dunst, grau oder blaugrün. Die Windstille zur Vormittagszeit ist bedrückend.

Dass wir trotzdem weitersteigen, ist mehr eine Sache des Instinkts, nicht der Erfahrung oder des Verstandes. Mit den Fixseilen ist die »Schwarze Pyramide«, wohl die schwierigste Stelle am Abruzzi-Grat, leicht; ein Spaziergang im Verhältnis zum Aufstieg vor einer Woche. Und Lager III, von Friedl und Robert errichtet, steht noch. Aber die Schneehänge darüber wirken unheimlich; unheimlich wie der verschleierte Himmel und die vielen Zirren über Sinkiang im Osten. Es wäre jetzt ein Trost, den Wetterbericht über Satellit abzurufen.

Ausstieg aus dem House-Kamin mit Tiefblick auf die Gletscher im Osten des K2

Auch am Nachmittag stehen alle Wetterzeichen auf »schlecht«. In den Tälern stehen durchscheinende Nebel. Wie Milchglas. Im Westen türmen sich Wolken. Darüber Dunststreifen. Die Berge wirken zugleich nah und doch sehr fern.

Am Abend vermehren sich die Schlechtwetterzeichen. Hui, wie es ums Zelt herum heult und pfeift! Jeder Stab, jeder Faden hat sein eigenes Johlen. Über Nacht aber vertreibt ein scharfer Nordwind Wolken und Nebel. Wäre es nicht so gekommen, wir hätten unseren Gipfelgang aufgeben müssen.

Viele Stunden jagt der Sturm über unser Zelt. Michl und ich – in Sorge, die Plane könne reißen – sind für Stunden die einzige Hoffnung füreinander. Es ist, als erlebe ich die Auflösung der Welt und als schwebten wir, gebeutelt vom Wind, in einem raum- und zeitlosen All.

Kurz vor dem Aufwachen träume ich das Verlorensein. Der K2 ist verschwunden. Mit uns. Als ich hinausschaue, ist es hell und der Himmel klar und friedlich. Ausgebreitet über dem Nichts. Der 11. Juli beginnt mit einem makellos klaren und kühlen Morgen. Nur weit draußen in den Tälern liegt Dunst. Als sei die Welt dahinter erstickt. Der Broad Peak steht so nah in seiner Mächtigkeit, dass wir erschrecken. Der Mond, noch zur Gänze sichtbar am westlichen Rand des Horizonts, ist bald voll.

Heute müssen wir früh los. Noch bevor die Sonne kommt, wollen wir kochen. Damit wir auch rechtzeitig heißen Tee haben, hat Michl am Abend einen Sack mit Schneeschollen ans Fußende unserer Schlafsäcke gestellt.

Als wir aufbrechen, ist zuerst die Orientierung unser Problem. Das Sonnenlicht wird auf der welligen Schneefläche so stark reflektiert, dass ich Spalten kaum noch erkenne. Vorsichtig stochere ich mit dem Pickel in der vom Wind aufgewühlten weißen Fläche. Schritt für Schritt taste ich mich so höher. Bis an den Rand des stumpfen Grates zwischen Süd- und Ostflanke. Hier ist der Schnee endlich hart. Teilweise wenigstens. Trotzdem, immer wieder brechen wir bis zum Bauch durch die windgepresste Schneedecke. Michl holt auf. Wie Maulwürfe, abwechselnd führend, buddeln wir streckenweise im mehligen Weiß, einen Graben hinter uns offen lassend.

Zuerst umgehen wir einen großen Sérac. In einer Rechtsschleife kommen wir weiter voran. Dann mühen wir uns über ein steiles, lawinenschwangeres Schneefeld. Zuletzt durchstoße ich eine Wechte und stehe auf einem flachen Grat. Über mir ist nur noch der Gipfel! Das wäre geschafft!

Wir rasten eine Weile. Nicht die Steilheit, die Weite der ansteigenden Schneeflächen über uns ist beängstigend. Es scheint noch eine Ewigkeit zwischen uns und dem Gipfel zu liegen.

Die Hitze ist nicht mehr drückend. Wir raffen uns auf. Lose, aus blauweißen Kristallen gefügt, liegt der Schnee knöcheltief auf einer harten Unterlage. Bei jedem Schritt knirscht er unter den Steigeisen. Dieses

Nur im Bereich der Schulter ist das Gelände so flach, dass man gar nicht abstürzen könnte

Auf die Unendlichkeit dieses gewölbten Schneehanges legt sich die Ewigkeit. Und diese Ewigkeit ist es, die es uns erlaubt, zum Gipfel zu gehen. REINHOLD MESSNER

Geräusch beruhigt mich. Jetzt, beim langsamen Steigen, das Gefühl, leichter geworden zu sein; ohne klare Gestalt über diesen weiten Schneerücken zu gehen. Die Müdigkeit hat nichts Gravitätisches mehr. Als wäre ich nur noch Lunge und Herz, die den Brustkorb weiten, immer mehr weiten. Weniger Körper als Fläche. Wie die Hänge, auf denen ich stehe, gehe. Alles ist so weit ausgedehnt. Ich gehe – atme – gehe.

Auf einer flacheren Stelle zwischen Schulter und »Flaschenhals« werfe ich den Rucksack ab. Dabei fällt mir ein, dass ich nachsehen könnte, wie hoch wir sind: 7950 zeigt der Höhenmesser. Dürfte stimmen. Dann kommt es mir wieder zu viel vor, und ich stecke ihn weg. Aus Angst, mich in dieser Höhe selbst zu belügen.

Die Sonne steht hoch, und der Himmel ist so schwarz, dass man denkt, dahinter sei es finster. Der Wind bläst den Schnee über den Grat. Als Gutwetterzeichen. Alle Schönwettertage in großer Höhe sind gleich.

»Schöner Platz«, sagt Michl.

»Na ja«, antworte ich.

»Links ist es windgeschützt.«

»Sicher.«

»Wir müssen das Zelt eingraben«, meint Michl.

»Das ist nicht notwendig«, sage ich.

Unser Zelt ist rot und blau. Die Zelte weiter unten sind grün und gelb oder ganz blau; die Zelte im Basislager rot.

In dieser Höhe sind Lagerplätze nur sicher, wenn die Zelte unter einem Überhang stehen. Ob Eis oder Fels, spielt dabei keine Rolle. Hier gibt es aber keine Überhänge und deshalb auch keinen idealen Biwakplatz. Wo ist die geeignetste Stelle? Eine Nische, die wir in einem 30 Grad steilen Hang aus Eis und festem Schnee treten. Mit Pickeln und Haken befestigen wir das Zelt. Es liegt eingebettet zwischen hüfthohen Schneeverwehungen und einem abgeflachten Grat auf der rechten Seite. Er würde im Falle eines Sturms von Sinkiang her Schutz bieten. Unsere Behausung ist an den Tisch einer Sprungschanze gestellt, 3000 Meter tief fällt der Hang darunter auf den Godwin-Austen-Gletscher ab.

Ursprünglich war es mein Plan, bis zum letzten Biwakplatz der Italiener aufzusteigen. Inzwischen aber haben wir eingesehen, dass es zu weit ist bis dorthin. Also bleiben wir. »Es ist besser hier«, sagt Michl. Trotzdem weiß ich, dass das nicht stimmt. Je höher wir heute hinaufkommen, desto weniger haben wir morgen zu klettern.

Michl ist optimistisch. »In sechs Stunden reißen wir den Zapfen nieder«, meint er. Überzeugt, den Gipfelgang am nächsten Tag zu schaffen, kriecht er in den Schlafsack. Aber noch liegt eine Nacht vor uns, eine Nacht in der Todeszone. Und diese Nächte sind es, die mir Angst machen. Wie einem Kind der dunkle Keller.

Blick vom höchsten Lagerplatz nach Osten, wohin der Schattenkeil des K2 fällt

Neben allem Vorhersehbaren gibt es an den großen Bergen immer auch das Unvorhersehbare. Nur weil ich mich und den K2 außerhalb des Vorhersehbaren stelle, ist dieser Aufstieg zu verantworten.

REINHOLD MESSNER

Die Dämmerung kommt langsam. Als würde die Nacht noch etwas hinausgezögert. Nur für uns. Von unten, durch die bleistiftdicke Schaumgummimatte, kriechen inzwischen Kälte und Qualen hoch. Ich fühle, wie vereinzelte, scharf voneinander abgetrennte Wahrnehmungen mich losreißen vom Berg! Wie sich in meine Einheit Zweifel schleichen! Es sind nicht die Anstrengung und nicht die Kälte, die mich zur Verzweiflung treiben, es ist der Schrecken, da zu sein. Beim Nichts-tun-Können fehlt das Gegengewicht zu dieser gefährlichen Welt. Ich weiß, dass Michl den Gipfelgang unterschätzt. Ich kann seinen Optimismus nicht teilen. Deshalb meine Bedenken, die sich mit zunehmender Nachtschwärze zu Angst verdichten. Es ist aber nicht die wirre, aufgepeitschte Phase der Angst, sondern vielmehr der leise, nagende, von tausend Zweifeln genährte Bereich, der mich über den Halbschlaf hinaus umklammert, quält, beunruhigt.

Michl holt ein letztes Mal Schnee aus dem Freien – Schnee, der auch auf den im Schlafsack angewärmten Händen erst nach Minuten zu schmelzen beginnt. Vorsichtig zieht er den Reißverschluss des Zelteingangs wieder zu und steckt die Hülle seines Schlafsacks in das kleine Loch, das in der Ecke, dort wo die beiden Reißverschlüsse im rechten Winkel zusammenlaufen, offen geblieben ist. So sind wir einigermaßen sicher vor der Wucht des Sturms.

Kochen ist in dieser Höhe eine anstrengende und langwierige Angelegenheit. Wir wechseln uns ab. Einmal hält der eine, einmal der andere den Topf. Es dauert eine Stunde, bis die Mahlzeit fertig ist: Suppe, warmer Thunfisch, eine Scheibe Brot, dann Tee.

Auch jetzt noch, im Licht der Gasflamme, sieht Michls Gesicht angestrengt aus. So, als versuche er ständig, etwas zu verbessern oder genauer zu verstehen. Auch seine Stimme ist leiser geworden, seine Bewegungen vorsichtig. Wir reden wenig miteinander. Ab und zu murmelt Michl etwas, als wolle er nur zu sich selbst etwas sagen.

Eine Zeit lang liegen wir nur da, stöhnen und warten – ohne zu wissen worauf. Obwohl wir beide Durst leiden, können wir uns nicht entschließen, nochmals Schneewasser zu bereiten.

Minutenschlaf. Dazwischen denke ich nichts. Nur Sinnloses läuft durch mein Hirn. Zwischendurch schlafe ich ein. Aber das Bewusstsein, dass wir trinken müssen, lässt mich sofort wieder aufschrecken.

Auch Michl ist wach. Unser Atem steigt auf, das Feuchte bleibt innen am Zeltdach hängen, verwandelt sich in Raureif und rieselt in kristalliner Form zurück auf unsere Gesichter.

Um 2 Uhr früh wache ich auf. Es ist der 12. Juli. Durch Daunenschlafsack, Daunenanzug, Faserpelz und seidene Unterwäsche hindurch stoße ich Michl an: »Michl, wir müssen kochen!« Erst kommt nur Stöhnen, dann sein »Ja«.

Doch als Michl mit dem Oberkörper durch den Spalt des Zelteingangs ins minus 30 Grad kalte Freie kriecht, um in einem Perlonsack Schnee hereinzuholen, bin ich schon wieder eingeschlafen. Und sobald ich ihm den Rücken kehre und Schnee schmelze, entschlummert Michl wieder. Es dauert Stunden, bis wir trinken können.

Erst der Tee und die heiße Kraftsuppe machen uns wach. Und mehr noch der Höhensturm, der gegen Morgen aus China heranfegt und uns die Zeltwand ins Kreuz drückt. Noch bei Dunkelheit wollten wir aufbrechen, doch der Sturm hält uns zurück. Im Zelt warten wir ab.

»Das ist Pech«, sage ich.

»In sechs Stunden sind wir oben.« Michl ist immer noch zuversichtlich. Aber ich weiß, wie hart die Spurarbeit über 8500 Meter Höhe ist. Ohne Atemgerät!

Kurz nach 5 Uhr geht die Sonne auf. Hell und kalt strahlt sie durch die blaue Kunststoffplane. Noch immer können wir nicht hinaus – obwohl es doch beim Gipfelgang darum geht, rechtzeitig oben zu sein, sodass wir vor Anbruch der Nacht in diesem Sturmzelt zurück sind.

Erst um 7 Uhr flaut der Wind ab. Endlich! Grell überfällt uns das Licht der Sonne, als wir ins Freie kriechen. Wir stehen uns gegenüber wie Mondmenschen. Beide tragen wir blaue, daunengefüllte Anzüge, Mütze, dicke Handschuhe. So sehe ich also aus, denke ich, als ich den vermummten Michl anschaue. Seine Bewegungen sind langsam, zeitlupenartig; sein Gesicht ist klein und spitz.

Während ich die Steigeisen anziehe, beugt sich Michl nochmals ins Innere des Zeltes. Dann geht er halb um dieses herum. Wieder beugt er sich zum Eingang. Als sei dort etwas Wichtiges, was er nicht finden kann. Dann beginnt auch er mit den Steigeisen zu hantieren. Inzwischen nehme ich den Pickel auf, mache zwei Schritte, bleibe stehen, mache nochmals zwei Schritte. Über die Schulter zurückblickend lächle ich Michl zu: »Sitzt alles?«, frage ich. »Es geht gut, sehr gut sogar!« »Also«, rufe ich noch, und: »Mach das Zelt zu.«

Entschlossen gehe ich los. Kurz oberhalb, auf dem Grat, bleibe ich stehen, frage Michl mit einer Kopfbewegung, ob ich warten soll. Er aber bedeutet mir, dass es nicht nötig sei. Er steckt etwas ein, zieht den Reißverschluss am Zelteingang zu und folgt.

Der Schnee unter den Füßen ist noch immer hart, sodass nur die Spitzen der Steigeisen greifen. Eine Spur hinterlasse ich kaum. Das Gelände – ein steiler, ausgesetzter Schneehang – ist für uns aber nicht schwierig. Balancierend halte ich deshalb den Pickel in der rechten Hand, als eine Art Hilfe für das Gleichgewicht.

Ich gehe schräg nach links aufwärts. Michl ist nur noch als dunkler Punkt zu sehen. Dort, wo die Wand steil und haltlos unter mir bis ins Basislager abfällt, raste ich. Ehe ich in einer Serpentine wieder zurück zum Grat quere, sehe ich einige Felsen links unter mir. Hier irgendwo muss Walter Bonatti mit dem Hunza-Träger kampiert ha-

Steiler und steiler werden die Schneehänge unter der Sérac-Zone. Lawinengefahr?

ben, als sie bei der ersten Besteigung 1954 den Gipfelmännern Compagnoni und Lacedelli Sauerstoffflaschen gebracht haben. »Muss die Hölle gewesen sein«, denke ich.

Immer im Zickzack halte ich auf die Abbruchstelle zu, die wie mit dem Messer geschnitten ein Stück über mir die Wand in ihrer ganzen Breite sperrt. Eine Lawine muss Tage vorher von dort abgegangen sein: Ein Schneebrett – 80 Zentimeter dick, einen halben Quadratkilometer groß – ist damit in der flachen Rinne darunter ausgelöst worden. Die Abbruchkante bringt die Entscheidung! Ich weiß es! Ist der Schnee darüber hart, geht es gut. Liegt aber der weiche Schnee höher oben so tief, wie es der Abriss hier anzeigt, haben wir keine Chance.

Dieser Gedanke beschäftigt mich, während ich im Schneehang durch eine Riesenmulde emporklettere. Höher oben verengt sich der Schlund zum »Flaschenhals«. Ich verbiete mir hinaufzuschauen. Im Unterbewusstsein weiß ich, dass es sich besser steigt, wenn man nicht weiß, wie gefährlich und wie weit es noch ist.

Als ich den Pickel über dem Abbruch in den Schnee stoße, der sich wie Treibsand anfühlt, bleibe ich wie gelähmt stehen. Aus! Mein Atem fliegt, alles dreht sich, mein Körper ist schwer. Warum ich nicht gleich umdrehe, weiß ich nicht. Ich schaue mich nicht einmal nach Michl um. Wie in einem Anfall von Trotz ziehe ich mich am Pickel hoch und durchwühle den Hang. Ich will und kann es nicht glauben, dass es ist, wie es ist: Treibschnee bis zum Gipfel! Er reicht uns bis zum Bauch!

Ich trete ihn nieder, wühle mich nach links zu den Felsen, finde dort auch keinen Halt, keine Rettung. Überall grundloser Pulverschnee! Ich schaue prüfend und wäge ab. Ob es nicht vernünftiger ist, gerade über die Felsen emporzuklettern? So könnte ich die Anstrengung des Schneeniedertretens vermeiden und die Gefahr ausschalten, die mit jedem Schritt in dieser Lawinenrinne größer wird. Aber die Felsen sind steil, zudem vereist. Wir haben ja kein Seil.

Durch die Spurarbeit in meinem anfänglichen Kletterrhythmus eingeschränkt, komme ich nur mehr stoßweise voran. Einige wenige Schritte – Rast – wieder einige Schritte. Schnell holt Michl auf.

Der »Flaschenhals«, das enge Schneecouloir zwischen zwei Felsrücken unter einem Riesensérac, ist steiler, als ich ihn von unten betrachtend empfunden habe. Der Schnee ist tief, grundlos.

Es ist nicht Wille, was mich weitertreibt, es ist Gewohnheit. Als sei das Höhersteigen ein Teil meines Daseins, meines Glücks! Ein Bedürfnis nach Harmonie und Synthese, dieser Hunger nach Vollkommenheit und Vollendung als treibende Kraft, gegen alle rationale Einsicht!

Oberhalb des »Flaschenhalses«, dort wo der Schnee in das senkrechte Eis des Gipfelséracs übergeht, beginne ich die Querung nach links. Im Knick zwischen den Felsen und dem überhängenden Eis vermute ich die schwächste Stelle. Aber weit gefehlt. Das Eis ist spröde, springt bei jedem Pickelhieb in Schollen auseinander. Die Axt hält nicht und ich bin zu schwach, um Griffe zu schlagen. Also gehe ich wieder zurück.

Inzwischen ist Michl nachgekommen und versucht die Querung ein Stück weit unter mir. An Felsen klettert er nach links. Wenn unser Balancieren noch klettern ist. Es gelingt. Geschickt tastet sich Michl über zwei kleine Vorsprünge. Aber auch das wird zuletzt zu gefährlich. Am Pickelstiel, den ich ihm reiche, zieht er sich zu mir hoch. Wir überlegen kurz gemeinsam. Zuletzt geht Michl die Querung voraus an. Die Füße an den Felsen, die Hände im Schnee, wühlt er sich ein Dutzend Schritte nach links. Dort ist das Eis blank. Dann eine Felsleiste, zwei Schritte breit, zuletzt wieder grundloser Pulverschnee. Endlich sind wir drüben. Wir stehen im Gipfelhang! Beim weiteren Aufstieg wechseln wir uns beim Spuren ab.

Nach diesem ersten Stück ist die Kletterei weniger steil. Aber wir stehen auf einem lawinenschwangeren Hang mit weichem Schnee – einem Teil der gewaltigen Neuschneemengen, die in diesem Frühjahr im nordpakistanischen Gebirge gefallen sind. In den Alpen wären wir umgekehrt. Hier sind die Hänge stabiler. Trotzdem, eine Zeit lang haben wir Angst, dass die Schneemassen uns mit hinunternehmen auf den Godwin-Austen-Gletscher. Wie zwei Dackel im Tiefschnee müssen wir uns den Hang hinaufwühlen.

Es ist schon Mittag, als wir den Felsklotz erreichen, der wie ein Findling im Schneefeld links der großen Séracs steckt. Sonst nur Schnee, Schnee, Schnee. Weiß, so weit mein Auge sehen kann. Darüber der schwarzblaue Himmel.

Unser Gehen ist ein ungleichmäßiges Kriechen geworden und der Schneehang vor uns wächst weiter, wird endlos. Ich will es nicht glauben: Die Welt weitet sich mit jedem Meter, den wir uns nach oben schieben. Und diese unberührte Leere nimmt mir alles Raumgefühl. Denn auch am Hang unter uns sehe ich nichts Besonderes, nicht einmal unsere Spur. Sie hat sich verloren. Endlos und ewig dieser Schnee, der Hang. Vorwärts!

Warum ich weitersteige, obwohl ich weiß, dass wir in dieser Geschwindigkeit nie zum Gipfel kommen? Weil noch Zeit ist. Die Sonne aber ist untergegangen. Es ist jetzt eisig kalt. Ja, wir haben noch Zeit, obwohl es viel zu spät für den Gipfel ist. Immerzu dasselbe Gefühl der Hilflosigkeit, wenn ich nach einer Rast den Kopf hebe und nach oben schaue. Dabei weiß ich, dass sich Dimensionen in großer Höhe auflösen können. Kein Unterschied zwischen zehn und 100 Metern.

Diese Schneehänge sind nicht trostlos, nur auf eine seltsame Weise unendlich groß. Dort, wo Windgangeln stehen, sind auch Schatten. Rundherum sonst dieselbe farblose Weite, die Farbe des Schnees. Dieser Schnee aber hat etwas von der Farbe des Himmels. Also strahlt diese Welt. Vielleicht deshalb eine Stimmung von Erlösung. Trotz unserer Erschöpfung. Manchmal sind die Ränder der Windgangeln so dünn und durchscheinend, dass ich sie nicht anzufassen wage. Ich möchte sie nicht zerbrechen. Nur wenn meine behandschuhten Hände sie einmal durchstoßen haben, denke ich nicht mehr an meine Steigeisen, die den Stapfen der Fäuste folgen. – Wenn ich gehe, geht ein Tier, wenn ich stehe, liegt ein Fels.

»Michl wird schon zu verstehen geben, wenn er zurück will«, denke ich. Die Verantwortung für unser Weiterleben trage ich damit nicht allein. Solange er nichts sagt, will ich, wie er auch, weitergehen. Ich habe nur Sorge um seine Hände. Seine Bewegungen sind die eines Trunkenen und doch sind sie zielstrebig, klar nach oben gerichtet.

Immer noch ist der Schneehang über uns endlos. Ist es nicht zu spät? Mir wird Angst. Seit wir im Schatten klettern, ist es mir unmöglich, den Stand der Sonne zu erraten.

Schweigend wühlen wir uns weiter durch den Schnee: voraus Michl, hinten ich oder umgekehrt. Ich bin stolz auf jeden Meter, den wir weiterkommen. Unsere Spur ist perfekt, und doch, es ist nicht ungefährlich, was wir tun. Die Hänge sind steil wie ein Kirchendach, und tiefer unten fällt die Wand senkrecht ab. Ich weiß, dass wir keine Chance haben zu überleben, wenn einer rutscht. Die Luft ist nun schneidend kalt. »Zieh deine Daunenhandschuhe an«, sage ich zu Michl, als er zu mir aufschließt. Michl bedeutet mir, dass er keine Daunenhandschuhe hat. Er hat sie zurückgelassen, deponiert. Unser Vorwärtswühlen ist wie das Zusammenbrechen von Marathonläufern, die sich weiter bis zum Ziel abmühen, obwohl sie am Ende ihrer Kräfte sind und nicht wissen, wie weit es noch ist.

Plötzlich wird der Hang flacher. Also auch weniger gefährlich. Unsere Fäustlinge sind mit einem Schneepanzer überkrustet. Unsere Füße stecken in einem Klumpen aus Schuh, Gamasche und Eis. Wir sehen wie verlorene Polfahrer aus, arbeiten gleichmäßig und gedankenlos. Wer rastet, schaut dem anderen nicht zu.

Ich bin wieder ein Stück weit vorangekommen. Wenn ich zurückschaue, kann ich nicht feststellen, wo ich zum letzten Mal gerastet habe. Und wieder geht Michl ein Stück weit voraus. Er spurt, Schnee tretend, wühlend. Auf meinen Pickel gelehnt, raste ich. Weit unter uns im freien Schneefeld ist eine Art Spalte zu sehen, sonst keine Zuflucht weit und breit. Ich stehe an den Hang gelehnt, vor Müdigkeit kaum fähig, einen Standplatz in den Schnee zu treten.

Aus dem Innern des Berges, aus dem Schnee kommt ein Rauschen. Es ist so nahe, dass ich hineingreifen möchte, um zu wissen, woher es

Wie weit noch bis zum Gipfel? Blick aus dem Gipfelhang auf Concordia und Chogolisa

Diese Hoffnungslosigkeit! Das Zermürbendste und Deprimierendste, was die Achttausender zu bieten haben, weil du dir wirklich vorkommst wie ein mieser kleiner Ohrenkäfer, der aus einer Badewanne zu krabbeln versucht. MICHL DACHER

kommt. Dann wieder das Geräusch von Steigeisen. Michl kriecht auf allen vieren weiter im Schnee nach oben. Als mir kalt wird, steige ich nach. Und Michl wartet, dass ich ihn beim Spuren ablöse. Im Vorbeigehen kommt mir sein Gesicht fremd vor. Denkbar, dass mir dieser Mensch nicht bekannt ist.

Die Strecken, die wir zwischen einer und der nächsten Rastpause zurücklegen, werden immer kürzer. Ich weiß aber nicht, wie lang sie sind. Während ich gehe, kann ich die Schritte nicht zählen, und beim Rasten ist alles vergessen. Erschöpfungsruhe. Wenn ich mich dann wieder in Bewegung setze, geht alles in mir. Die Beine, die Arme, das Herz, die Lungen und vor allem mein Wille.

Diese Schinderei hat mit Bergsteigen nicht viel zu tun. Es geht nur noch um das Ertragen, das Durchhalten einer Tortur jenseits von Schmerz und Erschöpfung. Wir machen weiter, »weil jeder hofft, dass der andere zuerst aufgibt«. Die Partnerschaft wird zum verbissenen Ringen miteinander. Was uns weitertreibt, ist wie ein Spiel und doch sehr ernst. Denn Michl, der zähe 45-Jährige, ist, was das Zuerst-Aufgeben anlangt, ebenso stur wie ich.

An der Gipfelpyramide nimmt der Tiefschnee allmählich ab. Der Grat vor mir läuft halbmondförmig nach links, immer leicht ansteigend, unendlich weit. Ich kann sein Ende nicht abschätzen. Reichen meine Kräfte bis an die Unendlichkeit heran? Nein, aber der Schnee wird hart. Ich komme, wenigstens stellenweise, schneller voran.

Plötzlich stehe ich in der Sonne, und zugleich weiß ich, dass wir am Gipfel sind. Jetzt, zwischen Licht und Schatten stehend, kann ich mich orientieren. Der Grat ist kurz geworden. Rechts unten ein Felsklotz. Vor mir eine Wechte, die nach links, nach Süden hin, auskragt. Also muss ich auf die Nordseite, dorthin, woher die Sonne kommt. Im Nu ist mir warm.

»Wir sind da! Wir sind oben!«, schreie ich ganz außer Atem. Diese simple Feststellung hat Michl aus einer Art Trance gebeutelt. Erschrocken sieht er mich an.

»Wir sind oben!« Nochmals schreie ich es Michl zu. Ich will ihm die Hand geben, obwohl er noch zehn Schritte von mir weg ist. Ich warte. Dann gehen wir gemeinsam, schmeißen die Rucksäcke weg. Eine Zeit lang stehen wir nur da, können es nicht glauben. Wir wundern uns nur, dass zuletzt alles sehr schnell ging. Darüber vergessen wir den Grund unseres Hierseins. Es ist schön, so im innersten Herzen zu stehen und sich anzuschauen.

Michls Gesicht hat jetzt wieder den Ausdruck des Lausbuben, der er beim Aufbruch gewesen ist. Wir unterhalten uns, ohne zu sprechen. Ich schweige, höre nur zu, achte auf seine Bewegungen und darauf, was seine Augen sagen. Und fahre fort, mein Glück mitzuteilen. Schließlich sind die Sorgen für kurze Zeit aufgehoben. Und Michl ist es, der es ausdrückt. Schließlich erinnere ich mich an das Funkgerät. Ich hole es aus dem Rucksack, drücke die Sprechtaste: »Kappa due ruft Basislager, Kappa due ruft Basislager, bitte kommen.« Die Verständigung ist schlecht. Aber sie reicht aus, um unseren Standort zu klären!

Als ich das Funkgerät Michl reiche, hockt er sich hin. Und während ich an der Gratschneide an der höchsten Erhebung herumstapfe, höre ich, wie er Blumen bestellt für seine Frau.

Mehr und mehr spüre ich meine Erschöpfung. Wie Ruhe in mir. Ja, trotz aller Zweifel, die Zeit für den Abstieg ist knapp, ist da ein Augenblick der Erholung. Es hat gar nicht anders kommen können. Wenn ich jetzt nicht ganz oben wäre, ich fiele auseinander.

Die Rundsicht ist zu weit, um bewusst aufgenommen zu werden. Nach allen Himmelsrichtungen hin klar. Sie reicht wohl 300 Kilometer weit. Das aufregendste Panorama, das ich je gesehen habe! Nur im Osten greift, wie ein schwarzer Keil, der Schatten des K2 über das Hochland von Sinkiang. Wie eine Gruft liegt er vor uns in der Tiefe. Der Schattenriss unseres Glücks. Darüber ein Hauch vom Jenseits.

Ich ziehe die Handschuhe aus, um mit Fotoapparat und Funkgerät hantieren zu können. Immer wenn ich dabei in den Schnee greife, werden meine Finger weiß, und ich reibe sie an meinen Hosenbeinen. Zwischendurch stecke ich sie in die Taschen.

Zuletzt, als ich im Schatten des K2 nach Anhaltspunkten suche, erkenne ich in einem bleistiftdicken Strich auf dem tief unten liegenden Gipfel mich selbst. Das bin also ich! Ein sonderbares Gefühl beim Blick auf meinen eigenen, über Meilen auf die Erde geworfenen Schatten. Er erinnert mich an den Tod. Als wüsste ich nun, woher ich komme, wohin ich gehe. Trotzdem komme ich mir lächerlich vor. Als wäre Selbstironie die Folge der Hybris, so hoch zu steigen. Allein bei diesem Gedanken muss ich lachen.

Ich drehe mich um und schaue in die am westlichen Horizont versinkende Sonne. Während mein Blick über die Silhouetten der steilen Granittürme von Ogre und Latok streift, wird es düster. Der Concordiaplatz, wo Gletscherströme zusammenfließen, ist wie ein Autobahnkreuz. Es ist Nacht dort und alle Gipfel ringsum versinken in ihre Schatten. Die Täler werden unsichtbar, das Dahinter ist leer, der Horizont springt. Als höre die Welt auf zu sein.

Wenig später verstaue ich Funkgerät und Fotoapparat im Rucksack. Michl und ich gehen stillschweigend den Grat entlang nach Osten. Noch stehen wir in der Helle der untergetauchten Sonne. Dann verlassen wir den Grat, steigen in die Südostseite ab. Die Nacht nimmt uns auf. Im Nu ist es wieder bitterkalt.

Wir haben das Ausgedachte möglich gemacht und so unserem sinnlosen Hiersein einen Sinn gegeben. Das sind die Empfindungen bei einem letzten, kurzen Rückblick zum Gipfel. REINHOLD MESSNER

Zurück am Biwakplatz. Das Ausgesetztsein ist immer noch groß. Weniger Angst jetzt

Als wir vor einer schmalen Spalte Halt machen, deute ich auf Michls Nase. Sie ist weiß, sein Bart eine einzige Eiskruste.

»Du siehst aus wie ein Polarforscher«, sage ich stotternd.

»So etwas sind wir ja auch«, erwidert er, und dabei knistert das Eis in seinem Gesicht.

Mit langen, schweren Schritten steigen wir mitten durch ein Schneefeld nach unten. Der Hang ist lawinenschwanger. Spalten aber sind gut zu erkennen, der Schnee dort ist etwas dunkler. Die langen Reihen von mannshohen Verwehungen, an denen wir vorbeikommen, sind auch dunkler als die leicht gewellte Schneefläche. Dort, wo es harmlos aussieht, bin ich besonders vorsichtig. Wir könnten im grundlosen Schnee verschwinden.

Immer noch kann ich Michls Schritte hören, obwohl er weit hinter mir geblieben ist. Ich kann seine fröhliche Miene sehen, obwohl ich nach unten gehe, das Gesicht talwärts gerichtet. Wenn ich mich umdrehe, um mich zu vergewissern, ob auch stimmt, was ich sehe, ist alles wie in meiner Vorstellung. Da ist diese Gestalt, die abwärts geht. Wie ein Besoffener tanzt. Wie fröhlich er ist! Und am Gipfel hat er Blumen für seine Frau bestellt.

Ein erster Stern taucht auf, die Luft rauscht. Ich blicke auf leicht überschattete Bergrücken, die sich über Hunderte von Kilometern nach Norden und Osten erstrecken. Langsam steigen wir in die Welt hinab, zu der wir noch nicht gehören.

Als ich mich vor dem Biwakzelt in den Schnee fallen lasse, ist mein Gesicht taub vor Kälte. Die Knochen schmerzen. Und nichts zu trinken. Ich sitze lange da, versuche dann die Gamaschen auszuziehen. Es geht nicht. Nur die Steigeisen kann ich von den Schuhen reißen. Meine Handschuhe sind zerfetzt, Daunen zwischen Schnee. Ich schaue mich um. Michl ist nicht mehr allzu weit weg. Als schwarzer, schwankender Strich kommt er über den Grat zwischen der Süd- und der Ostflanke näher, geradeaus auf das Zelt zu.

»Der ›Flaschenhals‹ war gar nicht so schwierig«, sagt Michl.

»Kam mir auch so vor«, gebe ich zur Antwort, während ich vorsichtig die Eiszapfen aus meinen Barthaaren pflücke. Wir haben für den Abstieg nur zwei Stunden gebraucht! Wie ist das möglich? Michl steht da und grinst, auch er eisüberkrustet. Um den Zeltplatz ist ein fußbreiter Steg entstanden. Wir deponieren dort die Steigeisen! Dann kriechen wir ins Zelt.

Der Boden ist uneben und hart. Zum Schlafen und zum Kochen zu müde in meinem Zerschlagensein, döse ich dahin. Ich überlege, was wir am Abend kochen können. Aber auch dazu fällt mir nichts ein. Wieder schimmern Eiskristalle an der Zeltplane. Wie fremd alles ist! Wie fremd ich mir selbst bin. Als ich mich halb aufrichte, um mich erneut hinzulegen, blicke ich zu Michl hin und sehe, dass auch er nur daliegt. Ohne zu schlafen.

Dick eingemummt in unseren Schlafsäcken, wälzen wir uns hin und her, stöhnen abwechselnd. Alle Knochen schmerzen. Die Kälte dringt durch Zeltwand und Daunen.

Um 3 Uhr nachts wache ich auf. Sturm jetzt. Draußen sein wäre die Hölle. In Gedanken sehe ich das Zelt. Schon wirbeln meine Gedanken mit dem Schneestaub umher. Zwischen Wachwerden und Wiedereinschlafen Sekundenschlaf.

»Wir müssen kochen«, sage ich schließlich.

»Ja«, antwortet Michl und schließt die Augen.

Später holt er dann doch Schnee aus dem Freien, und wir bereiten zwei Tassen Tee. Damit schaffen wir es bis zum Morgen.

Schwaden von Nebel und Schneestaub schwappen von Westen her über den Grat, am Zelt vorbei. Vor der Sonne ein Dunstvorhang. Nur im Nordosten ist die Luft leer und ruhig. »Nichts wie los!«, schreie ich. Auf und davon, bevor es zu spät ist. Für den Abstieg bleibt wenig Zeit. Wir packen unsere Rucksäcke, nehmen die Pickel auf. Das Zelt wirft einen übergroßen Schatten. Mir ist jetzt, als sei alles so einfach, so selbstverständlich. Dabei hat sich nur das Erwartete ereignet: Das Wetter wird schlecht. Aus Müdigkeit ist eine Art Schlaftrunkenheit geworden. Alles ist fremd. Als sei nicht nur ich nie da gewesen, sondern niemand. Eine Art Entrücktheit jetzt.

Plötzlich stecken wir in dichten Nebelschwaden. Schneetreiben, Sturm, Finsternis. Alles geht so schnell, dass wir die Orientierung verlieren. Auf dem Eis sitzend, uns mit den Steigeisen an den Schuhen stützend, lassen wir das Schlimmste vorübergehen. Aber es reißt nur sekundenlang auf. Für einen Augenaufschlag kommt sogar die Sonne heraus. Graupelkörner springen wie belustigt neben uns über die Eisfläche. Dann wieder diese jagende Nebelwand. Also weiter! Hinab!

Von Eiswulst zu Eiswulst tasten wir uns abwärts. Nur den Partner nicht verlieren! Allein wäre jetzt jeder verloren und dann tot. Oben gewesen sein und dann sterben!? Jetzt aber kommt das Nachdenken über so viel Sinnlosigkeit zu spät. Mit Graupel vermischt setzt nun Schneetreiben ein. Die Nebel werden dichter. Es ist trostlos. Unter einem großen Sérac setzen wir uns wieder einmal hin; warten. Als es etwas aufreißt, gehen wir abermals los. Ein Stück weiter unten kauern wir uns wieder nieder. Das Treiben und Brodeln der Wolken macht schwindlig. Trotzdem, bleiben dürfen wir nicht.

Plötzlich drei Schattenrisse. Weit unter uns. Es sind unsere Kameraden: Sandro, Friedl und Robert. Wir sind also auf dem richtigen Weg! Es kann nicht mehr weit sein zum dritten Lager. Allergrößte Zuversicht jetzt. Die drei Kameraden kommen näher. Zwischendurch sind sie immer wieder vom Gewölk verschluckt.

»Wir dürfen nicht aneinander vorbeilaufen«, sage ich zu Michl. Also Vorsicht.

»Ja«, antwortet er, »warten wir, bis sie da sind.«

»Nein«, sage ich, »umgekehrt, wir gehen Schritt für Schritt abwärts, auf sie zu. Nur nicht zu weit.« Eine halbe Stunde später stehen wir uns gegenüber. Der Empfang ist herzlich. In Lager III machen wir kurz Rast. Sandro bereitet Tee. Michl trinkt und hält die Flasche mit dem heißen Getränk wie eine Schüssel in beiden Händen. Zwischen den

Schlucken zupft er an seinem vereisten Bart. Dann gibt es eine Diskussion: Friedl plädiert dafür, dass die drei in Camp III auf besseres Wetter warten. Robert hält ihm entgegen, es sei vernünftiger, wieder bis zum Basislager abzusteigen und die Wetterbesserung dort abzuwarten. »In Camp III bauen wir bei tagelangem Aufenthalt körperlich ab«, warnt er. »Außerdem zehren wir den Proviant auf, den wir dringend brauchen für den Fall, dass wir von einem Sturm am Berg festgehalten werden!«

»Ihr müsst selbst entscheiden, seid für euch selbst verantwortlich«, sage ich. Robert, obwohl erst 25 Jahre alt, hat schon auf drei Achttausendern gestanden. Seine Erfahrung zählt mehr als die Einwände der anderen und lässt sie zweifeln. Sie schließen sich also der Meinung des Erfahreneren an.

Beim Abstieg über die »Schwarze Pyramide« wird das Unwetter schlimmer. Und der Wind heult. Nirgends ein Platz zum Hinkauern. Die Felsen sind abschüssig. Wo eine schmale Leiste ist, liegt Schnee. All die Fixseile sind mit einem Flaum von Neuschnee überzogen, die Felsen teilweise verglast. Wenn die Nebel kurz aufreißen, versuche ich mich zu orientieren. Die Wand unter uns aber erscheint endlos unübersichtlich. Über uns jagen graue Wolken dahin.

Ich klettere in der Mitte der Gruppe. Vor mir bewegt sich einer, nur als Schatten zwischen den Nebeln zu erkennen. Hinter mir muss einer folgen; ich höre nur das Scharren seiner Steigeisen. Ab und zu treffen mich Schneebrocken. Dann und wann taucht eine Gestalt auf.

Knapp über Camp II wird es hell. Schlagartig! Ich kann bis ins Basislager sehen. Dieses Land unter uns, mit den grauen, abgeschnittenen Bergen, ist zum Skelett verödet, trostlos.

Am Abend sind wir am Fuß des großen Berges. Marsch ins Basislager. Plötzlich bricht die Sonne durch. Als ich die Flanken des K2 entlang nach oben schaue, sehe ich nur große, leere Schneefelder. Darüber nichts. Ein paar Kolkraben fliegen über mich weg, als ich zu den Zelten stolpere.

Rückmarsch. Der Schnee in Concordia ist weggeschmolzen.
Die Westwand des Gasherbrum IV steht unnahbar

In Momenten des In-dieser-Welt-Aufgehens weiß ich, ohne einen Gott dazu zu brauchen, was schön und gut ist. REINHOLD MESSNER

Der schönste Berg der Welt hatte sich über unsere Träume und Ambitionen lustig gemacht. WANDA RUTKIEWICZ

Die Glanzleistung des Jerzy Kukuczka

Internationale Expedition 1986 – über die Südwand auf den Chogori

Dr. Karl Herrligkoffer, Expeditionsleiter aus Gewohnheit und ohne Begeisterung, hat für 1986 die Genehmigung, den Broad Peak und den K2 zu versuchen. Letzteren über eine neue Route an der Südwand. Der Pole Tadeusz Piotrowski ist zu diesem Versuch eingeladen und darf sich einen Gefährten aussuchen. So kommt Jerzy Kukuczka zur Expedition, der beste Höhenbergsteiger dieser Jahre. Es geht ihm um den K2 und eine neue Route dort. Während des Anmarsches wird deutlich, dass die Mehrheit der Expeditionsteilnehmer – Deutsche, Österreicher und Schweizer – den Berg lieber auf der klassischen Normalroute ersteigen würde.

Kaum im Basislager, beginnen die Polen trotzdem mit der Erkundung der Südwand, die schon öfter versucht worden ist. Trotz Schnee und Lawinengefahr steigen sie links der großen Séracs hoch. Hohes Risiko! Zu gefährlich für alle anderen?

Nur der junge Deutsche Toni Freudig ist bereit, die Polen zu unterstützen. Nachdem sie ein Materialdepot auf 6200 Meter Höhe eingerichtet haben, kehren sie ins Basislager zurück. Dann wird Lager II erstellt, auf 6400 Meter Höhe. Nun verlässt auch Toni Freudig das Südwand-Team. Die Polen sind damit allein. Gar nicht so schlimm! Überzeugt, dass sie auch als Zweierseilschaft eine Chance haben, den Gipfel zu erreichen, hoffen sie, wenigstens über die von den Schweizern präparierte klassische Route absteigen zu können. Wenn das kein Vorteil ist! Denn die Südwand zurück geht nicht. Sie ist im Abstieg unmöglich! Warum soll es an den Achttausendern anders sein als am Eiger? Die steile Route im Aufstieg, die leichte im Abstieg.

Tadeusz Piotrowski weiß, was sein Partner kann, und vertraut ganz auf Kukuczkas Instinkt. Auch auf seine Geländekenntnis. Kukuczka kennt den Weg durch die Südwand von einem Versuch mit Wojciech Kurtyka. Links des zentralen Sérac-Riegels, dort, wo ich 1979 aufgegeben habe, auf einem sehr abschüssigen Felsgrat, spannen die Polen etwa 500 Meter Fixseile. Sie kommen so bis auf 7000 Meter und bauen ein Biwak auf, um gleich am nächsten Tag den Aufstieg fortzusetzen. Aber schlechtes Wetter, Wind und Schnee verjagen sie aus der Höhe. Sie flüchten aus der Wand ins Basislager.

Der K2 von Süden. Der Schlüssel liegt links des obersten Séracs, der umgangen werden muss

Obwohl im Sommer 1986 zehn Expeditionen den K2 »belagern« – eine italienische, eine französische, bei der zuletzt auch Wanda Rutkiewicz mitmacht, eine englische, eine österreichische, eine koreanische, eine weitere polnische, ein Einzelner (Renato Casarotto aus Italien) und andere; dazu die internationale Gruppe von Herrligkoffer, der auch die beiden Polen angehören – führen die Polen ihr Unternehmen in der Südwand in vollkommener Abgeschiedenheit und Eigenständigkeit aus, in bester Alpenstil-Manier. Auf 7400 Meter angekommen, wird das Wetter wieder schlecht. Also wieder zurück. Alles Material aber bleibt mitten in der Wand hängen. Es gilt, im Basislager auf besseres Wetter zu warten. Und es gilt, den richtigen Augenblick für den entscheidenden Versuch abzuwarten.

Dieser kommt mit den ersten Julitagen. Endlich! Am ersten Tag des Schlussangriffs erreichen die Polen Lager II. Am nächsten sind sie im Materialdepot, 7400 Meter hoch. Am anderen Morgen, das Zelt ist eingepackt, die Ausrüstung verteilt, beginnen die Probleme. Sie kommen nur unter großen Schwierigkeiten voran. An diesem Tag können sie nur 200 Meter Höhenunterschied überwinden, einen schwierigen Abbruch am Anfang der Rinne, die sie wegen ihrer Form »Hockey« nennen. In diesem schrägen Trichter liegt viel Schnee. Auf 7600 Meter wird wieder biwakiert. Am nächsten Tag steigen Kukuczka und Piotrowski beharrlich weiter, immer schräg rechts weiter nach oben. Dabei immer der Rinne folgend bis zum Punkt, wo sie zum Kamin wird. Wieder 200 Meter geschafft!

Am anderen Morgen gelingt es, den Kamin zu erklettern. Darüber aber sperrt ein ungeheuer steiler Felsriegel die Gipfelwand. Wie soll Wiessner, der 1939 von links kommend auf dieses Gelände gestoßen sein muss, hier weitergekommen sein?! Nein, hier gab es 1939 kein Weiterkommen. Solche Sperrstellen sind nur mit modernem, leichtem Gepäck zu knacken. 80 Meter Seil, ein paar Haken und die Pickel sind alles, was die Polen 1986 mitnehmen. Kukuczka geht als Erster. Wenige Schritte nur, dann steckt er fest. Es ist zum Verzweifeln. Nie zuvor ist

Aufstiegslinie in der Südwand des K2. Links der Negrotto-Sattel und der Südwestpfeiler

er in dieser Höhe so extrem geklettert. Die Schwierigkeit der Kletterei liegt im V. oder VI. Grad. Die Mauer ist fast durchgehend senkrecht und hängt am Ende über. Nirgends ein alter Haken!!

An diesem Tag kommt Kukuczka nur 20 Meter höher. Keuchen schüttelt seinen Körper. Schwarze Flecken tanzen vor seinen Augen. 20 Meter an der Grenze zwischen Leben und Tod! Kukuczka verliert zuletzt sogar die Kontrolle über seine Körperfunktionen. Seine Hose ist mit Urin durchnässt und vereist, als er über dem Felsriegel wieder zu sich kommt. Er ist immer noch nicht ganz bei Bewusstsein. Nach so langer Zeit unter Angst und Anstrengung ist er wie gelähmt.

Seit Tagen ist das Wetter schön. Kein Windhauch, die Luft kristallklar. Jetzt plötzlich bewölkt sich der Himmel und dichter Schnee beginnt zu fallen. Also schnell zurück zum Zelt.

Beim Essenkochen passiert ein erstes Missgeschick. Eine einzige unachtsame Bewegung und eine Gaskartusche ist weg, abgestürzt. Nur die eine Kartusche, mit der sie gerade Schnee schmelzen, bleibt den beiden Polen. Kein Trost, ausgesetzt wie sie sind. Am Morgen versuchen sie mit einer brennenden Kerze aus Schnee ein Glas Wasser zu gewinnen. Es ist alles, was sie vor dem Gipfelgang trinken können! Dann treten sie die Flucht nach oben an. Zelt, Matten, Schlafsäcke, Kocher bleiben liegen. Nur die Seile, die Pickel, eine Eisschraube, ein paar Haken und die Fotoapparate nehmen sie mit.

Sie klettern am Fixseil über die Felsstufe, die Kukuczka am Vortag gemeistert hat. Mit der Steigklemme geht es bequemer, und nach 50 Metern schwierigem Gelände sind sie am Grat, wo ihre Route mit dem Weg der Erstbesteiger zusammenkommt. Die Südwand ist geschafft! Bis zum Gipfel fehlen nur noch 300 Höhenmeter. Keine Kleinigkeit, aber zu schaffen. Sie gehen jetzt ohne Seil, die Schwierigkeiten sind minimal. Da sind ja auch die Spuren anderer Bergsteiger, all jener, die ein paar Tage vorher über den Abruzzen-Grat aufgestiegen sind. Also weiter! Der Gipfel ist nahe. Um 18.15 Uhr stehen sie oben! Am Ende der kühnsten Route am K2.

Wie aber sollen sie hinunter? Nur noch eine halbe Stunde bleibt bis zur Dunkelheit. Es ist fast Nacht. Der Abstieg wird zum Wettlauf mit der Zeit. Sie kommen 300 Meter weit hinab. Über lawinenschwangere Schneehänge. Und weil die Glühbirne der Stirnlampe ausgebrannt ist, müssen sie am Hang im Schnee biwakieren. Das letzte Biwak? Hoffentlich! Sie verfallen in Minutenschlaf. Dem folgt heftiges Zittern. 1000 und einmal.

Am Morgen, es ist hell, geht Kukuczka voraus, 400 Meter weit, um die Abstiegsroute überblicken zu können. Der Hang ist abschüssig, aber sie finden ein altes Fixseil, an dem sie tiefer kommen. Hartes Eis liegt hier unter einer dünnen Schneeschicht. Piotrowski verliert ein Steigeisen – »Pass auf!«, schreit Kukuczka –, dann das zweite. Gleich darauf beginnt der Todgeweihte zu stürzen. Kukuczka sieht, wie er taumelt, aus der Wand fällt, kopfüber auf ihn zukommt. In seiner Todesangst ruft der Fallende »JUREEEK!!!«, Kukuczkas Spitznamen. Er fällt genau auf den Freund zu. Kukuczka weiß zuerst nicht, was er tun soll, dann breitet er die Arme aus, um den Freund im Flug abzufangen. Doch im letzten Moment, bevor ihn der fallende Körper mit in den Tod reißt, kauert sich Kukuczka zusammen. Instinktiv. Er klebt jetzt, krampfhaft an den Pickel geklammert, an der Wand. Er hört einen ersten Aufprall. Dann nichts mehr. Nur Stille. Er allein ist noch da. Piotrowski ist den ungeheuren Abhang, die Südwand, hinunter-

In dem Augenblick, in dem du den Gipfel betrittst, gibt es keinen Freudenausbruch. JERZY KUKUCZKA

Blick aus der Südwand des K2 auf die Gletscherströme des zentralen Karakorum und auf die Chogolisa

gestürzt. Schneebälle rollen ihm nach. Trotzdem, Kukuczka schreit nach seinem Freund, horcht in die Stille. Es kommt keine Antwort.

Er versucht weiter abzusteigen. Sehr langsam kommt er voran. Dabei muss er sich immer öfter hinsetzen. Oft schläft er ein und fährt zu Tode erschrocken wieder hoch. »Tadeusz«, ruft er, ohne zu wissen, wo der Partner ist und was mit ihm selbst los ist.

Um 4 Uhr nachmittags erreicht Kukuczka die Zelte auf der Schulter. Er macht sich etwas zu trinken, schläft wieder ein. Halluzinationen! Erst 20 Stunden später wacht er wieder auf. Es ist später Nachmittag. Er nimmt also den Rucksack und beginnt weiter abzusteigen. Zuerst trifft er auf zwei koreanische Alpinisten, im Lager auf 6800 Meter einen Kollegen der beiden. Dieser kümmert sich um Kukuczka, gibt dem Polen zu trinken und zu essen. Wieder Halluzinationen. Diese Visionen und Sinnestäuschungen sind nicht nur ein Beweis dafür, wie nahe Kukuczka an die Grenze zwischen Leben und Tod gekommen ist, sie zeugen von einem Überlebenspotenzial, das weit über das humane hinausgeht. Der Pole handelt weiter emotional, also richtig. Mehr vom Instinkt als vom Verstand geleitet steigt er weiter ab und überlebt.

Im Basislager behandelt ein italienischer Arzt Kukuczkas Erfrierungen. Sein Expeditionsleiter und Arzt, Dr. Herrligkoffer, hat das Basislager bereits verlassen. Alle gratulieren dem Bergsteiger, weil er erfolgreich gewesen ist und überlebt hat. Ja, Kukuczka hat eine großartige Route am K2 eröffnet, dabei aber seinen Partner verloren. Er wird mit dem Hubschrauber nach Skardu gebracht.

Der »Preis des Sieges« ist auch diesmal hoch und wieder wird Kritik laut. Rivalität in der Seilschaft wird unterstellt. Aber Rivalität gibt es nur zwischen verschiedenen Seilschaften, nie zwischen Freunden. Und wer außer Kukuczka hat sich um Piotrowski gesorgt? Auch mangelnde Verantwortung für den Partner wirft man Kukuczka vor. Als ob nicht er alles für das Überleben beider getan hätte. Ganz selbstverständlich. Niemand überlässt seinen Partner dem Tod.

Mitten durch die Südwand des K2 (da im Licht, dort im Schatten) verläuft die Kukuczka-Route

Die Berge sind keine Beute. Sie sind wie »hohe Majestäten«, die selbst entscheiden, wen sie in ihrer Nähe dulden und wen nicht. JERZY KUKUCZKA

Kukuczka: »Ich kann sagen, dass ich noch nie von einem Fall gehört habe, in dem ein Kollege sich der Pflicht entzogen hätte, dem eigenen Gefährten oder irgendjemand anderem zu Hilfe zu kommen. So etwas könnte ich mir nicht einmal vorstellen.«

Ist es nicht so, wie Kukuczka sagt! Wir tun alles für den Partner! In lebensgefährlichen Situationen ist es schon der Instinkt, der uns dazu zwingt. Der Selbsterhaltungstrieb, der über andere menschliche Impulse siegt, gilt auch für die Gruppe, in der es leichter ist zu überleben. Der Selbstlose überlebt nicht lang und die selbst ernannten Gutmenschen, die sich immerzu zu Lebensrettern aufplustern, sind oft nichts als Ankläger, weil sie sich selbst rechtfertigen müssen. Immer im Namen der Kameradschaft. Dabei aber in ihrem Verhalten zutiefst unkameradschaftlich. Für ein bisschen Aufmerksamkeit lassen sie ihre Kameraden im Stich und ihre Prinzipen, die nur Schein sind.

Kukuczka: »Ich wundere mich, wie die Leute es fertig bringen, so einseitig zu urteilen. Es gibt keine eindeutigen Situationen, so wie es keine hundertprozentigen Helden oder Angsthasen gibt. Ich versuche, nach meinem Gewissen zu handeln. Aber ich kann nicht sagen, dass es nie eine Situation geben wird, in der ich nicht als Schuft erscheinen werde. So wie ich nicht dafür garantieren kann, dass ich mich jemals wie ein Held verhalten werde. Das bin ich überhaupt nicht. Und ich bin es nie gewesen.«

Zum dritten Mal hintereinander kommt Kukuczka ohne seinen Seilpartner zurück. Also wird er umso mehr für den Tod von Tadeusz Piotrowski verantwortlich gemacht. Von jenen, die nicht dabei waren. Ungerechterweise. Kukuczka aber trägt die Tragödie des Überlebenden allein und macht weiter. Denn er weiß, die Passion für die Berge inkludiert zwangsläufig die Möglichkeit des Sterbens dabei.

Ja, Bergsteigen ist unter ethischen Gesichtspunkten ein problematisches Tun. Wie wir uns in kritischen Momenten gegebenenfalls verhalten, wissen wir vorher nicht. Oft ist der Tod unausweichlich. Leider sind diejenigen, die über Tragödien am Berg urteilen, selbst keine erfahrenen Alpinisten. Wie sollen sie sich eine Meinung bilden, da sie selbst nie in solchen lebensgefährlichen Situationen steckten. Wie es zur Katastrophe an den Achttausendern kommen kann? Zu den großen Bergen gehören Gefahren und wer diese ausschließen will, möge herunten bleiben. Wer in Eigenregie und Selbstverantwortung in eisige Höhen aufsteigt, geht Risiken ein, Risiken, denen es auszuweichen gilt, Schritt für Schritt, Tag für Tag, bei jeder Expedition aufs Neue. Nur darin liegt die Kunst, die Kukuczka so gut beherrscht hat.

Wenn ich unten bin, schaue ich zum Berg hinauf und denke mir: »Ich war oben.« Dann spüre ich eine große Freude, und eine angenehme Ruhe überkommt mich. Vielleicht empfinde ich den Mangel des Glücks intensiver als dieses selbst. Zum Beispiel in dem Augenblick, wo du zu einem Gipfel aufschaust, der dich geschlagen hat. JERZY KUKUCZKA

Baltoro: Kletterparadies der Zukunft. Schon Hermann Buhl hat von diesen Felsen geschwärmt

Der Gipfel des K2 – bis 1954 unerreichbar

Historie

K2 – 50 Jahre nach der Erstbesteigung

1856: Montgomery

Im Jahr 1856 sah Captain T. G. Montgomery, Vermessungsoffizier beim britischen Survey of India, »eine Zusammenballung hoher Gipfel« am Horizont. Die Distanz von seinem Standort bis zur Karakorum-Kette, in der diese Berge standen, betrug 205 Kilometer. Montgomery fixierte sie mit Hilfe seiner Messgeräte und trug die Objekte, nach arabischen Ziffern geordnet, in sein Logbuch ein. Vor jede Zahl setzte er den Buchstaben »K«, ein Kürzel, mit dem der Survey of India das Wort Karakorum kennzeichnete. Die Gebirgskette im Norden Kaschmirs war für London wichtig, weil sie eine Art von Puffer darzustellen schien, der die indische Tiefebene vor dem Zugriff Chinas und der Russen schützte.

35 Gipfel insgesamt wurden von Montgomery fixiert. Doch bis auf den »K1«, der von einer hoch gelegenen Oase aus einsehbar war und den die einheimischen Balti-Hirten Masherbrum (»Schneewand«) nannten, wurden vom Survey of India vorerst nur die K-Nummern 3, 4 und 5 benannt – und zwar mit dem Balti-Namen Gasherbrum (»Leuchtende Wand«). Die anderen Karakorum-Berge blieben zunächst namenlos.

Auch mit dem Berg K2 wussten die Vermessungsbürokraten wenig anzufangen. Kein Europäer hatte ihn jemals aus der Nähe gesehen, und Montgomery war es nicht einmal gelungen, seine Höhe zu bestimmen. So viel allerdings stand fest: Von den registrierten K-Gipfeln stand der K2 am nördlichsten; außerdem überragte er die anderen klar.

Man muss sich wundern, weshalb ein solch hoher Berg namenlos geblieben ist. Der Grund ist, dass er trotz seiner Größe von keinem bewohnten Ort sichtbar ist.
SIR FRANCIS YOUNGHUSBAND

Die Gipfelpyramide des K2 im Sturmwind

H. H. Godwin-Austen

Er vermaß den Karakorum.
GRABINSCHRIFT FÜR GODWIN AUSTEN

1861: Godwin-Austen

1861 fand man heraus, dass der zweite Gipfel aus Montgomerys Liste, der K2, der höchste Berg in dieser Gegend ist. Godwin-Austens Leute erstellten die erste Landkarte von diesem Gebiet. Später, als man herausgefunden hatte, dass der K2 nicht nur der höchste Berg dieser Region, sondern zugleich der zweithöchste Berg der Welt ist, versuchten die Briten, ihn »Mount Godwin-Austen« zu benennen. Mit diesem Henry Haversham Godwin-Austen aus Großbritannien fand, praktisch in den Fußstapfen des Münchners Adolf Schlagintweit, der zweite Europäer den Zugang in das Innere des Karakorum. Mit einigen Baltis, die er als Träger angeheuert hatte, quälte sich der Colonel des Survey of India an der hoch gelegenen Oase von Askole vorbei auf die Zunge des Baltoro-Gletschers, um von diesem aus den so genannten Mustagh-Pass zu überwinden – jene Lücke in der Karakorum-Kette, an der schon Schlagintweit gescheitert war. Auch der Engländer und seine Männer wurden abgeschlagen und sie flüchteten zurück auf den Baltoro-Gletscher. 22 Kilometer schindete sich die kleine Gruppe daraufhin über den Eis- und Schuttpanzer des Gletschers. In Europa hätten sie den Aletsch-Gletscher – den längsten Eisstrom in den Alpen – bereits überquert. Der Baltoro aber, in den auch noch eine Vielzahl anderer Gletscher fließen, schien sich förmlich in der Ferne zu verlieren.

Godwin-Austen gab nun auf. Zum Schluss seiner Kundfahrt beschloss er noch, einen Moränenhügel zu besteigen, der dem Masherbrum-Massiv vorgelagert ist. Die Schutthalde war eine Art von Aussichtskanzel, die den ersten Blick eines Europäers zum K2 freigab. Der Brite hörte, als er seine Kulis fragte, erstmals auch den Balti-Namen Chogori, zu Deutsch: »Großer Berg«. Freilich, auch Godwin-Austen sah nur die Gipfelpyramide des K2 – dazwischen liegende Bergketten verdeckten die Wände und die Basis des Giganten.

Noch im selben Jahr kam der Vorschlag von General Walker, damals Chef des Survey of India, den K2 als

»Mount Godwin-Austen« in die Kartenwerke aufzunehmen. Es blieb jedoch bei dem streng geometrisch klingenden Begriff K2 – vor allem, weil die Royal Geographical Society in London so der Wahl enthoben wurde, zwischen Montgomery und Godwin-Austen auswählen zu müssen. Godwin-Austen wurde mit Metall abgefunden: Er erhielt die begehrte »Founders Medal« mit der Inschrift »Pionier des Karakorum«.

F. Younghusband und sein K2

1888: Younghusband, ein Dragoner am K2

Im Jahr 1888 stand der britische Dragoner-Hauptmann Francis Younghusband zum ersten Mal in seinem Leben vor einem offenbar unlösbaren Problem. Younghusband hatte vor, sich mit seinem Diener, einem Führer namens Wali und mit einem mongolischen Begleiter von Peking aus nach Indien durchzuschlagen. Unbehelligt, meist in der Nacht auf ihren Kamelen reitend, kamen sie bis Kaschgar in Chinesisch-Turkistan. Doch statt dem traditionellen Karawanenpfad nach Leh im indischen Ladakh-Gebiet zu folgen, beschloss der Brite, als erster Europäer die Karakorum-Berge über ihre höchsten Pässe zu passieren.

Auf der ersten, 4750 Meter hohen Passhöhe gestand Younghusbands Führer Wali, dass er den Weg über den Mustagh-Pass nicht finden könne – die Schlüsselstelle auf dem Weg nach Süden. Younghusband ging nun voran, um den nächsten Pass vor ihnen zu erklimmen. Droben angekommen, sah der Brite etwas, »das mir den Atem nahm« – den K2.

K2 – ein bleibendes Gefühl von der Größe und der Erhabenheit der Werke der Natur, die ich nie verlieren und vergessen kann.
FRANCIS YOUNGHUSBAND

Über eine Steilmoräne stolperten die Männer in ein Gletschertal hinab, über dessen anderem Ende sich offenbar der Mustagh-Pass befand (Mustagh ist das Balti-Wort für Eisgebirge). Mit 5800 Meter Höhe überragte er die anderen Pässe klar. Gegen Mittag war Younghusband auf dem wichtigsten Etappenziel seit Peking angelangt. Ziemlich müde von den Strapazen in der dünnen Höhenluft, verlor der Brite plötzlich jenen Vorwärtsdrang, der ihn bisher ausgezeichnet hatte. Unter ihnen, auf der Süd-

Ich blieb ganz stumm, während ich über den Pass blickte, und wartete darauf, was die Männer sagen konnten. Sie sahen mich nur an, und da sie glaubten, ein Engländer lasse nie von einer Sache ab, die er einmal begonnen habe, setzten sie voraus, dass ich weitergehen wollte.

SIR FRANCIS YOUNGHUSBAND

seite des Mustagh-Passes, blickte er in einen 1000 Meter hohen Abgrund, der gleich unterhalb des Sattels als kirchturmsteile Eisflanke begann.

Da fing Wali an, mit einer Axt Stufen in das Eis zu hacken – offenbar um Schuldgefühle loszuwerden, weil er seinen Sahib in diese scheinbar ausweglose Situation gebracht hatte. Keiner der Männer band sich an das Seil, das Wali bei sich trug: Wenn einer aus Walis Stufenleiter rutschen sollte, würde er alleine abwärts sausen, ohne die anderen mitzureißen. Younghusband band sich Taschentücher um die Stiefel und stieg, mit Gesicht und Bauch zur Wand, vorsichtig nach unten.

Es dämmerte bereits, als die Partie auf dem Baltoro-Gletscher ankam. Von Askole aus, das er drei Tage später erreichte, schlug sich Younghusband nach Skardu durch, um sich endlich wieder in den Sattel eines Pferdes zu schwingen. Der Dragoner ritt nach Srinagar, der Hauptstadt Kaschmirs, und berichtete dem britischen Kommissar von seinem Karakorum-Abenteuer. Sein Landsmann freilich gab sich nicht sehr interessiert. »Finden Sie nicht auch«, so fragte der Beamte, »dass Sie sich mal waschen sollten?«

Die erste Begegnung mit einem Weißen, der von Norden kam, erregte unterdessen in den Rundhäusern von Askole einen Aufruhr. Zwar war Younghusband von den Baltis mit Respekt behandelt worden, sein Führer Wali aber, der sein Heimatdorf nach 25 Jahren erstmals wieder sah, musste um sein Leben fürchten. Der Grund dafür: Die Dorfbewohner sahen in ihm einen Verräter. Denn den Baltis galt der Mustagh-Pass als Barriere, die sie vor räuberischen Stämmen aus Tibet und Yarkand schützte. Nun aber befürchteten die Menschen in Askole eine Invasion. – Sie begann vier Jahre später.

1892: Conway – ein Kunstkritiker als Erster am K2

Die erste Expedition zum K2 verließ im August 1892 die Hochoase von Askole – angeführt von einem merkwürdigen Duo: Ihr Leiter war der Londoner Kunstprofessor William Martin Conway, Stellvertreter der Major Charles Bruce. Bruce begleiteten vier Träger – Gurkha-Krieger, die von dem Briten für den K2 zwangsverpflichtet worden waren. Ohne es zu ahnen, hatte Bruce mit einem Brauch begonnen, der für die zukünftigen Himalaja-Expeditionen typisch war – nur mit dem Unterschied, dass später Sherpa- oder Hunza-Träger an die Gurkha-Stelle rückten.

W. M. Conway

Drei weitere Briten, darunter der Expeditionsmaler A. D. McCormick, und zwei Deutsch sprechende Bergsteiger vervollständigten die Gruppe: Oscar Eckenstein, ein nach England emigrierter Österreicher, sowie Matthias Zurbriggen, ein Bergführer, der aus der Schweiz stammte, aber in dem italienischen Bergdorf Macugnaga lebte.

Conway war von der Länge des Anmarsches verblüfft. Zunächst mussten Zeltlager aufgeschlagen werden, zwischen denen die Gurkhas hin- und herpendelten, um den Nachschub zu befördern. Am Ende des Baltoro-Gletschers hatten die Sahibs schließlich jene Eisstrom-Kreuzung erreicht, die William Martin Conway an den Place de la Concorde in Paris erinnerte – prompt benannte er das namenlose Eisplateau Concordia.

Conway erkannte rasch, dass ein Versuch, den Berg-Giganten anzugreifen, scheitern müsste und beschloss, zwei weniger bedrohlich aussehende Gipfel zu versuchen. Auf Eckenstein musste er dabei aber verzichten. Der Neu-Brite hatte die Expedition verlassen, weil ihm die alpinistisch rückständigen Ideen Conways nicht gefielen. So lehnte Eckenstein es ab, sich an das Seil Zurbriggens zu binden, weil er aus Überzeugung ohne Führer ging. Er könne, so spottete Eckenstein, »auch eine Kuh aufs Matterhorn befördern«, wenn man ihm nur erlaube, »sie an den Füßen anzuseilen«.

Wir hatten gerade eine Biegung verlassen, hinter der sich ein Gipfel von erschreckender Höhe befand, der nichts anderes sein konnte als der K2. Aus dieser Richtung gesehen schien er wie ein nahezu perfekter Kegel aufzuragen, allerdings unvorstellbar hoch. Wir waren ziemlich nahe darunter, und hier auf der Nordseite, wo er buchstäblich von Gletschern umhüllt wird, war das Eis sicher 4200 bis 5400 Meter hoch.

SIR FRANCIS YOUNGHUSBAND

W. M. Conway bei Vermessungsarbeiten

Conway wurde zum Ritter geschlagen und hernach geadelt (als Lord Conway of Allington). Sein Begleiter Bruce wurde zum General ernannt. Er gründete die legendäre Gurkha-Truppe und leitete in den zwanziger Jahren die beiden ersten ernsthaften Versuche, den Mount Everest zu bezwingen.

JOACHIM HOELZGEN

Auch die Ausrüstung der Kontrahenten spiegelte die Gegensätze wider. Conway ging mit einem schulterhohen »Alpenstock«, der an eine Art von Bischofsstab gemahnte. Eckenstein dagegen, ein begabter Techniker, war gerade dabei, zwei der wichtigsten Steighilfen im Alpinismus zu entwickeln: Er ging mit einem nur mehr 85 Zentimeter hohen Eispickel und benutzte zehnzackige Steigeisen, die sich an die Stiefel schnallen ließen – eine enorme Erleichterung beim Anstieg über das Eis.

Dennoch wurde Conways Aufenthalt im Innern des Karakorum ein Erfolg. Er bestieg den Vorbau eines Berges, den er »Golden Throne« nannte und stellte mit 6890 Metern den Höhenrekord der Münchner Brüder Schlagintweit ein. Auf dem »Pioneer Peak«, Conways erstem Karakorum-Gipfel, las der Engländer die Messwerte des Barometers ab; er arbeitete am Messtisch, machte Pulsbeobachtungen bei seinen Gefährten und befahl McCormick, eine Panoramazeichnung anzufertigen.

Nach Conways Rückkehr gab es in London eine Überraschung. Conway hatte nicht nur einen weißen Fleck auf Großbritanniens kolonialer Landkarte getilgt. Der Professor und Kunstkritiker hatte durch seine Reise in die Eiswüste des Karakorum bewirkt, dass sich die Einstellung der leib- und naturfeindlichen viktorianischen Epoche änderte – Expeditionen zu den höchsten Bergen, so das Fazit der K2-Expedition, wurden nun gesellschaftsfähig.

1902: Crowley – ein Anarchist am K2

Zehn Jahre nach Conways Forschungsunternehmen war die zweite Expedition zum K2 unterwegs. Ihre Teilnehmer freilich mussten erst einmal allein vorankommen, da der Expeditionschef an der Grenze Kaschmirs festgenommen wurde. Es war Oscar Eckenstein, dem die Kolonialbehörden die Einreise in das Fürstentum versagten. Der Grund hierfür hieß William Martin Conway, der im selben Jahr, 1902, zum Präsidenten des British Alpine Club gewählt worden war und offenkundig »alles tat, um Eckenstein Hindernisse in den Weg zu legen«.

So jedenfalls deutete der Kunstsammler Georges Knowles die Internierung Eckensteins. Knowles war ein weiterer Teilnehmer jenes Unternehmens, bei dem die Top-Alpinisten jener Tage ernsthaft planten, den K2 bis zum Gipfelerfolg zu belagern.

Drei Wochen nach seiner Verhaftung durfte Eckenstein der vorausgereisten Gruppe nacheilen. Sie bestand aus Angehörigen der Alpin-Elite, die sich um die Jahrhundertwende formiert hatte. So hatte der Wiener Richter Heinrich Pfannl erstmals die Hochtor-Nordwand und eine neue Route am Dent du Géant im Mont-Blanc-Massiv begangen. Sein Landsmann Dr. Victor Wessely, nun auch am K2 mit von der Partie, hatte ihn bei zahlreichen Hochtouren begleitet. Gleichfalls zur K2-Truppe zählten der schweizerische Arzt Jules Jacot-Guillarmod und der Brite Aleister Crowley, der als Beruf Journalist angab.

Crowley war ein Freund des ansonsten ziemlich einzelgängerischen Eckenstein. Beide hatten in den Alpen und in Mexiko schwierige Touren absolviert, und ebenso wie Eckenstein verdammte Crowley den British Alpine Club als »notorisch unehrlich«.

Eckensteins Pragmatismus und die bizarr anmutenden Neigungen von Crowley, der okkulten Bräuchen huldigte und auch schon mal Haschisch rauchte, zeitigten absonderlich anmutende Resultate.

Crowley war bereits in Kaschmir, noch ehe die anderen K2-Kandidaten eintrafen. Er hatte den Rat Eckensteins befolgt, muselmanische Gebräuche zu erlernen – um die Gesetze des Koran, vor allem aber diejenigen der Gastfreundschaft, für die K2-Expedition zu nutzen.

In Srinagar, der Tempel-Metropole Kaschmirs, traf Eckenstein nach seiner Freilassung wieder auf die K2-Gruppe. Crowley hatte inzwischen angefangen, Träger anzuwerben – darunter Männer, die am Ziel zusammen mit den Sahibs in die Höhe steigen sollten. Doch alle Versuche, den einheimischen Balti, Brohpa oder Pathanen das Klettern beizubringen, schlugen fehl.

O. Eckenstein

A. Crowley

Crowley ließ sich einen Bart wachsen, er lernte Hindustanisch und den Balti-Dialekt. Auch imponierte ihm die Moslem-Sitte, das Gesicht – um ein Unglück zu vermeiden – nie mit der linken Hand zu berühren. Crowley gebrauchte fortan nur noch seine rechte Hand.

JOACHIM HOELZGEN

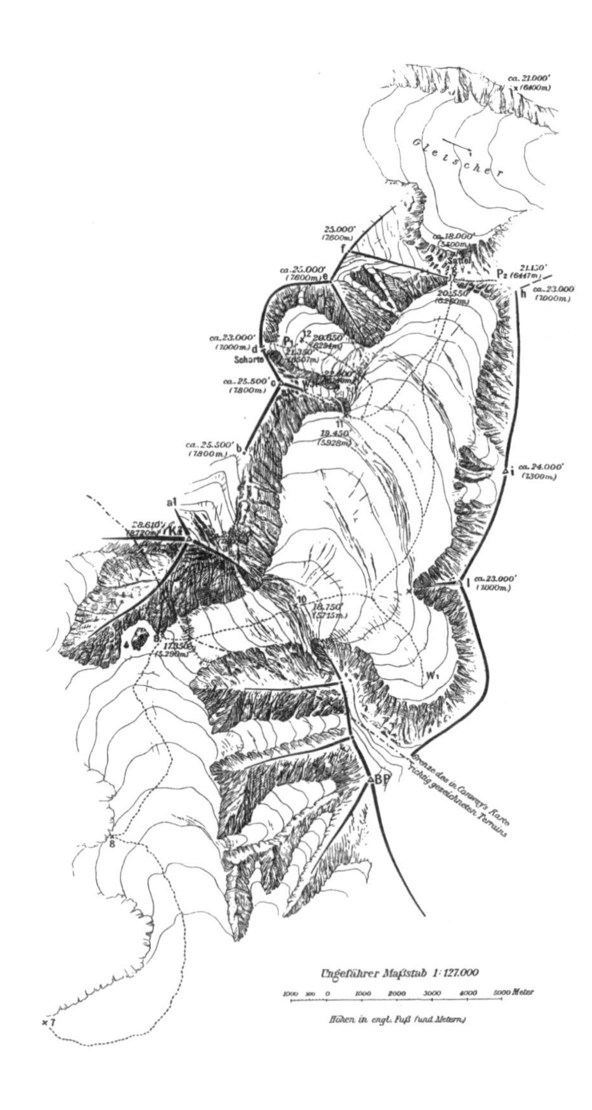

Die erste Kartenskizze zum Gipfelaufbau des K2 mit den Wegen, die die Expedition 1902 genommen hat

Aleister Crowley war mit den Baltis, die er für den Anmarsch angeheuert hatte, zufrieden. Er hielt sie für loyal und ehrlich, griff aber trotzdem zur Peitsche, wenn einige sich daranmachten, Salz und Zucker oder Ausrüstungsgegenstände zu stibitzen.

Als die Karawane in der Hochoase von Askole ankam, waren Victor Wessely und Heinrich Pfannl überzeugt, in nur drei Tagen bis zum K2 zu gelangen – sie hatten, wie die meisten Himalaja-Novizen, die enormen Ausmaße des Zentral-Karakorum unterschätzt. Es dauerte zehn Tage, bis Eckenstein und seine Männer am Ende des Baltoro-Gletschers angekommen waren. Nun, auf dem Godwin-Austen-Gletscher stehend, war es Crowley, der sich in den Dimensionen täuschte.

Tatsächlich hatte Crowley, seinem Kletterinstinkt folgend, jene technisch günstige Route am K2 erkannt, die 1954 erstmals überwunden werden sollte – es war der bis zur Schulter 2000 Meter hohe, durchschnittlich 45 Grad geneigte Abruzzi-Grat. Crowley wurde von den anderen jedoch überstimmt. Sie kamen überein, den Nordostgrat zu versuchen – zur Verbitterung von Crowley, der einen großkalibrigen Revolver im Rucksack trug.

Die »Abruzzi-Rippe« besteht aus einer Serie von Rippen, Platten und Türmen, welche die konvex geformte Südwand des Berges bilden.
CHARLES HOUSTON

Bereits in 6000 Meter Höhe stellte sich heraus, dass die Balti-Träger in dem steilen Eisterrain nicht folgen konnten – der erste Besteigungsversuch am K2 war fehlgeschlagen. Crowley, nun noch mehr enttäuscht, bekam just mit dem Gentleman-Bergsteiger Knowles Streit und bedrohte ihn mit seinem Revolver. Es kam über den Abgründen des Grats zu einem Kampf, bei dem es Knowles gelang, den jähzornigen Engländer zu entwaffnen.

Die unblutige Episode zeigte, gleichsam im Vorgriff auf fast alle nachfolgenden K2-Expeditionen, dass die Einsamkeit und Kälte an dem Berg-Giganten kollerfördernd wirkt und Mannschaften entzweit, die beim Anmarsch noch entschlossen waren, den K2 im Team oder gar nicht anzugehen.

Der Schweizer Jacot-Guillarmod hielt Crowley für neurotisch. Crowley wiederum warf dem Arzt vor, inkompetent zu sein. Wessely rückte sich ins Abseits, weil er sich beim Essen stets die besten Bissen schnappte. »Er lehnte sich über seinen Teller und benutzte seine Gabel wie ein Bootspaddel«, notierte Crowley in sein Tagebuch. »Dann schob er die Speisen mit rotationsähnlichen Bewegungen in seinen Schlund.«

Hatten wir wirklich noch »Freude« an diesen zehn Tagen Kälte und Wind, schweren Sorgen und Entbehrungen? Vielleicht nicht in dem Sinne, wie wir »Freude« am Tennis, Segeln oder Bergfahrten haben. Aber es gibt auch eine urwüchsige, grimmige Genugtuung angesichts der nackten Gefahr.
CHARLES HOUSTON

Crowley seinerseits hatte sich früh den Zorn der Mannschaft zugezogen, als er darauf bestand, seine Bücherkiste überallhin mitschleppen zu lassen. Falls es ihm nicht zugestanden werde, auch am Berg zu lesen, so drohte der Journalist, werde er die Expedition verlassen.

Merkwürdig genug ging es mit der wilden Truppe am Ende alpinistisch doch noch aufwärts. Die zwei Österreicher wollten wenigstens den nördlichen K2-Vorberg namens Staircase (7544 Meter; jetzt Skyang Kangri genannt) angreifen. Ihr Ex-Landsmann Eckenstein aber wollte den K2 selbst belagern. Als Kompromiss versuchten sie deshalb den Sattel zwischen beiden Bergen. Da erkrankte Pfannl. »Er litt an einem Ödem, das beide Lungenflügel erfasst hatte«, diagnostizierte der medizinische Außenseiter Crowley – und zwar, wie sich zeigen sollte, richtig. Die Kletterer verzichteten aber nunmehr darauf, den Kamm zwischen K2 und Staircase zu berennen. In Eilmärschen trugen sie den Schwerkranken bis an das Ende des Baltoro-Gletschers, wo sich der Zustand Pfannls besserte. »Noch heute«, so befand der K2-Historiker Galen Rowell, wundern sich die Höhenmediziner, dass Pfannls Leiden als Ödem erkannt wurde.

Der Laie Crowley war auch schon auf dem Gebiet der Höhen-Akklimatisation bewandert. »Man kann nicht unbegrenzt in großen Höhen leben«, meinte er. »Wichtig ist, im richtigen Moment das ganze Fett los zu sein, trotzdem aber noch genügend Energie für einen Gipfelsturm zu haben. Dann heißt es sofort abzuhauen, noch ehe der Berg Rache nehmen kann.«

Krank und demoralisiert kam Eckensteins K2-Crew durch Askole, wo gerade die Cholera ausgebrochen war. Crowley hatte an den Folgen eines Malaria-Anfalls zu leiden, Knowles und Jacot-Guillarmod bekamen Grippe. Das Leben in der großen Höhe war also ungesund.

Von 68 Tagen, die sie auf dem Baltoro-Gletscher und am K2 verbracht hatten, gab es insgesamt nur acht Schönwettertage. »Das Klima«, so lautete das Fazit Crowleys, »war ziemlich gewöhnlich – nämlich schrecklich.«

Der K2 von Osten fotografiert. Alle Wege bis zum großen Schneeplateau sind steil und gefährlich. 1902 versuchte man es ganz rechts

Das Zusammenwirken von Höhe, zunehmender Kälte und Wind machte unsere Arbeit furchtbar anstrengend und zermürbend. CHARLES HOUSTON

Der Gruppenzwist hatte die Mannschaft vorzeitig gespalten. Wessely und Pfannl waren von Askole allein abgestiegen, während die vier anderen, nachdem sie den Braldo-Canyon heil durchquert hatten, eine abenteuerliche Methode der Weiterreise wählten. Sie bauten ein Floß aus Ziegenhäuten und schipperten von der Oase Dassu bis nach Skardu.

Aleister Crowley versuchte drei Jahre später, den 8586 Meter hohen Kangchendzönga zu besteigen. Eine Lawine tötete dabei zwei Träger und den Schweizer Alpinisten Alexis Pache.

Crowley schrieb seine Memoiren – ein 1058 Seiten starkes Buch, in dem er – zwei Generationen vor dem Egotrip-Apologeten Messner – seine Abenteuer als »Mittel zur Selbsterfahrung« definierte. Die vollmundige Darstellung seiner Drogenräusche, Rituale schwarzer Magie, die Crowley ebenso freimütig beschrieb wie seine Einstellung zum Sex, erzürnten freilich Londons Presse. Sie beschuldigte den Mann, der sich fortan »The Great Beast 666« nannte, »obszöner Angriffe gegen den König, Orgien, Gotteslästerung, Kannibalismus, Kidnapping, Erpressung, Mord und unaussprechlicher Verbrechen«. Noch 1947, in seinem Todesjahr, wurde Crowley als »schlimmster Mensch in Großbritannien« angeprangert.

L. A. von Savoyen

Man kann nicht hoffen, einen derart langen und furchtbaren Aufstieg ans Ziel zu führen, wenn man schon bei den ersten Schritten solche Schwierigkeiten antrifft … Der K2 wird wohl nie bestiegen werden.
LUIGI AMEDEO VON SAVOYEN

1909: Ein Herzog findet die Schlüsselstelle

Am Karfreitag 1909 sortierten an der Pier von Bombay elf Europäer 262 nummerierte Lasten, in denen 13 280 Pfund Gepäck verstaut waren. Es handelte sich um die erste Mammut-Expedition in den Himalaja, die bis ins kleinste Detail vorbereitet worden war.

Anders, so hatte der Chef des Vorhabens verkündet, lasse sich das angestrebte Ziel nicht nehmen: Luigi Amedeo von Savoyen, Herzog der Abruzzen, ein Enkel von König Viktor Emanuel II., war mit zehn italienischen Landsleuten nach Indien gedampft, um den schon legendären K2 im Karakorum zu besteigen. Zumindest, so das erklärte Ziel der Italiener, wollten sie an dem

Bergriesen höher kommen als die zusammengewürfelten Gruppen vor ihnen.

Wenn überhaupt, dann schien zu jener Zeit Luigi Amedeo von Savoyen der richtige Mann mit den richtigen Leuten für den möglichen Erfolg zu sein. Bereits 1899 hatte der Herzog versucht, an den Nordpol vorzustoßen. Seine Expedition kam bis auf 200 Meilen heran, wurde dann aber im Kältesturm gestoppt. Luigi Amedeo von Savoyen erfror sich dabei alle Finger. Hager wie er war, mit durchdringendem Blick, wirkte der abgehärtete Außenseiter auf die Adeligen seines Landes noch unheimlicher. Seine Motive für solche Abenteuer wurden in anormalen Wünschen vermutet.

V. Sella

Sella, mit einer monströsen Plattenkamera ausgerüstet, hatte es verstanden, den geschärften Blick des Alpinisten mit dem En-vogue-Symbol des Jugendstils – schwungvoll stilisierte Linien – zu verbinden. Sella war es auch, den der Südwestpfeiler des K2 als Ersten faszinierte – lange ehe Reinhold Messner die Furcht einflößend steile Kante als »Magische Linie« nachempfand.

JOACHIM HOELZGEN

Den K2 sollte das bisher stärkste Team bestürmen. So etwa die beiden Führer-Brüder Alexis und Henri Brocherel aus Courmayeur, die den neuen Höhenrekord innehatten (aufgestellt 1907 mit dem Briten Tom George Longstaff am 7120 Meter hohen Trisul). Auch der Führer Joseph Pétigax war mit von der Partie: Mit ihm hatte der Herzog die Aiguille Sans Nome und die Pointe Margherita an den Grandes Jorasses erstmals erklommen – damals die luftigsten Touren im Mont-Blanc-Massiv.

Auch die Wissenschaftler waren in Alaska und am Ruwenzori schon erprobt. So etwa der Geograf Filippo De Filippi und dessen Kollege Frederico Negrotto, ein Leutnant zur See, der auf den weiten Gletscherfeldern navigieren sollte. Ergänzt wurde das Team von Vittorio Sella, einem Foto-Pionier, der auch noch die modernen Alpin-Lichtbildner stark beeinflusst.

Am 19. Mai 1909 war des Herzogs Treck am Beginn des Baltoro-Gletschers angekommen. Die Zahl der Träger war auf 500 angewachsen – die unter anderem noch 225 Kilogramm an Rupienmünzen schleppen mussten, da sie Geldscheine nicht akzeptierten.

Auf sein in Alaska ausprobiertes Feldbett verzichtete der Herzog diesmal – Gletscherkälte, die sich unter der

Der Karakorum zwischen K2 und Sia Kangri

Liege staute, hatte den Schlafenden mehrfach ausgekühlt. Dafür hatte der blaublütige Abenteurer eine revolutionäre Neuheit mitgebracht: mehrschichtige Schlafsäcke aus Kamelhaar, Eiderdaunen sowie Ziegenhaut, die mit einer wasserdichten Hülle überzogen waren.

Zum ersten Mal bin ich einem Berg begegnet, an dem man keine Wand erklettern kann.
HERZOG DER ABRUZZEN

Um die Nachschubprobleme Eckensteins zu umgehen – die Träger konnten kaum mehr als ihren eigenen Nahrungsmittelbedarf transportieren –, hatten die Italiener in Askole Schafe, Bergziegen und Hühner aufgekauft, auf einer Moränenwiese des Baltoro-Gletschers hüten und, je nach Bedarf, abschlachten lassen. Das Frischfleisch wurde in die vorgeschobenen Lager nachgetragen, die sich in Richtung K2 befanden.

Unmöglich!
HERZOG DER ABRUZZEN
1909 ÜBER DEN K2

Ende Mai, sieben Jahre nach Eckenstein, erreichten Europäer wieder den Fuß des K2. Der Nordostgrat, den der Herzog sofort inspizierte, erschien ihm als zu lang und ausgesetzt. Die Gruppe marschierte nun um den Granitkoloss herum und betrat einen Gletscher auf der K2-Westseite, den Luigi Amedeo von Savoyen nach seinem Adelshaus benannte: »Savoy-Gletscher« (Savoia-Gletscher).

Am Ende des Eisbeckens setzte der K2-Nordwestgrat an – eine Route, die dem Herzog »nicht sehr steil« vorkam. Dafür schien der Eishang, der zum tiefsten Einschnitt eines Sattels führte, unbegehbar – durch eine dünne Schneeauflage schimmerte das blanke Eis. Den Sattel nannte der Herzog »Savoy-Pass« (Savoia-Pass).

Enttäuscht wandte sich der Italiener der Südseite des K2 zu, die schon vom Baltoro-Gletscher aus zu sehen war. In 5000 Meter errichteten die Führer am Südostsporn des Berges ein Basislager. Luigi Amedeo von Savoyen hatte jenen Zugang zum K2 entdeckt, über den erst 45 Jahre später Menschen bis zum Gipfel klettern sollten – Italiener wie die Entdecker des »Abruzzen-Grates« (Abruzzi-Grat), wie der Herzog »seinen« Sporn benannte.

1000 Meter wühlte sich der Namensgeber mit dem Bruderpaar der Brocherels an dem Grat empor. Beträchtlich hoch schon über dem Godwin-Austen-Gletscher, an einem »vorspringenden Felsen von gelbrötlicher Farbe«, kapitulierten sie schließlich – zweieinhalb Höhenkilometer unter dem Eisdach des K2. Der Gipfel, so notierte De Filippi 1929, sei wohl »unzugänglich«.

1929 ist wieder eine italienische Großexpedition an der Reihe. Kommandant Aimone di Savoia-Aosta, Herzog von Spoleto, ein Neffe des Herzogs der Abruzzen, beabsichtigt zunächst, den K2 anzugreifen, entschließt sich dann aber, das Schwergewicht auf die wissenschaftliche Seite zu verlegen – eine photogrammetrische Neuaufnahme des Baltoro und die Erforschung des Shaksgam. Es ist das Verdienst von Prof. Ardito Desio, dass die wissenschaftlichen Beobachtungen vielseitig wurden.

GÜNTER OSKAR DYHRENFURTH

C. Houston

Leben heißt wagen. Leben bedeutet etwas riskieren. To live is to risk. Wer nichts wagt, der lebt auch nicht.
CHARLES HOUSTON

1938: Houston – ein Cowboy an der Gipfelpyramide

Weil der K2 für »unbezwingbar« galt, so jedenfalls das Verdikt des Herzogs der Abruzzen, schlug die Crème der Expeditions-Bergsteiger nach dem Ersten Weltkrieg eine neue Richtung ein – weiter im Südosten des Himalaja, wo der Mount Everest und Kangchendzönga mehr Aussicht auf Erfolg zu bieten schienen.

1922 startete General Charles Bruce, der bereits mit Conway 1892 am K2 war, den ersten ernsthaften Versuch am Everest, wobei drei Mann erstmals die 8000-Meter-Grenze überschritten. Die Expedition endete jedoch als Katastrophe, nachdem eine gigantische Lawine sieben Sherpa-Träger tötete.

Ein halbes Dutzend Mal hatten die Briten bis 1938 noch den höchsten Berg der Welt belagert. Zweimal waren deutsche Expeditionen unterdes am Kangchendzönga umgekehrt, der den längsten Sanskrit-Namen trägt: »Die fünf heiligen Schreine des großen Schnees«. Da kamen, 30 Jahre nach den Italienern, erstmals wieder potenzielle Gipfelstürmer zum K2: Amerikaner, angeführt von Charles S. Houston, einem Medizinstudenten aus New York.

Houston hatte sich 1936 bei der Erstbesteigung der Nanda Devi, mit 7820 Metern Indiens höchster Berg, bewährt und hatte auch schon selbst eine Expedition geführt – zum Mount Foraker (5182 Meter) in Alaska.

Seine Idee, mit möglichst wenig Aufwand sogar einen Furcht erregenden Riesen wie den K2 anzugreifen, war 1938 neu im Himalaja. Am Nanga Parbat etwa lieferten die Kletterer aus Deutschland dem Berg wahre Materialschlachten.

Anders Houston, der den Großeinsatz an Mensch und Material als »Ingenieursarbeit« verschmähte. Ihm ging es darum, mit einer kleinen Gruppe loszulegen – sie war preiswerter und obendrein einfacher zu organisieren. Houstons K2-Expedition kostete genau 9434,03 Dollar.

Fünf erprobte Alpinisten und sechs Sherpa waren es, die mit 75 Balti-Trägern in Askole abmarschierten: Richard L. Bursdall, Bezwinger des 7587 Meter hohen Minya Konka in Tibet, der Alaska-Veteran Robert (Bob) Bates und William P. House, der den Mount Waddington (4048 Meter) erstbestiegen hatte – ein abgelegenes Massiv, das von kanadischen Kletterern 16-mal vergeblich berannt worden war. Ergänzt wurde das Team von dem Karakorum-Kenner Norman R. Streatfield und von einem Bergführer und Cowboy aus dem Rocky-Mountains-Staat Wyoming: Paul K. Petzold. Er hatte zwar noch nie an einer Expedition teilgenommen, galt aber als Ausbund an Kraft und Kondition – das Matterhorn hatte er als erster Bergsteiger an einem Tag zweimal überschritten.

Am K2 sollte ausgerechnet er, der Neuling im Himalaja, als erster Mensch bis an das Gipfelbollwerk herankommen.

Houstons Chancen waren gut, weil ihm erstmals in der Expeditionsgeschichte des K2 sechs Sherpas zur Verfügung standen. Unter ihnen war der erfahrene Pasang Kikuli – ein Überlebender der deutschen Nanga-Parbat-Katastrophe von 1934.

Probleme gab es, als die Sherpas eine für sie ungewohnte Waffe kennen lernten – Streiks, mit denen die Balti-Träger höhere Marschgebühren forderten. Houston löste das Problem im US-Stil und drohte, die Streikführer sofort zu entlassen. Murrend zogen es die Balti vor, die schweren Lasten wieder aufzunehmen. 1975 sollte ein anderer Amerikaner, James Whittaker, einen diplomatischen Skandal auslösen, als er streikende Baltis durch das Verbrennen von Geldscheinen einschüchtern wollte.

Am 12. Mai 1938 erreichte Houstons kleine Mannschaft den K2. Zunächst ging es, am Vorberg Angelus entlang, auf den Savoia-Gletscher. Ihn wollte Houston überqueren, um vom Savoia-Pass aus den Nordwestgrat nach einer schwachen Stelle abzusuchen. Dreimal scheiterte

1938 führte ich eine Gruppe von jungen Amerikanern, die in den Alpen, im Himalaja und in Alaska schon Erfahrungen gesammelt hatten. Unser Ziel war eine gründliche Erforschung aller Möglichkeiten auf der Südseite des K2. Einen großen Teil des Sommers verbrachten wir mit schwierigen und ergebnislosen Kundfahrten. Schließlich entdeckten wir eine mögliche Route zur Schulter Punkt 7740 unter der Gipfelpyramide. Obwohl Zeit und Proviant zur Neige gingen, gelang es uns immerhin, eine Höhe von 7925 Metern zu erreichen, bevor wir den Rückzug antreten mussten. Wir waren überzeugt, dass das letzte Stück möglich sei.

CHARLES HOUSTON

Bald darauf wurden just am K2 die ersten Kleinexpeditionen im Gebirge der Riesen ausprobiert. Mit fünf Gefährten, sechs Sherpas und nur 75 Balti-Trägern zog der junge amerikanische Mediziner Charles Houston den Baltoro-Gletscher hinauf – in demselben Jahr 1938, in dem die Deutschen den Nanga Parbat mit Unterstützung der Hitler-Regierung unter größtem Aufwand berannten und für den Lastentransport zum Berg sogar eine dreimotorige JU-52 einsetzten, die Nachschub abwarf.
WILHELM BITTORF

indessen der Versuch, auf die 6350 Meter hohe Passhöhe zu kommen – der Anstieg, über beinhartes Eis, erwies sich für die Sherpas als zu steil.

Auf dem Savoia-Gletscher begrub ein großer Eisturm, der zusammenstürzte, einen Teil der Brennstoffvorräte. Streatfield, der zwei Jahre zuvor im Gebiet des Hidden Peak gewesen war, marschierte mit den Sherpas über Concordia und den Abruzzi-Gletscher, um die dort deponierten Benzinbehälter auszubuddeln – vergebens. Das Depot war leer – Träger aus Askole, die am Hidden Peak dabei waren, hatten den Brennstoff in der Zwischenzeit geholt.

Houstons Team ließ sich von den ersten Fehlschlägen nicht stören. Auch die Amerikaner zogen nun an die Basis des Abruzzi-Grats, um die steilste Rippe zu erklettern, die bis dahin im Himalaja attackiert wurde.

2000 Höhenmeter steilt der Südostsporn des K2 in das Blaue auf – mit einer durchschnittlichen Neigung von 45 Grad. In 7345 Meter Höhe, an der so genannten Schulter, endet der Abruzzi-Sporn. Halbmondartig baut sich hier der Schulterrücken auf, der 600 Höhenmeter weiter oben in das Gipfelbollwerk mündet.

Houston war klar, dass die sauerstoffarme Luft seinen Männern alles abverlangen würde. Bereits im Basislager ist der Sauerstoffpartialdruck nur noch halb so groß wie zu Hause in New York; im Bereich der Gipfelpyramide wird er nur noch knapp ein Drittel davon betragen.

Höhenlager mussten errichtet werden, um den Nachschub für die Klettergruppen absichern zu können. Die Zelte, für die an dem steilen Grat eigens Plattformen in Eis und Schnee geschaufelt werden mussten, waren fallenden Steinen ausgesetzt, die von weiter oben kletternden Männern losgetreten wurden. Camp III in 6310 Meter Höhe etwa, das von Steinsalven wie von Gewehrkugeln durchlöchert wurde, musste aufgegeben werden.

Am 12. Juli war im neu erbauten Lager III Proviant für 20 Tage aufgestapelt worden. Petzold ging von hier zunächst allein los, um eine steile Stufe zu erklettern –

Die konvexe Südostflanke des K2. Links, über die Felsrippe (Abruzzi-Grat, Abruzzen-Sporn, Italiener-Route), führt der klassische Normalweg auf den K2

Der Stil, in dem die Amerikaner den schwierigen Abruzzen-Sporn mit seinen Hochlagern gangbar machten, verdient volle Anerkennung.

GÜNTER OSKAR DYHRENFURTH

den Zugang zum geplanten Lager V in 6550 Meter Höhe. Gleich darüber dräute das schwierigste Kletterstück am Grat, eine lotrechte, 50 Meter hohe, helle Kalksteinwand.

Da sie am Rand nicht zu umgehen war, hätte das K2-Abenteuer Houstons an dieser Stelle scheitern können – wenn William P. House nicht einen Spalt im Fels entdeckt hätte. Er war gerade breit genug, um sich darin mit Händen und Füßen zu verkeilen. House schob sich zentimeterweise hoch, obwohl der Riss innen mit einer Eisglasur bedeckt war.

Petzold und Houston bauten nun zusammen Lager VII (7100 Meter) auf – vom Schultergipfel weiter oben nur durch eine Wolkenkratzerhöhe getrennt.

Die Amerikaner waren vom Wetterglück begünstigt wie noch keine Expedition zuvor. Zwei Wochen waren sie nicht einmal vom Höhensturm belästigt worden. Nun aber waren weiter südlich, über dem Massiv des Nanga Parbat, dunkle Wolkenmassen aufgezogen. Was tun?

Der Proviant in Lager VI, so erklärte Houston, reichte für zehn Tage. Sollten sie dennoch warten, fragte der Medizinstudent und Expeditionschef – auch auf die Gefahr hin, in einem Schneesturm abgeschnürt zu werden, weil ein Abstieg durch den House-Kamin dann zu gefährlich schien?

Die vier Männer, die sich in Camp VI versammelt hatten, schlossen einen Kompromiss. Zwei Bergsteiger sollten von Camp VII aus so weit vorstoßen wie irgend möglich. Die beiden Untermänner, so der Plan, sollten derweil den restlichen Proviant in Camp VII transportieren, um danach wieder in das Lager VI abzusteigen.

Am Morgen des 20. Juli 1938 trugen die vier Amerikaner und Pasang Kikuli die Lasten hoch in Lager VII, wobei sie einen trügerischen, von Eis bedeckten Hang zu queren hatten. Houston und Petzold, die sich am besten akklimatisiert hatten, blieben im letzten Zelt zurück, während die Lastenschlepper wie geplant wieder nach unten gingen. Da bemerkten Houston und Petzold, dass die Streichholzschachteln fehlten. Wie aber konnten sie

Houston änderte die Taktik, als er merkte, dass zu viele Männer zur selben Zeit auf dem Gratrücken in Bewegung waren. Bursdall und Streatfield verließen nun den Berg, zusammen mit drei Sherpas. Nur vier Amerikaner und drei Sherpas blieben an dem Sporn zurück. Das war eine wichtige Entscheidung.

REINHOLD MESSNER

genügend Schnee schmelzen, um den enormen Flüssigkeitsverlust in dieser Höhe auszugleichen? Wie sollten sie kochen oder auch nur das steinhart gefrorene Fladenbrot der Balti auftauen?

Houston hatte noch eine Schachtel mit neun Hölzern in der Tasche – doch erst beim dritten Versuch zündete der Kocher. Die Männer aßen, schmolzen Schnee und tranken Tee; den warmen Kocher wickelten sie ein und schoben ihn als Wärmflasche ins Fußende des Doppelschlafsacks.

Von den restlichen sechs Hölzern verbrauchten sie am nächsten Morgen drei. Draußen war es zwar kalt, aber es blies kein Wind, als Houston und Petzold im Süden einen wolkenfreien Nanga Parbat sahen – das Wetter, so schien es, blieb stabil.

Die halbmondartige Mulde vor den Bergsteigern war nicht sehr steil, aber mit hüfthohem Pulverschnee gefüllt, der ihr Tempo drastisch reduzierte. Um 1 Uhr schließlich kündeten Lawinenreste vom Beginn der Gipfelpyramide, die den Blick zum Himmel sperrte.

Petzold, der noch ein wenig höher ging, um den Zugang auf die Gipfelpyramide zu erkunden, kam nun zurück. Sie beschlossen, in Lager VII abzusteigen, weil sie die Schlafsäcke zurückgelassen hatten. Die Sterne waren bereits sichtbar, obschon noch die Sonne schien, als die unterkühlten und durchnässten Männer Tee brauten. Wieder war bei dem Versuch, den Kocher anzuzünden, ein Zündholz verschmort und das zweite abgebrochen. Erst das dritte funktionierte.

Mit etwas Glück werden unsere Nachfolger den Gipfel erreichen.
CHARLES HOUSTON

Knapp einen Kilometer unter ihrem Ziel gaben ein Mann aus Wyoming und ein anderer aus New York auf, weil sie am nächsten Morgen nicht mehr in der Lage waren, sich ein Frühstück zu bereiten.

F. Wiessner

Ein glänzender Alpinist (Wiessner) mit nur einem Sherpa an der Spitze, dahinter ein großes Vakuum ohne die zuverlässige Zusammenarbeit einer erprobten Bergsteiger-Mannschaft – damit wurde das an sich schon ungeheuer schwierige Unternehmen zum Vabanquespiel.
GÜNTER OSKAR DYHRENFURTH

1939: Ein Sachse und der große Gatsby – Desaster am K2

Ein Dollarmillionär, der 1928 im Transatlantik-Rennen mit seiner Jacht Platz zwei belegt hatte, hatte sich gerade von seiner noch reicheren Frau getrennt: Dudley Wolfe – ein Harvard-Absolvent, der gleichsam F. Scott Fitzgeralds Romanfigur vom Großen Gatsby zu verkörpern schien. Dieser blendend aussehende, muskulöse Mann und ein Neu-Amerikaner taten sich zu einem kühnen Abenteuer zusammen. Dort, wo gerade erst die amerikanische Expedition mit Charles S. Houston gescheitert war, wollten sie nun mit nur vier weiteren Bergsteigern auf den K2, den zweithöchsten Berg der Welt.

Wolfes Gesprächspartner war ein Mann aus Dresden, der 1929 in die USA eingewandert war. Fritz Wiessner, so sein Name, war Chemiestudent und sah in Amerika »die besseren Chancen in dem Fach«. Und auch politisch witterte der Mann, der einen ausgeprägt natürlichen Instinkt zu haben schien, unheilvolle Zeiten.

Als Wiessner 1929 in die USA kam, hatte Europa einen seiner besten Felskletterer verloren. Wiessner hatte an den Türmen des Elbsandsteingebirges mit dem Klettern angefangen. Zusammen mit dem Münchner Emil Solleder hatte Wiessner 1925 Aufsehen erregt, als er durch die Nordwand der Furchetta in den Dolomiten stieg: Es war die erste große Tour im so genannten VI. Grad der alpinen Schwierigkeitsskala.

In Amerika sorgte Wiessner 1937 für Furore. Ohne künstliche Kletterhilfen gelangte er auf einen geheimnisvollen Obelisken namens Devils Tower, der im US-Staat Wyoming aus einer Parklandschaft emporragt. Die 400 Meter hohe Berggestalt stellt den erstarrten Inhalt eines Vulkans dar, dessen Rand im Lauf von Jahrmillionen abgeblättert ist.

Wiessner wusste, dass Dudley Wolfe in den Alpen etliche Viertausender bestiegen hatte – gleich nach dem Hochseesegeln, so hatte der schwerreiche Amerikaner angegeben, sei Bergsteigen sein Schönstes. Den Gipfel des K2 wollte Wiessner seinem Gegenüber jedoch nicht zutrauen. Er sei zwar physisch fit, erklärte Wiessner seinem zukünftigen Seilgefährten, als sie das K2-Projekt besprachen; Wolfes Chancen am K2 seien aber »äußerst klein«. Wolfe, der in den Alpen stets mit Bergführern gegangen war, fehlte nicht nur das technische Know-how – er war auch nie zuvor bei einer Expedition dabei gewesen. Wiessner war 1932 am Nanga Parbat gewesen und selbstständig in jedem Gelände. Wolfe ließ freilich nicht locker: Wiessner, der im Vorjahr schon mit Houston zum K2 gewollt hatte, aus beruflichen Gründen aber zu Hause bleiben musste, stellte nun ein Team zusammen. Die Crux war, wie sich alsbald zeigen wollte, dass Paul Petzold nicht nach Indien kommen durfte – gegen den stärksten Mann der Expedition von 1938 lag in den Polizeistationen des Subkontinents ein Haftbefehl aus, da Petzold bei der Rückreise durch Indien im Streit einen Mann erschlagen hatte.

F. Wiessner 1939

Drei Studenten, die sich in den Rocky Mountains ausgezeichnet hatten, sollten Wolfe und Wiessner unterstützen. Chappel Cranmer und George Sheldon, beide erst 21 Jahre alt, sowie der Medizinstudent Jack Durrance, der in den Semesterferien als Bergführer jobbte. Außerdem war O. Eaton Cromwell eingeladen worden, ein Bergsteiger, der in den Alpen und in Kanada aktiv war.

Es gibt nur nette Kerle in der Gruppe. Sie nehmen alles von der leichten Seite, packen aber zu, wenn es hart auf hart geht.
FRITZ WIESSNER

Wolfe und die jungen Leute gingen die Expedition zunächst locker an – zehn Tage lang waren sie Skilaufen bei Srinagar. Dort waren inzwischen auch neun Sherpas aus Nepal eingetroffen, angeführt von Pasang Kikuli, der bereits mit Houstons Mannschaft am K2 gewesen war.

Am 31. Mai 1939, nach den schon notorischen Trägerstreiks, kam die Gruppe am K2 an. Wiessner baute eine vorbildliche Lagerkette auf – wieder am Abruzzi-Grat. Das steinschlagbedrohte Lager III wurde umgangen. Am 6. Juli hatte Wiessner schon das siebte Höhenlager aufgeschlagen – dort, wo im Vorjahr Houstons höchstes Camp gelegen hatte.

Organisator und Leiter der zweiten amerikanischen K2-Expedition war der ausgezeichnete deutsch-amerikanische Bergsteiger Fritz H. Wiessner.
GÜNTER OSKAR DYHRENFURTH

Wiessner stieg gleich wieder über den langen Grat hinab in Lager II, um die Männer für den Gipfelangriff einzuteilen. Nur Dudley Wolfe war weiter oben in Camp V geblieben.

Als Wiessner in dem zweiten Höhenlager ankam, traf er ein marodes Team. Sheldon hatte sich beim Lastentransport aus dem Basislager die Zehen seiner Füße stark angefroren. Cranmer klagte über starke Herzbeschwerden und Cromwell lehnte es kategorisch ab, Lasten bis auf 7000 Meter hochzuschleppen.

Durrance schließlich, auf den Wiessner seine größten Hoffnungen gesetzt hatte, konnte sich nur ungenügend an die Höhelage gewöhnen. Vorerst konnte er nur darauf vertrauen, sich durch Transportgänge vom Basislager in die nächsten beiden Zeltcamps doch noch an die Höhe anzupassen. Bis auf Durrance war die Moral unter den Männern auf den Nullpunkt abgesunken. Sheldon und Cromwell, die zwei schlimmsten Pessimisten, schickten Läufer nach Askole, um für den Rückmarsch Balti-Träger anzuheuern – am 23. Juli, so der Plan des Duos, wollte man beginnen, über den Godwin-Austen- und Baltoro-Gletscher abzusteigen.

Wiessner wollte die Flüchtlinge nicht halten. Durrance eingeschlossen, hatten bisher fünf Amerikaner und sieben Sherpas die Höhenlager am Abruzzi-Grat errichtet. – In Lager VI waren zuletzt zehn Bergsteiger versammelt. Ein Jahr zuvor, bei Houstons Unternehmen, waren zu diesem Zeitpunkt nur sieben Mann dabei, an der Riesenrippe des K2 hochzukommen.

Am 13. Juli waren Wiessner, Wolfe und drei Sherpas mit elf Lasten in Camp VII eingetroffen. Pasang Kikuli fehlte allerdings, weil er es vorgezogen hatte, die vier anderen Sherpas am Beginn des Südostsporns zu befehligen. Der Sherpa-Sirdar (Führer) glaubte, sich die Zehen angefroren zu haben.

Einen Tag später war die Besatzung von Camp VII am Beginn des Schultergipfels angelangt. Wolfe war in optimaler Form – je näher er seinem teuer erkauften Ziel entgegenkam, umso stärker schien er zu werden. Wiessner schickte nun zwei Sherpas zurück in Lager VI, wo sie neue Lasten für den Gipfelangriff holen sollten. Nur Pasang Dawa Lama, bisher der stärkste Nepalese, blieb bei den zwei Weißen.

Wiessner und Wolfe konnten nicht ahnen, dass ein paar tausend Meter tiefer eine schicksalsträchtige Entscheidung fiel – Auftakt zum bizarrsten, in der Geschichte des Himalaja beispiellosen Drama: Es begann damit, dass Durrance, der schon bis in Lager VI gelangt war, wieder höhenkrank geworden war. Er entschloss sich, bis zu Lager II hinabzusteigen; Pasang Kikuli und den Sherpa Dawa Thondup beorderte er mit sich. Die beiden anderen Sherpas – Tendrup und Kitar – blieben in Camp VI. In den nächsten 48 Stunden schneite es ununterbrochen. Wiessner und Wolfe, 7530 Meter hoch am Schultergrat, waren nicht darüber informiert, dass sich zwischen ihnen und Lager II kein US-Kletterer mehr aufhielt – Schlafsäcke, Notproviant und Kocher allerdings lagen in drei Lagern für eine eventuelle Flucht bereit.

Nach den beiden Schneetagen krochen Wolfe und Wiessner aus dem Zelt, um erstmals zur Gipfelpyramide vorzustoßen. In der großen Mulde lag der Pulverschnee hüfthoch. Trotzdem aber schafften es die Männer, denen Pasang Dawa Lama folgte, Camp VIII in 7711 Meter Höhe in den Schnee zu stellen. Drei Tage später – wieder war Neuschnee gefallen – stapften die Männer im rasch steiler werdenden Gelände zu der Gipfelpyramide, um an ihrem Aufschwung Lager IX in 7940 Metern Höhe zu errichten – das bislang höchstgelegene Biwak am K2. Dudley Wolfe freilich, der im tiefen Schnee mit seinen 85 Kilogramm fast brusthoch eingesunken war, hatte sich entschlossen, auf halbem Wege wieder kehrtzumachen. Allein stapfte er zurück in Lager VIII, wo er bessere Schneeverhältnisse abwarten wollte.

Dass die Sherpas Kitar und Tendrup nicht mit Nachschublasten eingetroffen waren, störte Wolfe vorerst

Sherpa 1939

Sie schoben ein kleines Hochlager (Camp IX, 7940 m) bis in die untersten Felsen der Gipfelpyramide vor und schritten am 19. Juli zum Angriff, bei dem sie nach Wiessner bis 8382 Meter gelangten.

GÜNTER OSKAR DYHRENFURTH

nicht sehr – obschon geplant war, dass die beiden Material aus Lager VI herbeischaffen sollten.

Pasang Kikuli, ihr Chef, führte unterdes einen fatalen Auftrag aus. Durrance hatte ihm befohlen, die Zelte zwischen Lager I und IV zu räumen, damit alles für den raschen Abmarsch nach Askole fertig sei. Am 19. Juli kamen Durrance, Pasang Kikuli und Dawa Thondup mit 13 Schlafsäcken im Basislager an. Durrance hatte in Camp II eine Nachricht für Fritz Wiessner hinterlegt (»Glückwünsche zum Gipfelsieg«). Die Schlafsäcke, so begründete der ignorante Expeditions-Neuling, habe er schon wegschaffen lassen, damit der Abmarsch flott vonstatten gehen könne.

Die vier anderen der Expedition, von Anfang an kränkelnde und lustlose Sahibs, nämlich hatten sich in den unteren Lagern in die eherne Überzeugung hineingeredet, dass die lange Abwesenheit Wiessners und seiner Begleiter nur eins bedeuten könne – den Bergtod der drei.

WILHELM BITTORF

Tendrup und Kitar, denen Pasang Kikuli befohlen hatte, wieder zu den Sahibs aufzusteigen, handelten als Nächste eigenmächtig. Sie beschlossen, nur bis zu Lager VII vorzustoßen und in dessen Nähe nach den Spuren Überlebender zu suchen. Falls sie keine fänden, wollten sie erneut absteigen und dabei auch die höheren Camps ausräumen, so wie es Pasang Kikuli am Sporn weiter unten tat.

Am selben Tag, es war der 19. Juli 1939, hatten Wiessner und Pasang Dawa Lama in Lager IX ein heißes Teefrühstück zu sich genommen. Der Deutschamerikaner fühlte sich stark genug, noch vor Einbruch der Dunkelheit den K2-Gipfel zu erreichen. Mit einer Tagesration an Proviant zogen die zwei Männer los.

Am Rand der Schneemulde gelangten sie ans Gipfelbollwerk des K2. Der Höhenunterschied, vom Fuß der Pyramide an gerechnet, betrug bis zum höchsten Punkt der Gipfelkuppe 575 Meter.

An einem Felsband gab es zwei Möglichkeiten für das Weiterkommen. Rechts führte die Route unter gefährlich aussehenden Eisbalkonen vorbei, die absturzbereit hoch über den Gipfelstürmern hingen. Links schien eine Rinne in eine jäh abfallende Wand aus brüchigem schwarzen Gestein zu führen. Wiessner, der sich schon immer in den Felsen sicherer fühlte, zog die linke Variante vor, auch wenn sie technisch diffiziler aussah. Es war überraschend windstill – Wiessner konnte sogar ohne seine Fäustlinge losklettern und sein im Elbsandstein antrainiertes Gleichgewichtsgefühl voll ausspielen.

Wiessner und der Sherpa Pasang Dawa Lama erreichten eine Höhe von über 8230 Metern, bevor sie den Rückzug antreten mussten.
CHARLES HOUSTON

Um 18 Uhr erreichte Wiessner, wie er später selbst angab, 8382 Meter Höhe – nur noch 15 Meter fehlten bis zum Ausstieg auf den Gipfelgrat, auf dem dann mit keinen komplizierten Kletterstellen mehr zu rechnen gewesen wäre.

Da, plötzlich, straffte sich das Seil. Pasang Dawa Lama, der von unten her gesichert hatte, gab dem Vorauskletternden keinen Zentimeter Hanf mehr nach. Wiessner rief nach unten, dass die größten Schwierigkeiten überwunden seien, doch der Sherpa hielt das Seil fest und rief seinerseits nach oben: »No sahib, tomorrow.«

Wiessner war erschüttert. Er wollte weiter bis zum Gipfel, um sodann im Mondlicht abzusteigen. Pasang Dawa Lama aber fürchtete, dass nachts böse Geister auf dem Gipfel hausten. Wiessner, der den Nepalesen als zähen und begabten Kletterpartner schätzte, musste nachgeben.

Die Gipfelpyramide

Beim Rückzug durch die Rinne gab es einen Zwischenfall. Ein Teil des Seils, das Pasang Dawa Lama zu Schlingen aufgerollt hatte, verhedderte sich in den Steigeisen, die der Sherpa beim Klettern in den Felsen auf dem Rucksack trug. Wiessner wollte den Wirrwarr beseitigen, als sich die zwei Eisenpaare vom Rucksack lösten und scheppernd in die Tiefe stürzten.

Erst nach Mitternacht kamen Wiessner und der Sherpa in Camp IX an. Müde wie sie waren, schien ein neuerlicher Gipfelangriff noch am selben Tag aussichtslos. Dabei war es am nächsten Morgen wolkenlos und still. Wiessner legte sich nackt auf die Hülle seines Schlafsacks, um sich von der Höhensonne braun brennen zu lassen.

Ein Biwak kam nicht in Betracht, es war zu kalt, nur Bewegung hielt uns wenigstens ein bisschen warm.
FRITZ WIESSNER

Währenddessen waren Sherpa Tendrup und zwei seiner Landsleute bis über Lager VII vorgestoßen. Sie schrien und glaubten, dass die Sahibs, falls sie noch am Leben wären, sich schon melden würden. Dudley Wolfe und die zwei Spitzenmänner, die noch ein paar hundert Meter weiter oben waren, hörten jedoch nichts. Tendrup sah seinen Verdacht bestätigt – offenbar, so nahm er an, waren die Weißen von einer Lawine fortgerissen worden. Tendrup fing an, mit den anderen abzusteigen und die Zelte auszuräumen – die Schlafsäcke nahm er eigenhändig mit. Am 21. Juli standen Wiessner und Pasang Dawa Lama abermals am Felsenband der Gipfelpyramide. Diesmal peilten sie die Traverse rechts unter den Eisüberhängen an. Ohne Steigeisen war es dort für sie unmöglich. Die beiden Männer kehrten um – zu Dudley Wolfe in Lager VIII.

Wenn wir die Steigeisen noch hätten – wir könnten geradewegs hinauflaufen.
FRITZ WIESSNER

Wolfe wirkte auf Wiessner um Jahre gealtert. »Diese Bastarde«, schrie Wolfe, »sind nicht gekommen.« Er meinte die Sherpa-Gruppe Tendrups, auf die er tagelang gewartet hatte. Seit drei Tagen hatte der Amerikaner nur noch jenes Schmelzwasser getrunken, das sich tagsüber in den Falten seines Zelts gebildet hatte. Da kein Nachschub eintraf, waren ihm die Zünder für den Kocher ausgegangen.

Das Trio beschloss, gleich weiter in Lager VII abzusteigen, um sich dort neu zu versorgen. Wiessner ließ seinen Schlafsack im Zelt Wolfes zurück, da es weiter unten genügend davon geben musste – glaubte er.

Da trat Wolfe während des Absteigens aufs Seil. Der rasche Ruck riss Wiessner aus dem Stand, und als beide so weit abgeglitten waren, bis das Seil sich straffte, flog auch Pasang Dawa Lama hinterdrein. Zunächst vergebens bremste Wiessner mit der Pickelhaue – das Eis war aber zu hart, immer schneller schlitterten die Alpinisten auf den Rand des Grates zu. Erst 40 Meter vor der Kante konnten sich die Männer fangen – auf einem weichen Schneefeld, auf das noch die Sonne schien.

Die zwei Zelte von Camp VII standen offen – ihr Inhalt lag am Schneeboden verstreut. Die Schlafsäcke aber, die Wiessner vorzufinden hoffte, fehlten.

Nun erst stellte sich heraus, dass auch Dudley Wolfe keinen Schlafsack bei sich hatte – die schützende Hülle,

Fritz Wiessners verantwortungsgetragenes Verhalten 1939 am K2 wird gültiges Leitbild bleiben, solange Menschen gemeinsam Berge besteigen.
DIETRICH HASSE

oben am Rucksack festgezurrt, hatte sich gelöst und war beim Abstieg vom Wind weggetragen worden. Die drei verbrachten eine fürchterliche Nacht. Da sie nicht alle in den Schlafsack Pasang Dawa Lamas passten, deckten sich die Männer mit dem Schlafsack einfach zu.

Am nächsten Morgen – der geschwächte Wolfe wollte mit dem Schlafsack bleiben, wo er war – eilten Pasang Dawa Lama und Fritz Wiessner bergab zu Lager VI, »um eine Erklärung für das zu bekommen, was uns angetan worden war«.

Keine Menschenseele auch in Camp VI, keine Kocher, keine Schlafsäcke. Wir gingen hinunter zu den beiden nächsten Lagern – die gleiche schreckliche Enttäuschung. Völlig erschöpft wankten wir bis zu Camp II. Keine lebende Kreatur ist da ..., wieder keine Schlafsäcke oder Matratzen.
FRITZ WIESSNER

Der ganze Grat war abgeräumt. »Opfert man so menschliche Wesen?«, kritzelte Wiessner in sein Tagebuch. In Camp II mussten er und Pasang Dawa Lama eine Nacht so gut wie ungeschützt verbringen.

Stunden später taumelten die zwei Männer vom Abruzzi-Sporn auf den Godwin-Austen-Gletscher, wo sie O. Eaton Cromwell trafen: Cromwell suchte ihre Leichen.

Ingrimmig kündigte Wiessner im Basislager an, dass Dudley Wolfe all jene verklagen wolle, die für das Ausräumen der Lager verantwortlich zu machen seien. Cranmer und Sheldon hatten das Basecamp bereits verlassen. Cromwell und der Sherpa Tendrup, der die Mär von den Lawinentoten aufgebracht hatte, wollten am nächsten Morgen gehen.

Wiessner und Pasang Dawa Lama waren körperlich gebrochen. Ihre Zehen waren angefroren, ihre Glieder wenig mehr als Haut und Knochen.
GALEN ROWELL

••••• Amerikanische Expeditionen 1938 und 1939
—— Italienische Expedition 1954

Der K2 von Südosten mit der Aufstiegsroute von Wiessner

Nur der unglückliche Durrance und drei Sherpas blieben. Sie versuchten, gleich in Lager VII aufzusteigen, um Dudley Wolfe von dort zu bergen. Pasang Kikuli leitete die Rettungsaktion für Wolfe – mit einem abenteuerlichen Plan. In nur einem Tag wollten er und Sherpa Tsering bis zu Camp VI aufsteigen, wo bereits die Sherpas Pinsoo und Pasang Kitar warteten.

Am 28. Juli hatten Kikuli und Tsering tatsächlich 2300 Höhenmeter überwunden – eine Leistung, wie es sie bis dahin an einem Achttausender noch nie gegeben hatte. Tags drauf erreichten Kikuli, Kitar und Pinsoo endlich Dudley Wolfe – ein Wrack. Apathisch lag der Mann aus Maine in seinem Schlafsack. Das Zelt hatte er auch zur Verrichtung seiner Notdurft nicht mehr verlassen – seine Exkremente, die einen Teil des Proviants verdorben hatten, lagen auf dem Boden. Eine Botschaft Wiessners, die Kikuli ihm vorzeigte, wollte Wolfe nicht lesen – für den Abstieg sei er jetzt zu schwach, erklärte er; »morgen« aber sei er dazu »fähig«.

Ein heroischer Rettungsversuch von drei Sherpas konnte den Tod von Wolfe nicht abwenden. Auch Pasang Kikuli, einer der besten Hochträger aller Zeiten, und seine beiden Gefährten starben bei diesem heldenhaften, aber leider erfolglosen Unternehmen.
CHARLES HOUSTON

Die drei Sherpas stiegen ab ins Lager VI, wo sie Tsering, der dort geblieben war, von dem Gespräch mit Sahib Wolfe berichteten. Als sie nach einem Tag Aufenthalt im Zelt – draußen tobte ein Schneesturm – erneut zu Wolfe aufbrachen, wollten sie Wolfe eskortieren und für den Fall, dass er sich auch diesmal weigerte, eine schriftliche Bestätigung hierfür nach unten bringen.

Tsering, den der Gewaltaufstieg total erschöpft hatte und der deshalb im Lager blieb, sah seine Gefährten hoch am Abruzzi-Grat verschwinden. Sie kamen in den nächsten beiden Tagen nicht zurück – obwohl sie ihre Biwakausrüstung im Zelt Tserings deponiert hatten. Vor Angst und Kälte bibbernd schlug sich Tsering nun allein ins Basislager durch. Waren Wolfe und seine Retter noch am Leben? »Obwohl ich dabei meine Zehen verlieren werde«, wie er prophezeite, ging Wiessner erneut den K2 an – diesmal allein. Pasang Dawa Lama hatte aufgegeben. Freilich: Wiessner kam nur noch bis ins Camp II, in dem er noch einmal zwei Schlechtwettertage ausharrte. Dann kehrte er zurück ins Basecamp. Am 9. August verließen er und Pasang Dawa Lama ohne Hoffnung den K2.

Dudley Wolfe und das Zelt, in dem er lag, wurde von den nachfolgenden Expeditionen nicht gefunden – wahrscheinlich hat eine Lawine seine Sterbestätte weggerissen. Von den drei Sherpas fanden sich nur noch die Schlafsäcke in Lager VI. Sie selbst blieben verschollen. Erst 2002 wird Wolfes Leiche von einer spanisch-mexikanischen Expedition am Fuß des K2 entdeckt!

Der Kamerad und Mitstreiter am Berg bleibt ein unaufkündbares Element unseres Bergsteigens. Dabei wird es immer wieder kritische Situationen am Rande der Existenz geben, die uns unser Handeln vielleicht gar nicht voll verantwortlich bedenken lassen, sondern instinktives, intuitives Reagieren erfordern. Hochachtung vor dem, der sich in solchem Falle seiner menschlichen Verantwortung voll bewusst ist und der sich so verhält wie Fritz Wiessner seinerzeit kurz unterm Gipfel des K2.
DIETRICH HASSE

1953: Massensturz am K2

14 Jahre nach der Tragödie von Dudley Wolfe kamen wieder Amerikaner zum K2. Es war die erste Expedition auf neuem Staatsgebiet: Der ganze Karakorum zählte seit 1947 zur neu gegründeten Islamischen Republik Pakistan. Am 3. Juni 1953 landeten die Expeditionsteilnehmer im Indus-Tal bei Skardu. Der Anmarschweg war nun praktisch um die Hälfte abgekürzt, da die Route von Srinagar im indischen Teil Kaschmirs durch eine Waffenstillstandslinie gesperrt worden war – als Folge des Kasch-

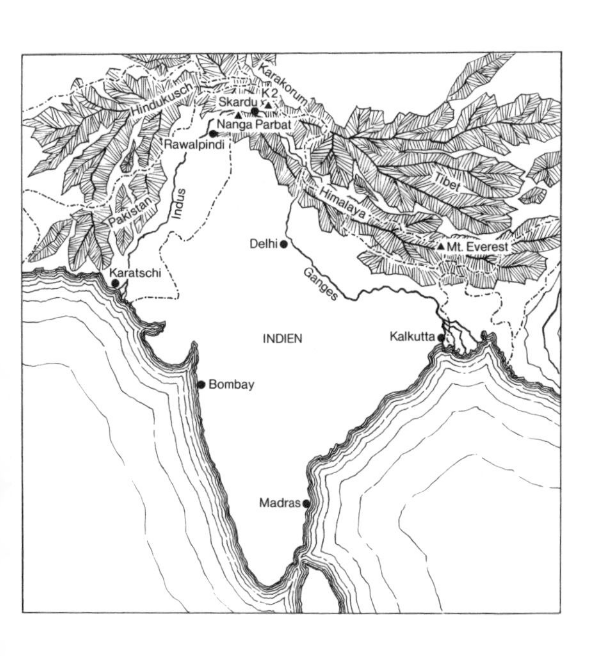

Veränderte politische Situation: Seit 1947 gehört der Karakorum mit dem K2 zu Pakistan

Für seinen neuen Angriff am K2 hatte Houston die sieben stärksten US-Alpinisten aufgeboten. Dafür musste der bergsteigende Arzt erstmals am K2 ohne Sherpas auskommen: Pakistans Regierung schickte die Nepalesen an der Grenze wieder weg – sie galten als indienfreundlich und waren obendrein Buddhisten. Seit damals wird in Pakistan ohne Sherpas als Hochträger gearbeitet.
REINHOLD MESSNER

mir-Krieges zwischen Indien und Pakistan. Für die Alpinisten freilich bedeuteten die Flüge in das Indus-Tal einen enormen Zeitgewinn: Nur 26 Tage nachdem sie die USA verlassen hatten waren die acht Bergsteiger am Fuß des K2 angelangt.

Die Aufstiegsroute über dem Abruzzi-Grat war dem Expeditionschef gut vertraut: Es war Charles S. Houston, der inzwischen promoviert hatte und eine Arztpraxis in New York City führte. 1950, zwölf Jahre nach seinem ersten K2-Abenteuer, hatte Houston seine zweite Pioniertat im Himalaja vollbracht – als er den Mount Everest erstmals von Süden her erkundete. Ironie des Schicksals: Fünf Tage vor der Landung in Skardu wurde der Mount Everest zum ersten Mal bestiegen – über die von Shipton und Houston explorierte Khumbu-Route.

Als die acht Kletterer, ergänzt durch den Briten Tony Streather, in geheimer Wahl darüber abstimmten, wer den Gipfelangriff führen sollte, bestimmten sie George Bell und Bob Craig als erstes Paar. Ihnen sollten Art Gilkey und Pete Schoening folgen.

Keiner der vier Jüngeren hatte Himalaja-Erfahrung. Die drei Veteranen dagegen gingen als Letzte aus der Wahl hervor: Charles Houston selbst und Robert (Bob) Bates, die K2-Seilschaft von 1938.

Tony Streather schließlich, der den Hindukusch-Giganten Tirich Mir (7700 Meter) erstbestiegen hatte, wurde dem Alaska-Kletterer Dee Molenaar zugeteilt.

Wir acht, ganz allein hoch über der Welt, trotzten den Naturgewalten in ihrer wildesten Form. Weit entfernt von jeglicher Hilfe, nicht einmal ein kurzer Blick auf die Geborgenheit des Standlagers war uns gegönnt, es schien keinen Himmel über uns zu geben.
CHARLES HOUSTON

Houstons Team war rasch über den Abruzzi-Grat gestürmt und wähnte sich nur mehr 48 Stunden vom Gipfel entfernt, als Pakistans bisher verheerendster Monsun aufzog. Am K2 setzten die schlimmsten Schnee- und Höhenstürme ein, seit dort Bergsteiger versuchten, seinen Gipfel zu erreichen.

Während der ersten Tage blieben Houstons Männer, die sich knapp 8000 Meter hoch in Camp VIII versammelt hatten, einfach in den Schlafsäcken liegen – angezogen mit allem, was sie an Bekleidung hatten. Treibschnee drang durch die Zelteingänge, der Orkan ließ es nicht zu, die Kocher anzuzünden. Houston wusste, dass die Eingeschlossenen in der Schneehölle verdursten würden, wenn es nicht bald gelingen würde, etwas von dem weißen Stoff zu schmelzen.

Um den Schnee mit Nährstoffen anzureichern und auf diese Weise genießbar zu machen, mischten ihn die Männer mit Pulvermilch und Marmelade. Den kalten Brei drückten sie an ihre Körper, um ihn, so vorgewärmt, überhaupt verdaubar zu machen.

Da wurde der Alptraum jedes Himalaja-Bergsteigers Wirklichkeit: Der Sturm zerriss das Zelt von Bell und Houston. Mit eisesstarren Stiefeln krochen sie zu Bates und Streather in das Zelt. Es war so niedrig konstruiert, dass man nicht aufrecht darin sitzen konnte. Für die Männer hatte der Leidensweg indessen erst begonnen. Am sechsten Tag zwängte sich Art Gilkey, Geologiestudent an der Columbia University, durch den Zelteingang nach draußen und fiel hin. »Mich hat ein Pferd in die Wade getreten«, fantasierte er, »aber morgen klart es wieder auf – was meint ihr?«

Georg Bell, 27-jährig, theoretischer Physiker aus Los Alamos in New Mexico, war der ruhigste und gleichmütigste von uns.
CHARLES HOUSTON

Houston, der den Kranken untersuchte, hatte so etwas bisher nur bei alten Patienten gesehen: Gilkey litt an Thrombophlebitis. Seine Wadenvenen waren so entzündet, dass die Gefahr eines Gefäßverschlusses akut war. In New York wäre Gilkey sofort operiert oder mit Antikoagulantien behandelt worden, mit denen die Blutgerinnsel sich verhindern lassen. An der Schulter des Abruzzi-Grats jedoch war Gilkey chancenlos. Houstons Team beschloss, den Sporn zu verlassen und Gilkey in das Basislager abzutransportieren.

Sieben abgehärmte, vom Wassermangel beinahe dehydrierte Alpinisten schleppten Gilkey, den sie in die Bahnen des vom Sturm zerfetzten Zelts gewickelt hatten, durch den Flockenwirbel abwärts. Unter der trügerischen Schneemasse war der Südostsporn des K2 mit blankem Eis bedeckt.

Am 9. August entwickelte sich in beiden Lungen Gilkeys eine Embolie, er litt an Höhenhusten und sein Puls

Bob Bates war der gegebene Mann für den Posten des stellvertretenden Leiters: Er war bereits 1938 mit mir am K2 und hatte außerdem eine eindrucksvolle Liste von Besteigungen in Alaska und in den Alpen im Verlaufe von mehr als 22 Jahren aufzuweisen. Er hat zudem die wunderbare Eigenschaft, humorvoll und stets guter Laune zu sein.
CHARLES HOUSTON

Art Gilkey war ein 26-jähriger Geologe aus Iowa mit viel Bergerfahrung in den westlichen USA.
CHARLES HOUSTON

war auf 140 Schläge pro Minute hochgeschnellt. Weil sich auf der breiten Fläche unterhalb der Schulter immer wieder Staublawinen lösten, kamen die anderen Männer überein, Gilkey über eine steile Felsrippe zu hieven, die ziemlich direkt auf das schmale Felsplateau von Lager VII führte.

Das war die Situation, als sich Pete Schoening an den schwierigsten Teil der Gilkey-Rettung machte: Gilkey musste über ein 15 Meter langes Felsenriff abgeseilt werden, das an einem steilen Eishang endete. Um sich selbst zu sichern, konstruierte Schoening eine Spezialsicherung. Er rammte zunächst seinen Pickel in das Eis – oberhalb von einem Felsblock, der höckerähnlich vor der Abbruchkante aus dem Gratstück ragte. Dann führte Schoening das Seil zwischen seinen Achseln um die Brust und nach oben um den Schaft des Eispickels.

Für den Fall, dass Gilkey ihm beim Abseilen entgleiten sollte, so Schoenings Idee, würde sein Körper gegen den Felsbrocken gepresst werden. Auf diese Weise ließe sich nicht nur der Sturz Gilkeys abfangen. Auch die beiden Fixpunkte – Eispickel und Fels – würden so vielleicht davor bewahrt, nach Art eines Champagnerkorkens aus dem Eis zu platzen.

Der 26-jährige Pete Schoening aus Seattle im Staate Washington hat viele Touren in den Olympics, dem Kaskadengebirge und den Rockies hinter sich.
CHARLES HOUSTON

Dee Molenaar, ebenfalls Geologe, hat viele Bergfahrten in der Sierra Nevada, den Rocky Mountains und den Tetons gemacht.
CHARLES HOUSTON

Vorsichtig ließ der physisch stärkste Teilnehmer der Expedition Gilkey an dem Felsabsturz hinunter. Dabei gab es keine Komplikationen. Die anderen Männer konnten nun nacheinander folgen, um den Schwerkranken aufzunehmen und nach Camp VII zu befördern, das nur 90 Meter weit entfernt lag.

Da geschah es. George Bell, der sich bereits Zehen und Finger angefroren hatte, rutschte aus. Das gespannte Unglücksseil riss beim plötzlichen Hochschnellen ein zweites Seil, das über ihm gelegen hatte, mit sich. Dieses Seil verband Charles Houston und Bob Bates. Beide wurden sofort von dem Hang gerissen, den sie traversieren wollten und auf dem sie eben erst gestanden hatten. Nun schrie Dee Molenaar, der Art Gilkey nach dem

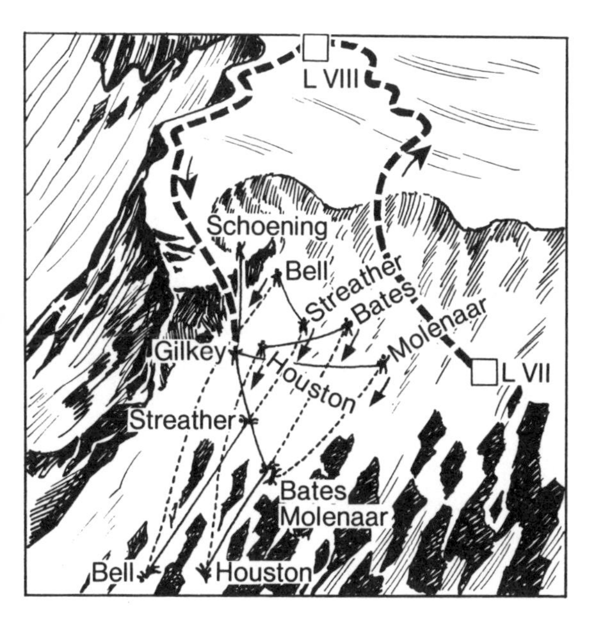

Der jähe Seilruck riss Tony Streather aus dem Stand – Streather flog wie eine Fliege in die Luft.
GALEN ROWELL

Skizze zum Massensturz

Abseilen auch noch ans Seil genommen hatte. Molenaar wurde unverzüglich weggewirbelt und verschwand in der Tiefe.

Der Massensturz führte direkt auf den größten Abgrund hin, der sich unterhalb der K2-Schulter auftut – am Rand des Abruzzi-Grats, der hier 2500 Meter tief auf den Godwin-Austen-Gletscher abbricht. Bates und Houston wirbelten zunächst voraus, gefolgt von Bell, der durch die ganze Gruppe raste.

Nur Bob Craig, der Skilehrer und Philosophiestudent, konnte sicher sein, zu überleben. Er hatte sich als Einziger nicht angeseilt und war schon an der Plattform von Camp VII angekommen. Entsetzt sah er von dort, wie die Fahrt des Seil- und Menschenknäuels an Geschwindigkeit gewann.

Bob Craig, ein 28-jähriger Philosophiestudent, hat während der letzten zwölf Jahre in den Rockies und in Alaska allerhand geleistet.
CHARLES HOUSTON

Jählings, in einer weißen Wolke aus Kristallen, wurde der Sturz aufgehalten. Das Seil straffte sich wie die Sehne eines Sarazenen-Bogens. Schoening meinte später, es sei »auf die Hälfte seines Durchmessers geschrumpft«. Was war geschehen? Die Seile der beiden stürzenden Partien

P. Schoening

Unsere tiefste und reichste Erfahrung erwuchs aus Kameradschaft, Mut, Stärke und Ausdauer unserer Mannschaft. Andere Bergsteiger haben Ähnliches erlebt. Aber nur sehr wenige mussten so lange auf solcher Höhe ausharren und sicher hat keine andere Mannschaft je das überlebt, was wir durchgestanden haben. Dass wir mit dem Leben davonkamen, verdanken wir der starken inneren Verbundenheit zwischen uns und der Hand Gottes, die uns in den Stunden der Not führte.

CHARLES HOUSTON

hatten sich in Schoenings Seil, das sich als Letztes spannte, wie in einer Fangschlinge verheddert – sogar Molenaar und Bates, die schon an den Rand der Eisflanke gerutscht waren, wurden noch gebremst.

Pete Schoenings Hände sahen aus wie geschmortes Fleisch – das durchjagende Seil hatte sogar die dicken Indianerhandschuhe, die er sich extra hatte machen lassen, versengt.

George Bell, ein Physikassistent an der Cornell University, fürchtete, dass nun auch seine Finger angefroren wären. Art Gilkey lag unbeweglich am Beginn des Quergangs zu Camp VII.

Am schlimmsten – offenbar mit einem Schädelbruch – war Charles Houston zugerichtet. Er lag immer noch im Schnee, als Bob Bates als Erster zu ihm kam. Bates' Aufforderung, mit ihm zu kommen, befolgte Houston nicht. »Wo sind wir?«, fragte er. Bates reagierte richtig: »Charlie«, sagte er, »wenn du jemals Dorcas und Penny wiedersehen willst, dann steige hier hinauf – und zwar sofort.« Der Hinweis auf Houstons Frau und auf seine Tochter zog – der Arzt und Expeditionsleiter schleppte sich mit Bates ins Lager VII.

Gilkey war unterdes mit zwei Eispickeln am steilen Hang verankert worden: Zunächst mussten seine Kameraden die Plattform von Camp VII größer machen, damit die Zelte für das ganze Expeditionskorps darauf Platz fanden. Dann querten Bates, Craig und Streather wieder zu der Stelle, an der sie Gilkey zuletzt gesehen hatten. Der Platz war leer – Gilkey war, mitsamt den beiden Pickeln, an die er festgebunden war, verschwunden.

Houston fiel in der Biwaknacht von Lager VII ins Delirium. »Ich kenne das gut«, stammelte er, »ich habe das studiert. In drei Minuten sind wir alle tot, wenn wir nicht sofort ein Loch ins Zelt schneiden.«

Am Tag darauf, während des Abstiegs in Camp VI, fanden die Geschlagenen Seil- und Kleiderfetzen, die mit Blut verschmiert waren. Sonst gab es von Gilkey, von dem die Spuren stammen mussten, keine Hinterlassenschaft.

Täglich kletterten die US-Amerikaner nun zehn Stunden spornabwärts, wobei Bell schlimme Qualen leiden musste. Seine schwarz angelaufenen Füße waren so geschwollen, dass seine Stiefel an den Seiten aufgeschnitten werden mussten.

Oberhalb von Lager II beendeten die Hunza-Höhenträger den Leidensweg des Houston-Teams. Sie eskortierten die Bergsteiger, die sie schon für tot gehalten hatten, in das Basislager. Dort gab es für die Männer erstmals seit zwölf Tagen wieder warmes Essen, Tee, trockene Schlafsäcke und Massagen an den angefrorenen Gliedmaßen.

Am Zusammenfluss des Godwin-Austen- mit dem Savoia-Gletscher errichteten die Amerikaner eine Gedenkstätte für Gilkey und die Toten von der Wiessner-Expedition. »Wir kamen als Freunde«, sagte Houston, »wir gehen als Brüder.«

Am allerwichtigsten ist die Wahl der Expeditionsteilnehmer.
CHARLES HOUSTON

1954: Erste Besteigung: »Vittoria« – die Eroberung des »Kappa due«

1953 wurde der Gipfel des Mount Everest von Edmund Hillary und dem Sherpa Tensing Norgay erstmals betreten. Ein Jahr später erreichten zwei Teilnehmer einer riesigen, national betonten Expedition aus Italien die Spitze des K2: Lino Lacedelli und Achille Compagnoni. Ein Überraschungserfolg, der den Chef der Equipe, Ardito Desio, zu den Worten hinriss: »Erhebt eure Herzen, meine lieben Kameraden! Durch euer Verdienst wird heute unserem Italien ein grandioser Sieg beschert. Ihr habt ... bewiesen, was Italiener zu leisten imstande sind, wenn sie der feste Wille zum Gelingen beseelt!«

A. Compagnoni

Von Hillary bis heute wurde der Everest über 1500-mal bestiegen. Und diese Zahl steigt mit wachsendem Andrang. Denn die »Normalroute« zum Gipfel weist bis auf den Khumbu-Eisfall im unteren Teil rein bergsteigerisch keine großen Schwierigkeiten auf. Der K2-Gipfel dagegen ist seit der Erstbesteigung erst von wenig mehr als 200 Menschen erreicht worden.

L. Lacedelli

A. Desio

Ein Jahr nach dem Massensturz der Amerikaner schon wurde die Gilkey-Gedenkpyramide mit einer weiteren Inschrift versehen: Mario Puchoz, 20.6.1954.

Eine italienische Expedition sollte für das Vaterland bergsteigerische Ehren am K2 erringen, nachdem Franzosen an der Annapurna, Engländer am Mount Everest und Hermann Buhl am Nanga Parbat ihre Landesflagge gehisst hatten. Die Leitung wurde Professor Ardito Desio anvertraut, dem bekannten Mailänder Geologen, Karakorum-Kenner und Organisator.

Die Bergsteigermannschaft war außerordentlich stark: Erich Abram, Ugo Angelino, Walter Bonatti, Achille Compagnoni, Cirillo Floreanini, Pino Gallotti, Lino Lacedelli, Mario Puchoz, Ubaldo Rey, Gino Soldà, Sergio Viotto, der Arzt Dr. Guido Pagani und der Kameramann Mario Fantin.

Infolge des schlechten Wetters kam es zu großen Schwierigkeiten mit den Trägern. Während der Juni sonst der Gutwettermonat ist, gab es diesmal im Frühsommer schwere Schneestürme, welche die Arbeiten am Abruzzi-Grat behinderten.

Mario Puchoz erkrankte an »Höhenhusten« und Kehlkopfentzündung, eine Lungenentzündung folgte. Er starb am 20. Juni in Lager II, als sechstes Opfer des K2.

Walter, Erich und Mahdi wollen sofort weiter hinaufsteigen. Mit den zwei Sauerstoffsets. Sie tragen abwechselnd, bis sie Achille und Lino gegen Abend erreicht haben. Gegen 19.30 Uhr kommt Erich und erzählt mir, dass Walter und Mahdi weitersteigen. Sie sind aufgebrochen, als er sie verließ.

PINO (GUISEPPE) GALOTTI

Doch der Kampf ging weiter. In zwei Monaten gab es über 40 Sturmtage. Allmählich wurden die Hochlager vorgeschoben. Am 25. Juli konnte Lager VII an der Schulter errichtet werden. Am 28. Juli erreichte der Vortrupp, der aus Compagnoni, Lacedelli, Abram, Gallotti und Rey bestand, den Platz für Lager VIII in der Nähe des Schultergipfels.

Am 30. Juli kämpften sich Compagnoni und Lacedelli bis an den Fuß des großen dunklen Felsgürtels vor und erstellten bei etwa 8050 Meter Lager IX, das Sturmlager für den Schlussangriff.

Der Südtiroler Abram, Walter Bonatti und der Hunza-Träger Mahdi versuchten, Sauerstoffgeräte und

Die K2-Mannschaft 1954, ganz rechts (sitzend) Bonatti

Proviant hinaufzubringen, konnten aber Lager IX vor Einbruch der Nacht nicht mehr erreichen. Abram war noch rechtzeitig abgestiegen und gelangte ins Lager VIII zurück, aber Bonatti und Mahdi mussten in über 8000 Meter Höhe biwakieren. Verzweifelt suchten sie nach Compagnoni und Lacedelli. Voller Sorge rief Bonatti wieder und wieder ihre Namen. Warum antworteten sie nicht? Mahdi ging es schlecht, er brüllte wie ein Besessener, unverständliches Zeug. Da leuchtete plötzlich unterhalb des rechten Felsrandes ein Licht auf, Lacedelli meldete sich: »Habt ihr den Sauerstoff?«, rief er.

»Ja«, antwortete Bonatti.

»Gut, lasst ihn da und geht sofort zurück!«

»Ich kann nicht«, erwiderte Bonatti, »Mahdi schafft es nicht. Er ist von Sinnen.«

Unterdessen hatte sich Mahdi erhoben. Tastend ging er im Dunkeln umher und dann auf den steilen Eishang zu, von wo der Schein der Taschenlampe herüberleuchtete. Plötzlich verschwand das Licht. Bonatti dachte, die Kameraden kämen ihm zu Hilfe. Doch er wartete vergebens. Erneut rief er, aber niemand meldete sich. Eine dunkle und kalte Nacht folgte. Die schlimmste Nacht im Leben des großen Bergsteigers. Sie prägte sein Leben.

Die erfolgreiche K2-Expedition war eine gut organisierte »Materialschlacht« und die vorbildliche Leistung einer ganzen großen Mannschaft.

GÜNTER OSKAR DYHRENFURTH

Sauerstoff, 19 Kilogramm kostbare Last, die uns mit der geeigneten Maske sofort einen Sauerstoffgehalt wie auf 6000 Metern verschaffen könnte. Man müsste nur einen Hahn aufdrehen; zum Teufel mit den Masken und Mischgeräten, wir haben sie ja nicht, sie sind in den Rucksäcken von Lacedelli und Compagnoni.

WALTER BONATTI

Plötzlich heftige Windstöße, die Bonatti und Mahdi den eisigen Pulverschnee ins Gesicht und unter die Kleidung trieben. Mühsam gelang es ihnen, mit den Händen wenigstens Nase und Mund zu schützen, um nicht zu ersticken. Wie Schiffbrüchige im aufgewühlten Wasser klammerten sie sich ans Leben.

Am anderen Morgen ließ der Wind nach. Bonatti konnte das Zelt der Gipfelmannschaft nicht erkennen. Er buddelte die Sauerstoffgeräte aus dem Schnee und ließ sie stehen. Dann begann er den Abstieg. Mahdi war schon bei der ersten Morgenhelle auf und davon geeilt.

Am selben Morgen stiegen Lacedelli und Compagnoni ein Stück ab und fanden die Sauerstoffgeräte. Sie rüsteten sich zum Gipfelgang. In dem tiefen Schnee war die Rinne, die den Felsgürtel durchreißt, nicht begehbar. Compagnoni versuchte es in den Felsen, stürzte und landete im Schnee. Lacedelli zog seine Fausthandschuhe aus und erkletterte oberhalb vom »Flaschenhals« eine 30 Meter hohe Steilstufe. Über der Felsmauer dann grundloser Pulverschnee. Sie waren jetzt weit oberhalb der großen Séracs. Waren die Sauerstoffflaschen leer? Nein, Compagnoni und Lacedelli trugen weiterhin die Masken vor den Gesichtern. Vorwärts! Bis zum Kollaps? Mit gewaltigem Willenseinsatz arbeiteten sie sich weiter die endlosen Schneehänge empor und standen schließlich um 18 Uhr des 31. Juli auf dem Gipfel.

Nach einem halbstündigen Aufenthalt begannen sie den abenteuerlichen Abstieg, bei dem es infolge der Dunkelheit und ihrer furchtbaren Erschöpfung zu lebensgefährlichen Zwischenfällen kam: Abgang eines Schneebretts; Sturz des einen, der den anderen mitriss; Verlust eines Pickels; Erfrierungen; Überschreitung eines großen Schrundes, wobei Compagnoni 15 Meter tief stürzte. Beim weiteren Abstieg rutschte Compagnoni wieder aus, sauste an die 200 Meter weiter hinunter, dem Rand des großen Ostabsturzes zu, wo er glücklicherweise im weichen Schnee zum Halten kam.

A. Compagnoni

Den Endsieg entschied der unbedingte Einsatz zweier kühner Männer – Achille Compagnoni (Val Furva) und Lino Lacedelli (Cortina d'Ampezzo). Natürlich standen sie auf den Schultern ihrer Kameraden, und die italienische Groß-Expedition als Ganzes hatte die amerikanische Expedition 1938, 1939 und 1953 zur Voraussetzung.

GÜNTER OSKAR DYHRENFURTH

Knapp vor Mitternacht waren sie im Lager VIII zurück und konnten mit ihren Kameraden den Gipfelerfolg feiern.

23 Uhr. Fünf Herzen freuen sich in den Zelten von Lager VIII über die Eroberung ebendieses Gipfels: Abram, Gallotti, Compagnoni, Lacedelli und ich. In diesem Moment, aber nur in diesem Moment, zwinge ich mich dazu, alles andere zu vergessen. Aber es wäre nicht richtig, eine solche Erfahrung für immer aus dem Gedächtnis zu tilgen. Solche Erfahrungen prägen unauslöschlich die Seele eines jungen Mannes und erschüttern seine noch unreife geistige Ordnung.
WALTER BONATTI

1960, 1975, 1976: Drei gescheiterte Expeditionen

Nach der Erstbesteigung wurde der K2 Jahre in Ruhe gelassen, auch infolge des eingeschränkten Zugangs in die Region. Spannungen an der Grenze zwischen Pakistan und Indien wegen Kaschmir und Grenzdiskussionen zwischen Pakistan und China veranlassten die pakistanische Regierung, die Grenzen zu schließen. Die Nordseite des K2 wurde chinesisches Territorium.

Die amerikanisch-deutsche K2-Expedition 1960 wurde von Major W. D. Hackett geleitet. Ihr gehörten neben den Deutschen Ludwig Greißl, Dr. Wolfgang Deubzer, Günther Jahr und Herbert Wünsche die Amerikaner Davis Bohn und Lynn Pease an. Sie blieben am Ende des Abruzzi-Grats im Schneesturm stecken.

Noch weniger hoch kam 1975 James Whittakers Team am Nordwestgrat. Es gab Differenzen in der Mannschaft.

Auch die Polen, die 1976 den Nordostsporn angriffen, erreichten den Gipfel nicht. Trotzdem zählt der Erfolg dieser starken polnischen Gruppe, die von Janusz Kurczab geleitet wurde, zu den herausragenden Taten am K2.

Den 1902 von Eckenstein erkundeten Grat gingen die 19 Polen mit Erfahrung und Einsatz an. Sie überwanden die Hauptschwierigkeiten, das flache Mittelstück. Am 12. August wurde unter der Gipfelpyramide, 7900 Meter hoch, ein letztes Lager (VI) eingerichtet. Zwei Gipfelangriffe folgten: am 14. August durch Leszek Cichy und Jan Holnicki-Szule. Sie gaben unter einem Felsband in etwa 8200 Meter Höhe auf. Am 15. August versuchten es Eugeniusz Chrobak und Wojciech Wroz, die gut 200 Höhenmeter weiter kamen. Der tiefe Schnee, V. Grad im Fels und Lawinengefahr konnten sie nicht bremsen. Nun waren sie zu spät dran, die Sauerstoffvorräte gingen zu Ende, das Wetter war unsicher. Um 18 Uhr gaben sie auf.

Die Gipfelpyramide des K2 mit dem Umkehrpunkt der Polen

I. Yoshizawa, der Leiter der Expedition von 1977

1977: Die Japaner schaffen die zweite Besteigung des K2

Die Japaner setzten bei diesem Massenansturm nicht weniger als 42 Kletterer ein, um immer eine Menge frische Seilschaften zu haben, die im Stafettensystem aufwärts robbten und einander ständig ablösten. 1500 Balti-Träger brachten das Material für diese Schlacht ins Basislager. Hochträger aus Hunza, Skardu und Kapalu schleppten es bis ins letzte Camp unter die Gipfelpyramide.

Die drei Japaner, die den Gipfel des K2 als Erste ihrer Truppe erreichten, meldeten in ihrem Originalbericht denn auch pflichtschuldig: »Um 18.50 Uhr standen wir endlich auf dem Gipfel. Die Freudenrufe des Leiters, seines Stellvertreters sowie aller Mitglieder im Basislager konnten wir über Funk hören. Endlich hat sich die Anstrengung der 39 Freunde gelohnt.«

1978: Die Amerikaner und ein erfolgloser Versuch der Briten

Auch die Amerikaner, die 1978 vier Mann auf den K2-Gipfel brachten, traten mit mehr als einem Dutzend

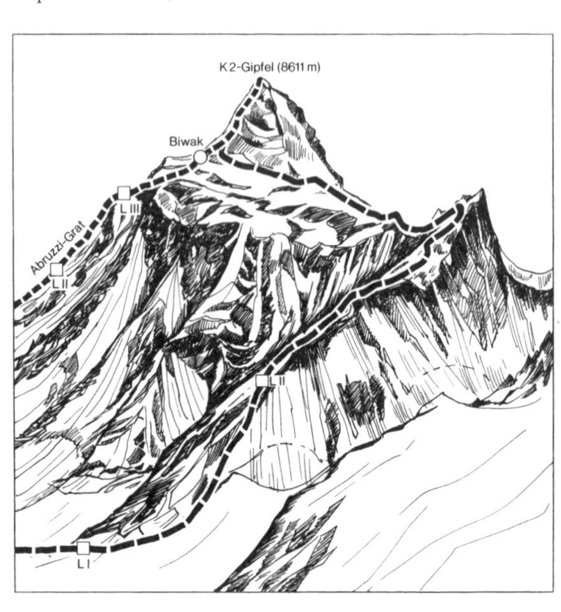

Links der Abruzzi-Grat, rechts die Route der Amerikaner 1978

Bergsteigern an, darunter drei Frauen – zwei zum Klettern und eine als Köchin im Basecamp. Auch hier hatten die meisten im Team nur die Aufgabe, den beiden Gipfelseilschaften die Route so vorzubereiten, dass sie möglichst ausgeruht zur Endphase des Aufstiegs starten konnten.

Die 14 Amerikaner gingen den Berg auf einer im unteren Teil zwar neuen Route (Nordostgrat) an, mussten aber im entscheidenden oberen Drittel gleichfalls auf die Italiener-Route einschwenken. Vier Amerikaner drangen zum Gipfel vor – einer davon ganz ohne Sauerstoffmaske, zwei benützten ihre Maske nicht. Diese Route, die bis 2004 nicht wiederholt wurde, ist schwierig.

Wenige Monate vorher war Bonington mit dem Tod Estcourts auf der gegenüberliegenden Seite des K2 bei seinem Versuch, eine neue, schwierigere Route zu meistern, gescheitert. Der britische Bergsteiger versuchte sich zusammen mit den hartgesottenen Partnern, mit denen er 1975 die grimmige Südwestwand des Mount Everest überwunden hatte, am Westgrat.

Auch Boningtons Team hatte nur acht Bergsteiger, konnte aber bis auf die halbe Höhe seiner Route auf der Westseite einheimische Hochträger einsetzen. Zudem wollte Bonington ab 8000 Meter Höhe Sauerstoffmasken verwenden.

Am 12. Juli, bei grellem Sonnenschein nach zwei Tagen Schneefall, stiegen Doug Scott und Nick Estcourt von Camp I nach Camp II. In gut 100 Meter Abstand voneinander überquerten sie ein breites Schneefeld unter dem Westgrat. »Auf mich wirkte das Schneefeld sicher«, erklärte Chris Bonington später. »Wir hatten schon einige überquert, die viel verdächtiger aussahen.« Der vorausgehende Doug Scott war nur noch zehn Meter von Camp II entfernt, als er zweimal einen lauten Knall hörte. Im Schneefeld hinter ihm hatten sich die Neuschneemassen vom oberen Hangende gelöst und rutschten »mit der unaufhaltsamen Wucht von hundert Bulldozern« in die Tiefe.

K2 von Westen

Vom Lager I aus beobachteten Expeditionsarzt Jim Duff und Chris Bonington, wie die Lawine vor ihnen hinab auf den Negrotto-Gletscher donnerte. Bonington griff zur Kamera und fotografierte sie – ohne zu ahnen, dass sein Freund Nick Estcourt von dieser Lawine mitgerissen worden war.

Als das Lawinengrollen verebbte, glaubte Jim Duff, Schreie aus der Gegend von Camp II zu hören. Bonington betätigte sein Walkie-Talkie und erreichte Scott, der ihm weinend meldete: »Nick ist weg …«

Bonington brach das Unternehmen ab und hätte es selbst dann abbrechen müssen, wenn er und seine Gefährten vom Tod Estcourts nicht so tief getroffen worden wären. Denn wenn man nur zu acht zum K2 geht, ist keiner zu entbehren, zumal ein zweiter Mann des britischen Teams an Bronchitis und Höhenhusten litt. Ebendies ist das besondere Risiko kleiner Expeditionen.

1979: Erfolgreiche internationale Kleinexpedition auf dem Normalweg und Franzosen am Südwestpfeiler

Zwei Monate nach Reinhold Messners und Michel Dachers Gipfelsturm auf den K2 über den Abruzzi-Grat im Rahmen von Messners Kleinexpedition scheiterte eine französische Großexpedition am K2. Ihr Ziel war der Südwestpfeiler, rechts der Südwand, von Reinhold Messner »Magic Line« getauft.

Es war wie ein Abnutzungskrieg. Nie zuvor gab es in den Bergen eine Schlacht solchen Ausmaßes.
ROBERT PARAGOT

Vom 6. Juli an kroch in mehreren Schüben ein wahrer Heerwurm den Godwin-Austen-Gletscher hinauf, die größte Expedition des Jahres, aus Frankreich kommend und unter dem Protektorat des alpinistisch engagierten Staatspräsidenten Giscard d'Estaing persönlich: 14 der besten Kletterer der Westalpen unter Führung von Bernard Mellet und Yannick Seigneur; Hilfs- und Filmpersonal, nicht weniger als 1200 Träger für 30 Tonnen Material! Eine Expedition der traditionellen Art; eine echte nationale Prestige-Expedition, wie nur Japaner und Franzosen sie noch zustande bringen.

Mellets Mannschaft passierte, angeführt von Ivan Ghirardini, das Camp der deutsch-österreichisch-italienischen Konkurrenz, um 300 Meter weiter ihre Zeltstadt am Fuß des K2 zu etablieren.

Das hier oben ist die Hölle!
IVAN GHIRARDINI

Fünfmal zwischen dem 7. August und 25. September versuchte die Truppe, den K2-Gipfel zu stürmen. Sieben Mann kamen 8200 Meter hoch, ohne Sauerstoffgeräte zu benutzen.

Mitte August gab es einen Todesfall: Der Hunza-Träger Lashkar Khan, der mit 15 Kilo auf dem Rücken zum Camp IV (7740 Meter) aufstieg, erlitt einen Herzinfarkt. »Er schrie kurz auf und fiel ins Seil«, berichtete Ghirardini, der dabei war. Die Leiche zwängte er in einen Spalt. »Aus dieser Höhe ist ein Abtransport nicht möglich.«

Den Franzosen ging im entscheidenden Moment der Mut ab, vorzustoßen in das unbekannte Nichts über ihnen.
REINHOLD MESSNER

Doch auch der 26-jährige Ghirardini war beim Finale machtlos. Allein kroch »Kamikaze«, wie ihn seine Freunde nennen, am 4. September in eine Höhle, die er in 8250 Meter Höhe in das Eis gehauen hatte, um darin zu biwakieren. Dabei erlitt er Erfrierungen an den Zehen.

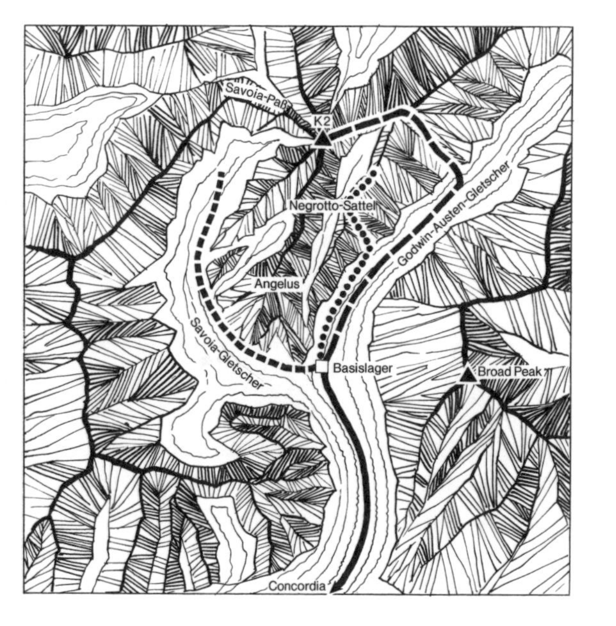

K2 mit den Erkundungsrouten der Messner-Expedition von 1979:
—— Anmarschweg
- - - - Erkundung Dacher/Schauer
• • • • • Erkundung Messner/Mutschlechner
— — — Abruzzi-Grat

R. Messner am Gipfel

Das Mammut-Unternehmen der Franzosen scheiterte – wenige hundert Meter unterhalb des Gipfels.

Jean-Marc Boivin stellte im Rahmen dieser Expedition einen Rekord mit dem Paraglider auf: Er startete vom großen Schneefeld (»Pilz«, ca. 7700 Meter) und flog bis ins Basislager.

1981: Japaner am Westgrat

Auf der Briten-Route von 1978/1980, am Westgrat entlang, gelang es japanischen Bergsteigern, 8200 Meter zu erreichen. Nun folgten sie einem Schneeband quer über die Westwand bis zur Spitze des Südwestgrats. Die Route, die 52 Klettertage in Anspruch nahm, wurde mit 5500 Metern Fixseil präpariert. Am 6. August stiegen Eiho Ohtani, Matsushi Yamashita und Nazir Sabir an Fixseilen zum Gipfel auf. Zuerst mit künstlichem Sauerstoff. Aber auf 8300 Meter Höhe waren ihre Sauerstoffgeräte bei der schwierigen Kletterei hinderlich. Gegen Abend waren sie auf 8470 Meter Höhe. Ohne Ausrüstung oder Nahrung wurde in einer Schneehöhle biwakiert. Am nächsten Morgen kletterten sie weiter. 50 Meter unterhalb des Gipfels sprachen sie per Funk mit dem Teamleiter. Dieser riet zum Abstieg. Zu müde, um weitermachen zu können, zögerten die Japaner. Nazir Sabir aber, ein Hunza-Hochträger, selbst ein führender Bergsteiger, wollte den K2 besteigen. Nach 45 Minuten hitziger Diskussion waren sie schließlich mit dem Leiter einig, den Aufstieg fortzusetzen. Yamashita, zu erschöpft, wollte warten, Ohtani und Sabir kletterten weiter und erreichten eine Stunde später den Gipfel. Nach einem schauerlichen Abstieg erreichten alle drei extrem dehydriert das Basislager.

N. Sabir

1982: 1. Besteigung des K2 von Norden

Eine japanische Expedition versuchte den K2 über den Nordgrat. Auf der chinesischen Seite. Der Anmarsch, mit Kamelen, endete 15 Kilometer vom Gipfel entfernt. Wegen des Fehlens ortsansässiger Träger setzten die

Japaner zwei Teams ein. Spitzenkletterer und Hilfskletterer. Letztere sollten die Lasten bis zum Berg schleppen. Die vorausgehenden Bergsteiger folgten dem etwa 45 Grad steilen Nordgrat. Lager wurden aufgebaut und Seile fixiert. Unter dem Gipfel kletterten sie über ein Schneefeld links vom Grat. Hoch oben sahen sie ein polnisches Team, das den Nordwestgrat von Pakistan aus versuchte. Die Polen erreichten den Gipfel leider nicht, die Japaner dafür in Serie. Alle solo und ohne Sauerstoffflaschen. Naoé Sakashita, Yuihiro Yanagisawa und Hiroshi Yoshino erreichten ihn am 14. August. Vier weitere Japaner folgten am nächsten Tag. Alle sieben mussten auf ihrem Abstieg biwakieren, Yanagisawa ohne Daunenjacke oder Schlafsack. Er stürzte beim Abstieg und kam ums Leben.

1983: Internationales Team am Südsporn

1983 schaffte ein internationales Team, geleitet von Doug Scott, zwar nicht den Gipfel, aber den Südsporn links vom Abruzzi-Grat! Es erreichte eine Höhe nur wenige Meter von der Schulter entfernt.

1985

1985 kletterten elf Bergsteiger zum Gipfel. Alle über den Normalweg, einige ohne künstlichen Sauerstoff.

1986: Tragisches und Sensationshascherei!

Zehn Expeditionen, insgesamt 14 Unternehmungen, operierten 1986 am K2. Sie hatten jeweils eine Erlaubnis für den K2. Einige für den Normalweg, andere für neue Routen. Mit der Möglichkeit zu wechseln, wem die geplante Kletterei zu schwierig wurde, begann die Tragödie. Zwei Amerikaner, Alan Pennington und John Smolich, wurden am 21. Juni durch eine Lawine getötet. Zwei Tage später erreichten sechs Leute den Gipfel, Wanda Rutkiewicz als erste Frau. Liliane Barrard als zweite Frau kletterte zusammen mit ihrem Ehemann Maurice. Beide kamen beim Abstieg um. Am 5. Juli kamen weitere acht

K2 von Norden

Am Nordpfeiler

In diesem kritischen Zeitpunkt kamen uns Reinhold Messner und Beppe Tenti zu Hilfe. Die beiden haben unsere Unternehmung vielen Firmen und der Öffentlichkeit vorgestellt. Das hat es uns ermöglicht, Sponsoren zu finden.

WANDA RUTKIEWICZ

Bergsteiger zum Gipfel. Alle auf dem Normalweg, darunter Benoît Chamoux, der den Weg vom Basislager zum Gipfel in 23 Stunden schaffte.

Die K2-Südwand war mein Ziel. Zu 50 Prozent hatte ich sie in Gedanken bereits besessen. Zu Hause, wenn du wieder lebend auf dem Sofa sitzt, wird dir diese Hälfte, die dir nicht gehört, endgültig aus den Händen gerissen.

REINHARD KARL

Am 8. Juli waren Jerzy Kukuczka und Tadeusz Piotrowski am Gipfel, nachdem sie die Südwand durchklettert hatten. Die beiden Polen waren Mitglieder einer internationalen Expedition. Die anderen Mitglieder kletterten am Normalweg, mit Ausnahme des Deutschen Toni Freudig. Dieser kletterte mit den Polen bis unterhalb der Sérac-Barriere. Vorhergehende Expeditionen und die anderen Teamkameraden hatten hier aufgegeben. Auf 7000 Meter wurde ein Depot eingerichtet. Nach einer durch schlechtes Wetter bedingten Pause kehrten Kukuczka und Piotrowski zurück in die Wand. Sie veranschlagten zwei Tage bis zum Depot und zwei weitere für die Gipfelwand. Doch sie brauchten weitere zwei Tage. Am ersten schaffte Kukuczka nur 30 Meter im Vorstieg. Die härteste Kletterei, die er je in solcher Höhe gewagt hatte. Im Biwak verloren die Polen ihre letzte Gaskartusche. Mit einer Kerze schmolzen sie Schnee. Einen Becher nur. Dann erreichten sie den Gipfel, stiegen Richtung Schulter ab, mussten aber erneut biwakieren. Sie stiegen auf der Originalroute ab, völlig dehydriert, bei scheußlichem Wetter. Piotrowski verlor seine Steigeisen und stürzte ab, Kukuczka kam durch. Diese Neutour ist vielleicht seine kühnste Erstbegehung an den Achttausendern. Nie war er der Leistungsgrenze so nahe.

Ein paar Tage nach dem Erfolg der beiden Polen stürzte der Italiener Renato Casarotto nach einem Solo-Versuch auf der »Magic Line« in eine Spalte und kam dabei um.

Was am K2 in diesem Schreckensjahr falsch gemacht wurde, mussten in den ersten August-Tagen sechs hervorragende Bergsteiger mit ihrem Leben bezahlen.

KARL M. HERRLIGKOFFER

Wenige Wochen nach den ersten Tragödien kam es zu weiteren Katastrophen. Am 1. August kamen drei Österreicher, Willy Bauer, Alfred Imitzer und Hannes Wieser, auf der Schulter mit den drei Koreanern Chang Bong-Wan, Chang Byong-Ho und Kim Chang-Sun zusammen. Der Österreicher Kurt Diemberger und die Britin Julie Tullis, beide Überbleibsel einer italienischen

Expedition, Alan Rouse, auch er Mitglied einer anderen Expedition, und die Polin Dobroslawa Wolf vom »Magic-Line«-Team kamen dazu. Die zehn Bergsteiger mussten sich drei viel zu kleine Zelte teilen. Die drei Koreaner stiegen zum Gipfel und kehrten dann zum Lager IV zurück. Die anderen zögerten, konnten sich noch nicht zum Gipfelgang entscheiden. Am 3. August 1986 schafften die Polen Przemyslaw Piasecki und Wojciech Wroz sowie der Tscheche Peter Božík die »Magic Line«. Wroz kam zu Tode, als die drei über die Abruzzi-Route abstiegen. Die beiden anderen kamen noch zum Lager IV hinzu. Das Lager war komplett überbelegt und eine Katastrophe folgte.

Wir finden, dass ein Mann, der sein Leben für eine Passion nicht auf Spiel setzt, einem lebenden Toten gleicht.
MAURICE HERZOG

Am 4. August stiegen die beiden Bergsteiger des polnischen Teams und die drei Koreaner ab, fünf der verbliebenen Bergsteiger erreichten den Gipfel. Nun hielt ein Sturm die Bergsteiger fünf Tage lang im Lager IV eingeschlossen, währenddessen starb Julie Tullis. Am 10. August machten sich die restlichen Bergsteiger auf, um während einer Wetterberuhigung abzusteigen. Der bereits sterbende Rouse wurde im Lager IV zurückgelassen. Imitzer, Wieser und Wolf starben beim Abstieg, nur Bauer und Diemberger schafften es mit Erfrierungen bis zum Basislager. Das Ignorieren der Gefahren (Sturm, Wetterstürze, Höhe) und das Festhalten an einer heldenhaften Ideologie sind vielfach Auslöser solcher Katastrophen.

1987/1988

Ein internationales Team mit großteils polnischer Besetzung scheiterte bei dem Versuch der ersten Winterbegehung über den Abruzzi-Grat.

1990

1990 schaffte ein japanisches Team eine neue Route an der Nordseite durch die Nordwestwand, sie vereinigt sich bei ca. 7700 Meter mit der Nordgrat-Route.

K2 im Winter

C. Profit

P. Béghin am Nordhang des K2

1991

1991 vollendeten Pierre Béghin und Christophe Profit die ursprünglich polnische Nordwestgrat-Nordwestwand-Nordgrat-Route. In 40 Tagen erreichten die beiden am 15. August den Gipfel. Bei Anbruch der Nacht wurde das Blitzlicht ihrer Gipfelfotos von Trekkern am Concordia-Platz beobachtet.

1993

1993 war die erste kommerzielle Expedition am K2, sie brachte vier Bergsteiger auf dem Normalweg zum Gipfel.

1995

1995 war wieder ein Jahr der Tragödien am K2. Nach erfolgreichem Aufstieg wurden sechs Bergsteiger aus verschiedenen Expeditionen bei einem Höhensturm regelrecht vom Berg geweht. Sie kamen ums Leben.

1996

Der Japaner Masafumi Todaka schaffte den Abruzzi-Grat ohne Partner, allerdings kann die Besteigung nicht als Solo-Besteigung angesehen werden, da zur selben Zeit andere Bergsteiger auf der Route unterwegs waren. Alleingang bedeutet Auf- und Abstieg auf eigenständiger Route ohne andere Bergsteiger zu treffen.

1997

Im Rahmen einer japanischen Expedition kletterten zum ersten Mal seit 1939 wieder Sherpas im Karakorum. Sie erhielten die Erlaubnis jedoch nur, weil sie für das Permit als Bergsteiger angemeldet wurden.

1998/1999

In diesen beiden Jahren scheiterten alle Besteigungsversuche am K2.

1998

Eine japanische Expedition versucht einen Ballonflug über den K2, scheiterte aber dabei.

2002

Snowboardabfahrt aus 6300 Meter Höhe über den unteren Südsporn.

2004

Inzwischen sind kommerzielle Expeditionen, die mit Hilfe von Sherpas, Baltis und Hunza operieren, auch am K2 üblich. Einige Varianten werden geklettert, meist aber die präparierten Normalwege von Süden (zwei) und Norden (eine) wiederholt. In 50 Jahren haben gut 200 Bergsteiger den K2 erstiegen. Erst die Massenanstiege der letzten zwei Jahrzehnte haben zu dieser Zahl geführt. Die Tatsache, dass der K2 innerhalb der ersten 25 Jahre nach der Erstbesteigung nur von vier Expeditionen bezwungen worden ist, beweist, wie schwierig er ist. Absolute Meereshöhe, Steilheit und Exponiertheit in Rechnung gestellt, ist er wohl der schwierigste aller Achttausender.

Der K2 vom Concordiaplatz aus: der Tadsch Mahal des Karakorum.
REINHARD KARL

Bisher gibt es am K2 drei »normale« Anstiegsrouten, von denen der Südsporn links des Abruzzi-Grats nicht als selbstständiger Weg gezählt werden darf, weil er noch unter der Gipfelpyramide in die Route der Italiener von 1954 mündet. Darüber hinaus gibt es sieben schwierige Routen (plus Varianten), die selten begangen werden.

Links der K2, der Berg der Berge

Kurzchronik

Geographische Lage des K2:
35° 52' 55" n. Br. 76° 30' 51" ö. L.

1272/1274
Der Venezianer Marco Polo kommt auf seiner Reise zum Großkhan in China nahe am Karakorum vorbei.

1835/1838
G. T. Vigne unternimmt ausgedehnte Reisen in Kaschmir, Ladakh und Baltistan. Seine genauen Beschreibungen betreffen auch Teile des Karakorum.

1856
Der Münchner Forschungsreisende Adolf Schlagintweit dringt als erster Europäer in das Baltoro-Gebiet vor. Im August 1856 ist er in Askole und ersteigt den (östlichen) Mustagh-Pass.

1856
Capt. T. G. Montgomery, Vermessungsoffizier des britischen Survey of India, sichtet aus 200 Kilometer Entfernung im inneren Karakorum eine »Zusammenballung hoher Gipfel«. Er nummeriert die erkennbar höchsten mit K1, K2, K3 usw. Das K steht für Karakorum. Der viele Jahre später bekannt gewordene einheimische Name Chogori setzt sich gegen K2 im internationalen Gebrauch nicht durch.

1861
Der britische Colonel Henry Haversham Godwin-Austen, Vermessungsoffizier des Survey, erforscht, von einigen Balti begleitet, große Teile des westlichen Karakorum und seiner Gletscher. Ihm ist die erste Übersichtskarte

(1:500.000) zu verdanken wie auch die erste Beschreibung des Zugangs zum K2.

1888

Sir Francis Younghusband, in Indien geborener britischer Offizier und tüchtiger Asienforscher, kommt auf einer seiner weiten Reisen in den Karakorum und gewinnt »überwältigende Eindrücke« von den Bergriesen und Gletscherströmen.

1892

Der Engländer Lord William Martin Conway kommt bei seiner Forschungsreise bis an den Fuß des K2 heran.

1902

Eine Expedition unter Leitung von Oscar Eckenstein versucht die Besteigung des K2 über den Nordostsporn. Der obere Godwin-Austen-Gletscher wird erkundet und das »Windy Gap« erreicht. Vermutlich höchste Höhe am K2: gut 6000 Meter.

1909

Luigi Amedeo von Savoyen, Herzog der Abruzzen, erkennt bei seiner Expedition zum K2 im Südostsporn, später Abruzzi- oder Abruzzen-Sporn, die günstigste Aufstiegsroute. Die Expedition kommt über 6000 Meter nicht weit hinaus. Wertvolle fotografische Ausbeute.

Als Bergsteiger hatte Herzog Luigi Amedeo v. Savoyen den Ruf eines Pioniers. Mit dem besten Kletterer jener Tage, dem Briten Albert F. Mummery, bezwang er den Zmuttgrat am Matterhorn. Den Plan, 1897 den Nanga Parbat zu besteigen, gab der Herzog jedoch auf, weil in Nordindien die Beulenpest ausgebrochen war. Stattdessen schiffte er sich nach Alaska ein, wo er erstmals den Mount St. Elias (5495 m) bestieg – neun Gefährten waren bei der Expedition dabei.

JOACHIM HOELZGEN

1929

Der savoyische Fürst Aimone di Savoia-Aosta, Herzog von Spoleto, verzichtet bei seinem Plan, den K2 zu besteigen, später auf das bergsteigerische Ziel und arbeitet wissenschaftlich. Ein Spähtrupp steigt bis zum Fuß des Sella-Sattels an, um den Abruzzi-Grat zu studieren.

1937

Die Shaksgam-Expedition mit E. Shipton und M. Spender fotografiert und kartografiert die Nordseite des K2.

E. Shipton

A. Desio

Man muss sagen, dass die Expedition zum K2 nie und niemals ohne Ardito Desio, den Förderer und Organisator, zustande gekommen wäre. Er allein verfügte über die notwendigen politischen Kontakte und die Organisationskenntnisse. Der Beitrag Bonattis war ebenso wichtig: Nur dank der Sauerstoffflaschen, die er hinaufgeschafft hat, konnten Lacedelli und Compagnoni den 8611 Meter hohen Gipfel erreichen.

ALDO AUDISIO

1938

Der Amerikaner Charles Houston leitet eine Kleinexpedition zum K2, die über den Südostsporn – Abruzzi-Grat – aufsteigt und zwischen der Schulter und der »Schwarzen Pyramide« scheitert. Erstmals werden die Schlüsselstellen am Abruzzi-Grat geklettert. Diese erste Kleinexpedition kann, ohne den Gipfel erreicht zu haben, einen bedeutenden Erfolg verbuchen.

1939

Der Deutschamerikaner Fritz Wiessner kommt bei einem Gipfelangriff bis wenige hundert Höhenmeter unter die Spitze des K2 (vermutlich erreichte Höhe: 8382 Meter). Im Abstieg stirbt Dudley Wolfe. Beim Versuch, Wolfe zu retten, bleiben drei Sherpas verschollen.

1953

Charles Houston führt seine zweite Expedition zum K2. In knapp 8000 Meter angekommen, wird das Wetter schlecht. Die ganze Mannschaft steigt ab. Art Gilkey erkrankt. Beim Versuch, ihn abzuseilen, stürzen fast alle. Wie durch ein Wunder bleiben sie in den Seilen hängen. Art Gilkey wird nicht mehr gefunden.

1954

Eine italienische Großexpedition unter Leitung von Ardito Desio bezwingt den K2 nach langer Belagerung am 31. Juli. Lino Lacedelli und Achille Compagnoni erreichen den Gipfel über den Abruzzi-Grat.

1960

Major W. D. Hackett führt eine Expedition zum K2, an der nicht nur Amerikaner, sondern auch deutsche Bergsteiger teilnehmen. Man kommt am Abruzzi-Grat, dem Weg der Erstbesteiger, über die »Schwarze Pyramide« nicht weit hinaus.

1975

James Whittaker, der erste Amerikaner auf dem Mount Everest, scheitert mit einer starken US-Mannschaft beim Aufstieg vom Savoia-Pass aus.

Wir erspähen am letzten, Furcht erregend steilen Hang zuerst ein, dann zwei dunkle Pünktchen, die langsam, aber bestimmt weitersteigen.

PINO (GUISEPPE) GALOTTI

1976

Eine polnische Expedition, die von Janusz Kurczab geleitet wird, kommt am Nordostsporn bis knapp unter den Gipfel des K2. Weder technische Schwierigkeiten noch Lawinengefahr oder Neuschnee zwingen die Mannschaft zum Rückzug. Wegen Schlechtwetter und Zeitmangel müssen sie zuletzt jedoch aufgeben.

1977

Zweite Besteigung: Eine Riesenexpedition aus Japan bezwingt den K2 über den Abruzzi-Grat. Zwei Seilschaften mit einem einheimischen Hunza-Träger erreichen den höchsten Punkt.

1978

Ein britisches Team, das von Chris Bonington geführt wird, bricht den Versuch einer Erstbegehung des Westgrates nach dem Lawinentod von Nick Estcourt ab.
Der Amerikaner James Whittaker ist auf der Gegenseite, am Nordostgrat, mit zwei Gipfelseilschaften erfolgreich. Erste Besteigung ohne künstlichen Sauerstoff.

Die Achttausender der Erde sollten meiner Meinung nach mit genügender Akklimatisation statt künstlicher Sauerstoffhilfe erstiegen werden!

FRITZ WIESSNER

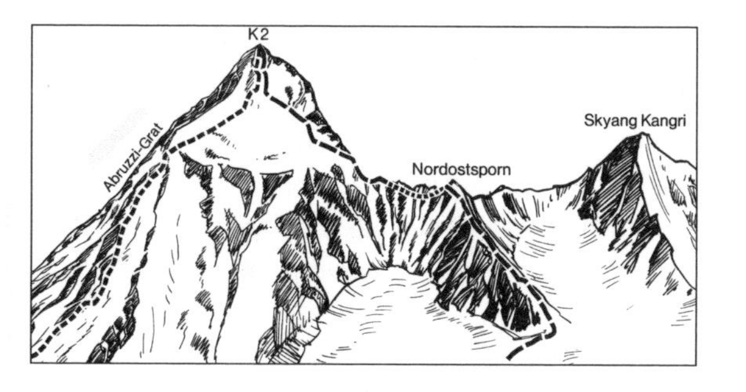

Der K2 von Nordosten, links der Abruzzi-Grat, rechts die Route der Amerikaner 1978

1979

Erstmals gelingt es einer Kleinexpedition, den K2 zu besteigen. Reinhold Messner gibt aus Sicherheitsgründen den ursprünglichen Plan, den Südwestpfeiler (»Magic Line«) zu erklettern, auf. Er erreicht mit Michl Dacher über den Abruzzi-Grat den Gipfel.
Zur gleichen Zeit beginnt eine französische Großexpedition den Aufstieg über dieselbe Route, die Messner angepeilt und nicht versucht hat. Die Franzosen scheitern zwischen »Pilz« und Gipfel. Jean-Marc Boivin fliegt mit dem Paraglider vom »Pilz« bis ins Basislager.

1980

kommt ein britisches Vier-Mann-Team zum Westgrat: Peter Boardman, Dick Renshaw, Doug Scott und Joe Tasker. Bei 7000 Meter verlässt Scott das Team. Die anderen versuchen den Aufstieg auf der Originalroute. Ihr Sturmlager auf 8100 Meter wird von Lawinen zerstört und sie überleben einen alptraumartigen Abstieg.

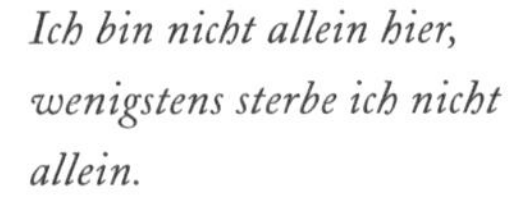

Ich bin nicht allein hier, wenigstens sterbe ich nicht allein.
REINHARD KARL

1981

ist ein französisch-deutsches Vier-Mann-Team an der Südwand. Leiter ist Yannick Seigneur. Bei 7400 Meter ist Schluss.
Japaner sind mit einer Erstbegehung am Westgrat erfolgreich.

1982

Ein japanisches Team erreicht über den Nordgrat den Gipfel.

Am Nordgrat des K2

1983

Die japanische Nordgratroute wird von einem italienischen Team wiederholt.
Ein internationales Team unter Leitung von Doug Scott klettert zum ersten Mal den Südsporn (Scott-Weg).

1986

ist das Jahr der Tragödien am K2: zwei Amerikaner werden durch eine Lawine getötet, Liliane und Maurice Barrard kommen beim Abstieg vom Gipfel um, Tadeusz Piotrowski stürzt in den Tod, nachdem ihm mit Jerzy Kukuczka der unglaubliche Erfolg in der Südwand gelungen war, Renato Casarotto stürzt bei einem Soloversuch in eine Spalte und stirbt. Wenige Wochen nach den ersten Tragödien kommt es durch Missverständnisse und Adhoc-Aufstiege mit schlechter Organisation zu einer prekären Situation im Lager IV: Viel zu viele Bergsteiger müssen sich zu wenige Zelte teilen und man wird sich nicht einig, wer wann einen Gipfelversuch starten darf oder soll. Ein Teil der Bergsteiger wird durch Sturm fünf Tage lang im Lager IV festgehalten, letztendlich kommen in den ersten August-Tagen noch einmal sechs Bergsteiger am K2 ums Leben.
Die Polin Wanda Rutkiewicz ist die erste Frau, die den Gipfel des K2 erreicht.

Alles Fels und Eis und Sturm ein Abgrund, der nicht im Leisesten human wirkt.
FOSCO MARAINI

Der Baltoro ist wie ein Riese, der sich im Schlafe unter seiner steinernen Decke hin und her wälzt.
CHARLES HOUSTON

1990

Einem japanischen Team gelingt eine neue Route auf der Nordseite.
Mountain Wilderness startet die »Free K2«-Aufräumexpedition.

1991

In Zweierseilschaft gelingt Pierre Béghin und Christophe Profit die erste Begehung des Nordwestgrates. Eine kühne Zielsetzung, guter Stil und ein großer Erfolg!

1992

beginnen die Serienaufstiege am Normalweg.

1993

sind sechzehn Bergsteiger erfolgreich.
Zweite Besteigung des K2 über die Westgratroute.
Die erste kommerzielle Expedition am K2.

An der Nordroute

Ab 1994

wird die Südsporn-Route (Scott-Weg) zum dritten Normalweg neben dem Normalweg am Nordgrat und dem Weg der Erstbesteiger, dem Abruzzen-Sporn.

1995

Sechs Bergsteiger erreichen am 13. August den Gipfel. Zu spät. Beim Abstieg fegt ein Sturm über den Berg. Die Spanier Javier Escartin, Javier Olivar und Lorenzo Ortic, die Britin Alison Hargreaves, der Amerikaner Rob Slater und der Neuseeländer Bruce Grant verschwinden. Sind sie in den Tod geblasen worden?

Im Sbaskamtal beim Anmarsch von Norden

1996

Alleingang des Japaners Masafumi Todaka (allerdings sind zur selben Zeit andere Bergsteiger auf seiner Route unterwegs).

1998/1999

Der K2 weist in diesen beiden Jahren alle Bergsteiger zurück.

2000/2003

Kommerzielle Expeditionen an den präparierten Routen werden die Regel. Damit sind Pionierleistungen nur noch an den neuen oder selten begangenen Wegen möglich und bleiben aus. Nach dem 22.07.2001 hat bisher kein Bergsteiger mehr den Gipfel erreicht.

2004

Zum 50. Jahrestag der Erstbesteigung finden K2-Feiern und Erinnerungsexpeditionen statt.

All diese Ideen und Vorstellungen, geboren auf dem Wohnzimmersofa, sind erfroren in der kalten Wirklichkeit des K2. Nicht plötzlich, sondern langsam, im Schneefall, mit wochenlangem Warten im kleinen Zelt, mit dem endlosen Rucksacktragen und der eisigen Einöde um uns herum, und durch unsere immer größer werdende Schwäche.

REINHARD KARL

Die Expeditionen zum K2

Jahr	Leiter/Teilnehmer	Expedition/Organisation	Route/Bemerkungen
1892	**William Martin Conway** (GB), **Major Charles Bruce** (GB), A. D. McCormick (GB), Matthias Zurbriggen (CH), Oscar Eckenstein (GB), 3 Gurkhas aus Nepal	Erste englische Karakorum-Expedition; Träger: Royal Society und Royal Geographic Society	Erste Expedition mit alpinistischen Absichten; Ergebnis: wertvolles topografisches und Kartierungsmaterial
1902	**Oscar Eckenstein** (GB), Aleister Crowley (GB), Jules Jacot-Guillarmod (CH), George Knowles (GB), Heinrich Pfannl (A), Victor Wessely (A)	Internationale Expedition; Finanzierung: George Knowles	Versuch am Nordostgrat, schwere Erkrankung Pfannls (Lungenödem), die Bergsteiger halten den K2 für unersteigbar
1909	**Luigi Amedeo von Savoyen, Herzog der Abruzzen,** E. Botta, Alexis und Henri Brocherel, 4 Träger aus Courmayeur, Filippo De Filippi, Frederico Negrotto, Joseph Pétigax, Vittorio Sella	Erste italienische Expedition; 330 Träger	Erster Versuch des Südostgrats, auf dem ein Lager auf 5560 m errichtet wird; an der Chogolisa (7654 m) werden 7500 m erreicht = Welthöhenrekord für 13 Jahre; großartige Fotoausbeute durch Vittorio Sella
1929	**Principe Aimone di Savoia-Aosta, Herzog von Spoleto,** u.a.: Ardito Desio	Italienische Großexpedition	Auf geplanten Aufstiegsversuch wird verzichtet, dafür vielseitige umfangreiche wissenschaftliche Feldarbeiten
1938	**Charles S. Houston**, Richard L. Bursdall, Robert Bates, William P. House, Paul K. Petzold, Norman R. Streatfield, Sherpas	Erste amerikanische Kleinexpedition; Träger: American Alpine Club	Erster entschlossener Aufstieg über den Abruzzi-Grat, auf dem 7 Lager errichtet werden; (von Petzold) erreichte Höhe: 7925 m
1939	**Fritz Wiessner**, Chappel Cranmer, Eaton Cromwell, Jack Durrance, George Sheldon, Dudley Wolfe, 9 Sherpas	Zweite amerikanische Expedition; Selbstbeteiligung der Mannschaft an der Finanzierung; keine Sauerstoffausrüstung	Abruzzi-Grat-Route, Lager VIII auf 7711 m, Lager IX (Sturmlager) auf etwa 8000 m bei den untersten Felsen der Gipfelpyramide. Vermutlich erreichte Höhe: 8200 m; Ver-

1978	**James Whittaker**, insgesamt 14 Bergsteiger (auch 2 Frauen), u. a.: Lou Reichardt, Rick Ridgeway, John Roskelley, James Wickwire	Sechste amerikanische K2-Expedition	Nordostgrat bis ca. 7700 m, dann Traversierung über Ostschulter zum Abruzzi-Grat; vier Bergsteiger erreichen am 6. und 7. September den Gipfel, zum Teil ohne Sauerstoffausrüstung
1978	**Chris Bonington**, 8 Bergsteiger, darunter »Veteranen« der britischen Everest-Südwestwand-Crew, u. a.: Nick Estcourt, Jim Duff, Doug Scott	Britische Expedition; keine Sauerstoffausrüstung	Erster Angriff über den Westgrat; abgebrochen nach dem Lawinentod von Nick Estcourt
1979	**Reinhold Messner** (I), Renato Casarotto (I), Michael Dacher (D), Alessandro Gogna (I), Friedl Mutschlechner (I), Robert Schauer (A)	Internationale Kleinexpedition in alpinem Stil; keine Sauerstoffausrüstung; Selbstfinanzierung	Auf geplanten Ersteigungsversuch über den Südwestpfeiler (»Magic Line«) muss aus Sicherheitsgründen verzichtet werden; Ersteigung des K2 durch Messner und Dacher über den Abruzzi-Grat; 3 Lager und Sturmbiwak; tödlicher Spaltensturz eines Trägers
1979	**Bernard Mellet, Yannick Seigneur**, 14 Bergsteiger, u. a.: Ivan Ghirardini	Französische Großexpedition; Protektor: Staatspräsident Giscard d'Estaing; 30 Tonnen Material; 1200 Träger	Südwestpfeiler; zwischen 7. August und 25. September fünf gescheiterte Gipfelversuche; Tod eines Trägers
1980	**Peter Boardman**, Dick Renshaw, Doug Scott, Joe Tasker	Britische Expedition	Aufstiegsversuch am Westgrat bis über 7000 m; Route über den Abruzzi-Grat über 8100 m
1981	**Teruoh Matsuura**, zwei Bergsteiger am Gipfel	Japanische Expedition	Erste Besteigung des K2 über den Westgrat/Südwestwand. Insgesamt ist es die fünfte Besteigung des K2; mit Sauerstoff
1981	**Yannick Seigneur** (F), vier Bergsteiger	Französisch-deutsche Expedition	Versuch einer neuen Route in der Südwand; bis 7400 m
1982	**Janusz Kurczab** (PL), 21 Bergsteiger: 15 Polen, sechs Mexikaner	Polnische Expedition	Versuch des Nordwestgrats auf pakistanischer Seite; bis 8200 m; die Schwierigkeiten der Route zwingen sie auf die chinesische Seite, sie werden von dort zurückbeordert; kein Gipfelerfolg; 3500 m Fixseil

1982	**Isao Shinkai**, 14 Bergsteiger, davon 7 auf dem Gipfel	Japanische Expedition	1. Besteigung über den Nordgrat (Nordseite, von China aus); ohne künstlichen Sauerstoff, ein Bergsteiger kommt beim Abstieg ums Leben
1982	**Georg Bachler** (offizieller Leiter **Hanns Schell**, aber der blieb in Österreich), vier Bergsteiger	Österreichische Expedition	Abruzzi-Grat bis 7500 m, verzichten auf weiteren Aufstieg, um beim Abtransport der toten polnischen Bergsteigerin zu helfen
1982	**Wanda Rutkiewicz** (PL), elf Bergsteigerinnen, darunter eine Französin (Christine de Colombel)	Polnische Frauenexpedition	Abruzzi-Grat bis 7100 m; Tod Halina Krügers
1983	**Antonio Trabado** und **Juanjo San Sebastian**	Spanische Expedition	Bis 8200 m über Westgrat und Westwand
1983	**Doug Scott** (GB), vier Bergsteiger, drei Briten und der Franzose J. Afanassief	Internationale Expedition	Bis auf 7500 m; 1. Besteigung des Südsporns links des Abruzzi-Grats
1983	**Gregorio Ariz**, neun Bergsteiger	Spanische Expedition	Das Team erreicht am Abruzzi-Grat die Höhe von 8300 m, dann müssen sie wegen Schlechtwetter umdrehen
1983	**Francesco Santon**, insgesamt 23 Mitglieder, vier Teilnehmer am Gipfel	Italienische Expedition	2. Besteigung über den Nordgrat, Aufstieg ohne künstlichen Sauerstoff, Julie Tullis »höchste Frau« am K2
1984	**Stefan Wörner**	Internationale Expedition	Abruzzi-Grat, Aufstieg bis 7500 m
1985	**Wojciech Kurtyka** (PL)	Internationale Expedition	Versuch scheitert auf 7000 m
1985	**Erhard Loretan**, Norbert Joos, Marcel Ruedi, Pierre Morand, Jean Troillet	Schweizer Expedition	5 Bergsteiger erreichen den Gipfel über den Abruzzi-Grat, ohne künstlichen Sauerstoff
1985	Eric Escoffier, Daniel Lacroix, Stephane Schaffter	Französische Expedition	Die drei Bergsteiger erreichen den Gipfel über den Abruzzi-Grat ohne künstlichen Sauerstoff, Lacroix bleibt beim Abstieg verschollen
1985	**Kazuoh Tobita**, drei Japaner am Gipfel	Japanische Expedition	Drei Bergsteiger über den Abruzzi-Grat am Gipfel, vermutlich ohne künstlichen Sauerstoff

1986	**Renato Casarotto** (I), Mari Abrego, Josema Casimiro	Italienisch-baskische Expedition	Abrego und Casimiro erreichen den Gipfel über den Abruzzi-Grat, Casarotto stirbt bei einem Spaltensturz bei einem Soloversuch am Südwestgrat
1986	**Maurice Barrard** (F), Liliane Barrard (F), Michel Parmentier (F), Wanda Rutkiewicz (PL)	Französische Expedition	Alle vier Bergsteiger erreichen den Gipfel, Tod des Ehepaars Barrard beim Abstieg; Wanda Rutkiewicz und Liliane Barrard erste Frauen am K2
1986	**Alan Rouse/John Barry**, acht Bergsteiger	Britische Expedition	Bis 7400 m bei einem Versuch am Nordwestgrat, Alan Rouse stirbt nach der Gipfelbesteigung über den Abruzzi-Grat beim Abstieg
1986	**John Smolich**, acht Bergsteiger	Amerikanische Expedition	Versuch am Südwestgrat, nach Lawinentod John Smolichs und Alan Penningtons wird aufgegeben
1986	**Agostino Da Polenza** (I), Giovanni Calcagno (I), Benoît Chamoux (F), Soro Dorotei (I), Martino Moretti (I), Josef Rakoncaj (CZ, 1. Mensch, der den K2 zweimal bestieg), Tullio Vidoni (I), Kurt Diemberger (A), Julie Tullis (GB, † beim Abstieg)	Italienisch-internationale Expedition	Acht Expeditionsmitglieder besteigen den Gipfel über den Abruzzi-Grat an zwei verschiedenen Tagen, Julie Tullis stirbt beim Abstieg, der Versuch am Südwestgrat wird nach einem Lawinenunglück aufgegeben
1986	**Karl Herrligkoffer** (D), 16 Bergsteiger, darunter Jerzy Kukuczka (PL), Tadeusz Piotrowski (PL), Beda Fuster (CH), Rolf Zemp (CH), Toni Freudig (D)	Internationale Expedition	Den beiden Polen gelingt die Erstbesteigung der schwierigen Südwand (Kukuczka-Route), Piotrowski stirbt beim Abstieg vom Gipfel; zwei Schweizer erreichen den Gipfel über den Abruzzi-Grat
1986	**Alfred Imitzer**, sieben Bergsteiger	Österreichische Expedition	Wilhelm Bauer und Alfred Imitzer erreichen den Gipfel über den Abruzzi-Grat, Imitzer stirbt beim Abstieg, ebenso Hannes Wieser, der den Gipfel nicht erreicht hatte
1986	**Kim Byung-Joon**, 19 Bergsteiger	Südkoreanische Expedition	Drei Bergsteiger erreichen den Gipfel über den Abruzzi-Grat, mit Sauerstoff, Tod des Sirdars durch Steinschlag

1986	**Janusz Majer**, acht Mitglieder, darunter drei Frauen	Polnische Expedition	Drei Bergsteiger schaffen die Erstbegehung des Südwestgrats, Wojciech Wroz stirbt beim Abstieg, die Bergsteigerin Dobroslowa Wolf stirbt nach einem Versuch am Abruzzi-Grat
1986	**Lance Owens**, acht Bergsteiger	Amerikanische Expedition	Bis 8100 m bei einem Versuch am Nordsporn
1986	**Viki Grošelj**	Jugoslawisch-slowenische Expedition	Neue Route links des Abruzzi-Grats bis 7800 m, Alleingang von Tomo Cesen
1987	**Doug Scott** (GB), sechs Bergsteiger	Internationale Expedition	Versuch am Sporn links des Abruzzi-Grats bis 7100 m; auf der Normalroute hatten sie 6900 m erreicht
1987	**Martine Rolland**, sechs Mitglieder	Französische Expedition	Versuch bis 7000 m am Abruzzi-Grat
1987	**Wojciech Kurtyka** (PL), **Jean Troillet** (CH)	Polnisch-schweizerische Expedition	Versuch in der Westwand bis 6400 m
1987	**Haruyuki Endo**	Japanische Expedition	Versuch bis 7400 m am Abruzzi-Grat
1987	**Kenshiro Otaki**, 14 Mitglieder	Japanisch-pakistanische Expedition	Versuch bis 8300 m; tödlicher Absturz eines Japaners
1987	**Juanjo San Sebastian**, sieben Bergsteiger plus Sirdar	Baskische Expedition	Aufstieg über eine Rippe links des Abruzzi-Grats zur Schulter und auf der Normalroute bis 8300 m
1987/88	**Andrzej Zawada**, 20 Bergsteiger	Polnisch-internationale Expedition	Versuch der 1. Winterbegehung, Abruzzi-Grat bis 7350 m
1988	**Tomaz Jamnik**, 15 Mitglieder	Jugoslawische Expedition	Versuch am Südwestgrat bis 8100 m, anschließend Abruzzi-Grat bis 7400 m
1988	**Peter Athans**, fünf Mitglieder	Amerikanische Expedition	Versuch am Abruzzi-Grat bis 7400 m
1988	**Rob Hall**, vier Mitglieder	Neuseeländische Expedition	Versuch am Abruzzi-Grat bis 7400 m
1988	**Jordi Magriñá Guell**, 12 Mitglieder	Katalanische Expedition	Versuch am Abruzzi-Grat bis 8100 m
1988	**Pierre Béghin**, sechs Mitglieder	Französische Expedition	Versuch am Nordgrat bis 8000 m

1989	**Wojciech Kurtyka** (PL), **Jean Troillet** (CH), **Erhard Loretan** (CH)	Polnisch-schweizerische Expedition	Versuch einer neuen Route über die Nordwestwand scheitert am Schlechtwetter
1989	**Eduard Koblmüller**, 7 Mitglieder	Österreichische Expedition	Versuch bis 7200 m an der bisher unbestiegenen Ostwand, Tod eines Mitglieds, ein Versuch am Abruzzi-Grat endet bei 7000 m
1989	**Juan José San Sebastian**, 11 Mitglieder	Baskische Expedition	Versuch bis 7400 m
1990	**Carlo Alberto Pinelli**, 9 Mitglieder	Internationale Expedition	»Free K2«, Aufräumexpedition organisiert von Mountain Wilderness. Es wird etwa eine Höhe von 7000 m erreicht
1990	**Doug Dalquist**, fünf Bergsteiger	Amerikanische Expedition	Das Team muss wegen zu zu viel Tiefschnee bei 7600 m aufgeben
1990	**Tomoji Ueki**, zwölf Mitglieder	Japanische Expedition	Versuch einer neuen Route durch die Nordwestwand, sie vereinigt sich bei ca. 7700 m mit der Nordgrat-Route, zwei Bergsteiger erreichen den Gipfel
1990	**Steve Swenson** (USA) und drei weitere Bergsteiger	Amerikanisch-australische Kleinexpedition	Drei Teammitglieder erreichen den Gipfel über den Nordgrat
1991	**Sigi Hupfauer**	Deutsche Expedition	Versuch bis 7000 m
1991	**Rob Hall, George Ball**	Neuseeländische Expedition	Der Versuch muss bei 7500 m wegen Schlechtwetter und Schnee abgebrochen werden
1991	**Pierre Béghin**, **Christophe Profit**	Französische Expedition	Die beiden Franzosen vollenden die polnische Nordwestgrat-Nordwestwand-Nordgrat-Route und erreichen den Gipfel
1991	**Fabio Agostinis**	Italienische Expedition	Der Versuch am Nordgrat muss bei 8200 m wegen Schlechtwetter und zu viel Schnee abgebrochen werden
1992	**Wojciech Kurtyka** (PL), **Erhard Loretan** (CH)	Polnisch-schweizerische Expedition	Ein weiterer Versuch einer neuen Route durch die Westnordwestwand wird wegen Schlechtwetter abgebrochen

1992	**Vladimir Balyberdin** (RUS), 17 Bergsteiger verschiedener Nationen, darunter Gennadi Kopieka (UKR), Aleksei Nikoforov (RUS), Scott Fischer (USA), Charles Mace (USA), Ed Viesturs (USA)	Internationale Expedition	Sechs Bergsteiger erreichen den Gipfel über den Abruzzi-Grat
1992	**Peter Schwitter**, fünf Mitglieder	Schweizer Expedition	Die Französin Chantal Mauduit erreicht den Gipfel über den Abruzzi-Grat
1992	**Ricardo Torres** (MEX), vier Mexikaner, Neuseeländer, zwei Schweden	Internationale Expedition	Versuch am Abruzzi-Grat bis 8000 m, ein Bergsteiger stürzt ab und stirbt
1993	**Tomaz Jamnik** (Slowenien), Bergsteiger mehrerer Nationen, darunter Stipe Božić (Kroatien), Carlos Carsolio (MEX), Viktor Grošelj (Slowenien), Zvonko Pozgaj (Slowenien), Göran Kropp (S)	Internationale Expedition	Fünf Bergsteiger erreichen den Gipfel über den Normalweg, Bostjan Kekec stirbt während eines Besteigungsversuchs
1993	**Stacy Allison**, die Bergsteiger Philip Powers (USA), Dan Culver (CAN, † beim Abstieg) und James Haberl (CAN) erreichen den Gipfel	Amerikanische Expedition	Drei Bergsteiger erreichen den Gipfel über den Abruzzi-Grat, Dan Culver kommt beim Abstieg ums Leben
1993	**Reinmar Joswig** (D), 12 Bergsteiger verschiedener Nationen, darunter Anatoli Boukreev (Kasachstan), Peter Mezger (D, † beim Abstieg), Andrew Lock (AUS)	Internationale kommerzielle Expedition	Vier Bergsteiger erreichen den Gipfel über den Abruzzi-Grat, Joswig und Mezger kommen beim Abstieg ums Leben
1993	**Magnus Nilsson**	Schwedische Expedition	Rafael Jensen und Daniel Bindner erreichen den Gipfel über den Abruzzi-Grat, Bindner kommt beim Abstieg ums Leben
1993	**Roger Payne,** 6 Teilnehmer	Britische Expedition	Abbruch des Aufstiegs über den Abruzzi-Grat, nachdem sie dem Schweden Jensen zu Hilfe kamen
1993	**Félix Iñurrategi**	Baskische Expedition	Versuch am Nordgrat bis 6800 m
1993	**Peter Arbie**	Kanadische Expedition	Abbruch des Versuchs am Südwestgrat, anschließend

			Versuch an der Kukuczka-Route, Querung auf 6000 m zum Südsüdostgrat und Normalweg, Abbruch bei 8000 m
1993	**Wim Van Harskamp**, 12 Teilnehmer	Internationale Expedition	Versuch am Abruzzi-Grat bis 7400 m
1993	**Josep Aced** (NL), 12 Teilnehmer	Spanische Expedition	Versuch über die Tomo-Cesen-Route bis 7200 m
1993	**Jonathan Pratt** (GB), **Daniel Mazur** (USA)	Britisch-amerikanische Expedition	2. Besteigung des K2 über Westgrat/Südwestwand
1994	**Juan Eusebio Oiarzabal**, Juan Tomás, Alberto Iñurrategi, Félix Iñurrategi, Enríque De Pablo erreichen den Gipfel	Baskische Expedition	Fünf Bergsteiger erreichen den Gipfel über den Südsüdostgrat; Benutzung von Fixseilen
1994	**Wojciech Kurtyka** (PL), **Krzysztof Wielicki** (PL), **Carlos Buhler** (USA)	Polnisch-amerikanische Expedition	Das Team schafft die Tomo-Cesen-Route, muss aber unterhalb des Gipfels abbrechen
1994	**Ralf Dujmovits** (D), 10 Bergsteiger verschiedener Nationen, darunter Rob Hall (NZ), Veikka Gustaffson (SF), Axel Schlönvogt (D), Michael Wärthl (D)	Internationale kommerzielle Expedition	Fünf Bergsteiger erreichen den Gipfel über den Abruzzi-Grat
1994	**Vadim Sviridenko**	Ukrainische Expedition	Drei Ukrainer verunglücken am Abruzzi-Grat, es wird vermutet, dass sie den Gipfel erreicht haben, 12 Tage später sind zwei ihrer Team-Kollegen am Abruzzi-Grat erfolgreich
1994	**David Bridges** (USA), 5 Teilnehmer	Internationale Expedition	Mike Groom (AUS) erreicht den Gipfel über den Abruzzi-Grat, Steve Untch stirbt bei einem Aufstiegsversuch durch einen Fixseilriss
1994	**Angel Rifa,** 6 Teilnehmer	Spanische Expedition	Gescheiterter Versuch am Abruzzi-Grat
1994	**Kim In-Tae,** 14 Teilnehmer	Koreanische Expedition	Gescheiterter Versuch am Abruzzi-Grat
1994	**Tadakiyo Sakamare**	Japanische Expedition	Gescheiterter Versuch am Abruzzi-Grat

1994	Adrian Burgess, Alan Burgess, Brad Johnson, Alan Hinkes, Paul Moores, Mark Wilford	Angloamerikanische Expedition	Versuch am Nordgrat, Alan Hinkes erreicht 8100 m
1994	**José Carlos Tamayo**	Baskische Expedition	Vier Bergsteiger erreichen den Gipfel über den Nordgrat, Apellaniz stirbt beim Abstieg
1994	**Hirofumi Konishi,** 4 Teilnehmer	Japanische Expedition	Der Besteigungsversuch scheitert
1994	**Don Arturo Bergamaschi**	Italienische Expedition	Versuch einer neuen Route in der Nordwestwand, die Spitzengruppe erreicht 8450 m
1995	**Ronald Naar** (NL), Bergsteiger verschiedener Nationen, darunter Alan Hinkes (GB), Hans Van der Meulen (NL), Mehrban Shah (PAK), Rajab Shah (PAK)	Internationale Expedition	Fünf Bergsteiger erreichen den Gipfel über den Abruzzi-Grat
1995	**Josep Aced,** 7 Teilnehmer	Katalanische Expedition	Versuch am Abruzzi-Grat bis 8300 m; Jordi Angles stirbt beim Abstieg
1995	**John Culberson** und zwei weitere Bergsteiger	Amerikanische Expedition	Versuch auf der Béghin-Profit-Route bis 8100 m
1995	**Peter Kowalzik**	Deutsche kommerzielle Expedition	Versuch am Nordgrat bis 7900 m
1995	**Rob Slater** (USA, † beim Abstieg), 8 Teilnehmer	Amerikanisch-britische Expedition	Rob Slater und Alison Hargreaves erreichen den Gipfel und sterben beim Abstieg
1995	**Peter Hillary** (NZ), 5 Teilnehmer	Neuseeländisch-australisches Team	Der Neuseeländer Bruce Grant erreicht den Gipfel über den Abruzzi-Grat und stirbt beim Abstieg
1995	**José Garces,** 7 Teilnehmer	Spanische Expedition	Die drei Bergsteiger Escartin, Ortiz und Olivar erreichen den Gipfel über den Südsüdostgrat und sterben beim Abstieg
1996	**Agostino Da Polenza**	Italienische Expedition	Vier Bergsteiger erreichen den Gipfel über den Abruzzi-Grat, Mazzoleni stirbt beim Abstieg

1996	**Masafumi Todaka**	Japanischer Alleingänger	Der Japaner erreicht den Gipfel über den Abruzzi-Grat zusammen mit den italienischen Bergsteigern
1996	**Harry Taylor,** 6 Teilnehmer	Internationale Expedition	Der Besteigungsversuch scheitert
1996	**Falk Liebstein** (D), 4 Teilnehmer	Internationale Expedition	Der Besteigungsversuch scheitert
1996	**Krzysztof Wielicki** (PL), Marco Bianchi (I), Christian Kuntner (I), Piotr Pustelnik (PL), Ryszard Pawlowski (PL)	Polnisch-italienische Expedition	Drei Bergsteiger erreichen den Gipfel über den Nordgrat, vier Tage später weitere zwei
1996	**Rodrigo Jordan**, 9 Teilnehmer	Chilenische Expedition	Vier Bergsteiger erreichen den Gipfel über den Südsüdostgrat
1996	**Atsushi Yamamoto**	Japanische Expedition	Sechs Bergsteiger erreichen den Gipfel über den Südsüdostgrat, weitere sechs zwei Tage später; 4 km Fixseile
1996	**Ivan Dusharin**	Russische Expedition	Die zwei Russen Benkin und Penzov sowie der Amerikaner Buhler erreichen den Gipfel über den Nordgrat, Benkin stirbt beim Abstieg
1997	**Osamu Tanabe,** 23 Teilnehmer	Japanische Expedition	Sieben japanische Bergsteiger und vier Sherpas erreichen den Gipfel über die Westwand mit einer neuen Variante im oberen Abschnitt
1997	**Ramon Agirre**	Baskische Expedition	Versuch am Südsüdostsporn bis 7000 m
1998	**Abele Blanc**, Marco Barmasse, Edmund Joyeusaz und Waldemar Niclevicz (BRA)	Italienische Expedition	Aufstiegsversuche an der Kukuczka-Route und am Abruzzi-Grat (bis 8040 m)
1998	**Pocan Sheran** (I), 4 Teilnehmer	Internationale Focus Expedition	Besteigungsversuch scheitert
1998	Spanische, türkische und kanadische Bergsteiger	Internationale Expedition	Gescheiterter Versuch am Abruzzi-Grat
1998	**Heidi Howkins,** Christian Binggele u.a.; Howkins will als erste Amerikanerin auf dem Gipfel stehen	Amerikanische Expedition (gesponsert von National Geographic)	Gescheiterter Versuch bis Lager III

1998	**Calvin Torrans,** 6 Teilnehmer	Irische Expedition	Gescheiterter Versuch bis 6700 m
1998		Deutsche Expedition	Gescheiterer Versuch am Nordgrat
1998		Deutsche Expedition	Gescheiterer Versuch am Nordgrat
1998	**Michido Kanda**	Japanische Expedition	Der Versuch eines Ballonflugs über den K2 scheitert
1999	Drei Italiener, ein Rumäne, ein Amerikaner und ein Türke	Internationale Expedition	Abbruch eines Versuchs am Abruzzi-Grat, nachdem der Rumäne durch Steinschlag tödlich verunglückte
1999	**Hans Kammerlander**, **Konrad Auer**		Gescheiterter Versuch über Südsüdostsporn bis 8600 m
1999	**Takuo Fujiwara**, japanische und ein amerikanischer Bergsteiger	Japanische Expedition	Versuch am Westgrat bis 7500 m
1999		Koreanische Expedition	Versuch am Südsüdostsporn bis 7200 m, Aufgabe wegen schwerer Schneefälle
1999	**Waldemar Niclevicz** (BRA), **Abele Blanc** (I), **Pepe Garces** (E)	Internationale Expedition	Schwere Schneefälle vereiteln einen Gipfelversuch
2000	**Hans Kammerlander,** Konrad Auer, Hartmann Seeber	Italienische Expedition	Hans Kammerlanders Versuch, den Gipfel zu erreichen und dann mit Ski abzufahren, scheitert wegen des schlechten Wetters
2000	**Lee Sung-Won**	Südkoreanische Expedition	Acht Bergsteiger erreichen den Gipfel über den Abruzzi-Grat
2000	**Waldemar Niclecvicz** (BRA), **Abele Blanc** (I), **Marco Camandona** (I)	Internationale Expedition	Das Team erreicht den Gipfel über den Abruzzi-Grat
2000	**Gary Pfisterer** (USA), Nashu Mahruki (TUR), Christopher Shaw (USA), Andrew Evans (CAN), Andrew Collins (GB), William Pierson (USA) und Ivan Vallejo (Ecuador)	Internationale Expedition	Sieben Teilnehmer erreichen an verschiedenen Tagen den Gipfel über den Abruzzi-Grat
2000	**Reiko Terasawa** (w, JAP)	Japanische Expedition	Ein Teilnehmer erreicht den Gipfel über den Abruzzi-Grat

2000	**Wi Yeong-Kim**	Südkoreanische Expedition	Ein Teilnehmer erreicht den Gipfel über den Abruzzi-Grat
2000	**Yoo Han-Kyu**	Südkoreanische Expedition	Sechs Bergsteiger, darunter ein Sherpa, erreichen den Gipfel über den Südsüdost-grat
2000	**Heidi Howkins**	Amerikanische Expedition	Versuch an der Nordseite, kein Gipfelerfolg
2001	**Zdenek Hruby**	Tschechische Expedition	kein Gipfelerfolg
2001	**Christian Trojmmsdorff**	Französische Expedition	keine Sherpas, kein Sauerstoff; kein Gipfelerfolg
2001		Rumänische Expedition	ohne Genehmigung, kein Gipfelerfolg
2001	**Peter Guggemoos**, unter den Bergsteigern sind Hans Kammerlander (I), Jean-Christophe Lafaille (F), José-Antonio Garcés (E) und Carlos Pauner (E)	Internationale Expedition	Aufstieg über den Abruzzi-Grat bzw. über die Cesen-Route an der Südwand; vier Bergsteiger erreichen den Gipfel
2001	**Koo Cha-Joon**	Südkoreanische Expedition	zwei Südkoreaner und zwei Nepalesen erreichen den Gipfel über den Abruzzi-Grat
2001	**Kim Hyung-Woo**	Südkoreanische Expedition	ein Südkoreaner erreicht den Gipfel über den Abruzzi-Grat
2002	**Charlie Fowler**	Amerikanische Expedition	Südwand, zusammen mit Christine Boskoff, ohne Sauerstoff
2002	**Kazuyoshi Kondo**, sieben Bergsteiger	Japanische Expedition	kein Gipfelerfolg
2002	**Araceli Segarra** (E), Hector Ponce De Leon, Armando Dattoli (Mexico), Jeff Rhoads, Jennifer J. Gear, Jeffrey A. Cunningham (USA), Jennifer Jordan	Spanisch-mexikanische Expedition	Umweg, denn sie entdecken die Leiche des Bergsteigers Dudley Wolfe, der 1939 hier gestorben ist
2002	**Jordi Tosas**, fünf Bergsteiger: Jorge Corominas Garcia, Miguel Zabalza Azcona, Jay Sieger (USA), Gia Tortladze (Georgien)	Spanisch-internationale Expedition	kein Gipfelerfolg, J. Tosas fährt mit dem Snowboard aus 6300 m Höhe über den unteren Südsporn ab
2002	**Bogdan Mihnea**, zwei Bergsteiger	Rumänische Expedition	kein Gipfelerfolg

2002	**Sam Drug**, 12 Chinesen, vier Pakistani	Chinesisch-pakistanische Expedition	kein Gipfelerfolg
2002	**Luis Fraga**	Spanisch-polnische Expedition	Der Besteigungsversuch scheitert
2002	**Carlos Suarez Mosquera**, sechs Bergsteiger	Spanische Expedition	kein Gipfelerfolg
2002	**Oscar Cadiach**	Spanische Expedition	Versuch am Südwestsporn bei 6000 m abgebrochen
2002	**Carlos Soria**, zwei Bergsteiger	Spanische Expedition	kein Gipfelerfolg
2002	**Henry Todd**, neun Bergsteiger	Britisch-internationale Expedition	kein Gipfelerfolg
2003	**Krzysztof Wielicki**	Polnisch-kasachische Expedition	Versuch einer Winterbesteigung am Nordwestgrad scheitert
2003	**Manuel Gonzalez Diaz Paulino**, sieben Bergsteiger	Spanische Expedition	erfolglos
2003	**Bogdan Mihnea Cuibus**, zwei Bergsteiger	Rumänische Expedition	abgebrochen
2003	**Martin Minarik**, sieben Bergsteiger	Tschechische Expedition	erfolglos
2003	**Karl Kobler**, elf Bergsteiger	Schweizer Expedition	erfolglos
2003	**Araceli Segarra Roca**, zwei Bergsteiger	Spanische Expedition	Gasherbrum I und K2, erfolglos
2003	**Ilyinskiy Ervand**, zehn Bergsteiger	Kasachische Expedition	nur am Broad Peak erfolgreich
2003	**Sylvain Geneau**, sechs Bergsteiger	Internationale Expedition: Kanada, Spanien, Italien, Österreich	erfolglos
2004	**Jubiläumsjahr**	Bergsteiger aus aller Welt sind angemeldet	

Erfolgreiche Gipfelbesteigungen

Datum/Jahr	Besteiger	Route	Expedition/Leiter
31.7.1954	Lino Lacedelli (I) Achille Compagnoni (I)	1. Besteigung, Abruzzi-Grat, 9 Lager	Italienische Expedition (Ardito Desio)
8.8.1977	Tsuneho Shigehiro (JAP) Takeyoshi Takatsuka (JAP) Shoji Nakamura (JAP)	Abruzzi-Grat 6 Lager	Japanische Expedition (Ichiro Yoshizawa)
9.8.1977	Mitsuoh Hiroshima (JAP) Masahide Onodera (JAP) Hîdeo Yamamoto (JAP) Ashraf Aman (PAK)		
6.9.1978	Lou Reichardt (USA) James Wickwire (USA)	1. Besteigung über den Nordostgrat, bis 7700 m, dann Abruzzi-Grat	Amerikanische Expedition (James Whittaker)
7.9.1978	Rick Ridgeway (USA) John Roskelley (USA)	1. Ersteigung ohne zusätzlichen Sauerstoff	
12.7.1979	Reinhold Messner (I) Michl Dacher (D)	Abruzzi-Grat 3 Lager, 1 Sturmbiwak	Internationale Expedition (Reinhold Messner)
7.8.1981	Eiho Ohtani (JAP) Nazir Ahmad Sabir (PAK)	1. Besteigung über den Westgrat/Westwand/Südwestgrat	Japanische Expedition (Teruoh Matsuura)
14.8.1982 15.8.1982	Naoé Sakashita (JAP) Yuihiro Yanagisawa (JAP, † beim Abstieg) Yoshino Hiroshi (JAP) Hironobu Kamuro (JAP) Haruichi Kawamura (JAP) Tatsuji Shigeno (JAP) Kazushige Takami (JAP)	1. Besteigung über den Nordgrat, ohne Sauerstoff, sechste Besteigung des K2, insgesamt 14 Bergsteiger, davon erreichen sieben den Gipfel	Japanische Expedition (Isao Shinkai)
31.7.1983 4.8.1983	Agostino Da Polenza (I) Josef Rakoncaj (CZ) Sergio Martini (I) Fausto De Stefani (I)	Nordgrat, 7. Besteigung des K2, 2. Besteigung über den Nordgrat, ohne Sauerstoff	Italienische Expedition (Francesco Santon)
19.6.1985 6.7.1985	Norbert Joos (CH) Marcel Ruedi (CH) Erhard Loretan (CH) Pierre Morand (CH)	Abruzzi-Grat, ohne Sauerstoff, Gipfelbesteigung an zwei Tagen	Schweizer Expedition (Erhard Loretan)

6.7.1985 7.7.1985	Eric Escoffier (F) Daniel Lacroix (F, † beim Abstieg) Stephane Schaffter (CH)	Abruzzi-Grat, ohne Sauerstoff	Französische Expedition
24.7.1985	Kazunari Murakami (JAP) Noboru Yamada (JAP) Keji Yoshida (JAP)	Abruzzi-Grat, vermutlich ohne Sauerstoff	Japanische Expedition (Kazuoh Tobita)
23.6.1986	Wanda Rutkiewicz (w, PL) Liliane Barrard (w, F, † beim Abstieg) Maurice Barrard (F, † beim Abstieg) Michel Parmentier (F)	Abruzzi-Grat	Französische Expedition (Maurice Barrard)
23.6.1986	Mari Abrego (E) Josema Casimiro (E)	Abruzzi-Grat, Renato Casarotto stirbt durch Spaltensturz nach Versuch am Südwestgrat	Italienisch-baskische Expedition (Renato Casarotto, I)
5.7.1986	Giovanni Calcagno (I) Benoît Chamoux (F) Soro Dorotei (I) Martino Moretti (I) Josef Rakoncaj (CZ, 1. Mensch, der den K2 zweimal bestieg) Tullio Vidoni (I)	Abruzzi-Grat, am Südsüdwestgrat Aufgabe wegen Lawinenunglück	Italienische Expedition (Agostino Da Polenza)
5.7.1986 8.7.1986	Beda Fuster (CH) Rolf Zemp (CH) Jerzy Kukuczka (PL) Tadeusz Piotrowski (PL, † beim Abstieg)	Abruzzi-Grat Südwand-Erstbegehung: Kukuczka-Route (Zentralrippe)	Internationale Expedition (Karl Herrligkoffer)
3.8.1986	Chang Bong-Wan (Südkorea) Chang Byong-Ho (Südkorea) Kim Chang-Sun (Südkorea)	Abruzzi-Grat, Tod des Sirdars durch Steinschlag, Besteigung mit Sauerstoff	Südkorea (Kim Byung-Joon)
3.8.1986	Peter Božík (CZ) Przemyslaw Piasecki (PL) Wojciech Wroz (PL, † beim Abstieg) Dobroslawa Wolf (w, PL, † beim Abstieg)	Südwestpfeiler Abruzzi-Grat	Polnische Expedition (Janusz Majer)
4.8.1986	Wilhelm Bauer (A) Alfred Imitzer (A, † beim Abstieg)	Abruzzi-Grat	Österreichische Expedition (Alfred Imitzer)
4.8.1986	Alan Rouse (GB, † beim Abstieg)	Abruzzi-Grat	Britische Expedition (Alan Rouse)

4.8.1986	Kurt Diemberger (A) Julie Tullis (w, UK, † beim Abstieg)	Abruzzi-Grat	Italienische Expedition (Agostino Da Polenza)
9.8.1990	Hirotaka Imamura (JAP) Hideji Nazuka (JAP)	Nordwestwand-Nordgrat	Japanische Expedition (Tomoji Ueki)
20.8.1990	Greg Child (AUS) Greg Mortimer (AUS) Steve Swenson (USA)	Nordgrat	Amerikanisch-australische Expedition (Steve Swenson)
15.8.1991	Pierre Béghin (F) Christophe Profit (F)	Nordwestgrat-Nordwest-wand-Nordgrat-Route	Französische Expedition
3.8.1992	Chantal Mauduit (w, F)	Abruzzi-Grat	Schweizer Expedition (Peter Schwitter)
1.8.1992 3.8.1992 16.8.1992	Vladimir Balyberdin (RUS) Gennadi Kopieka (UKR) Aleksei Nikoforov (RUS) Scott Fischer (USA) Charles Mace (USA) Ed Viesturs (USA)	Abruzzi-Grat	Internationale Expedition (Vladimir Balyberdin)
13.6.1993 23.6.1993	Stipe Božić (Kroatien) Carlos Carsolio (Mexiko) Viktor Grošelj (Slowenien) Zvonko Pozgaj (Slowenien) Göran Kropp (S)	Abruzzi-Grat	Slowenisch-internationale Expedition (Tomaz Jamnik)
7.7.1993	Philip Powers (USA) Dan Culver (CAN, († beim Abstieg) James Haberl (CAN)	Abruzzi-Grat	Amerikanische Expedition (Stacy Allison, w)
30.7.1993	Anatoli Boukreev (Kasachstan) Peter Mezger (D, † beim Abstieg) Andrew Lock (AUS) Reinmar Joswig (D, † beim Abstieg)	Abruzzi-Grat	Kommerzielle Expedition (Reinmar Joswig, D)
30.7.1993	Rafael Jensen (S) Daniel Bindner (S, † beim Abstieg)	Abruzzi-Grat	Schwedische Expedition (Magnus Nilsson)
2.9.1993	Daniel Mazur (USA) Jonathan Pratt (GB)	Westgrat/Südwest-wand	Britisch-amerikanische Expedition
24.6.1994	Juan Tomás (E) Alberto Iñurrategi (E) Félix Iñurrategi (E) Juan Eusebio Oiarzabal (E) Enríque (Kike) De Pablo (E)	Südsüdostgrat – Abruzzi-Grat	Baskische Expedition (Juan Eusebio Oiarzabal)

9.7.1994	Rob Hall (NZ)	Abruzzi-Grat	Kommerzielle Expedition (Ralf Dujmovits)
10.7.1994	Dimitri Ibragimzade (Ukraine, † beim Abstieg) Alexei Kharaldin (Ukraine, † beim Abstieg) Alexsandr Parkhomenko (Ukraine, † beim Abstieg)	Abruzzi-Grat, Gipfelerfolg ist nicht bestätigt	Ukrainische Expedition (Vadim Sviridenko)
23.7.1994	Ralf Dujmovits (D) Veikka Gustaffson (SF) Axel Schlönvogt (D) Michael Wärthl (D)	Abruzzi-Grat	Kommerzielle Expedition (Ralf Dujmovits)
23.7.1994	Michael Groom (AUS)	Abruzzi-Grat	Amerikanische Expedition (David Bridges)
23.7.1994	Benko Mstislev (Ukraine) Vladislav Mstislev (Ukraine)	Abruzzi-Grat	Ukrainische Expedition (Vadim Sviridenko)
30.7.1994 4.8.1994	Sebastian De la Cruz (ARG) José-Carlos Tamayo (E) Juan Ignacio Apellaniz (E, † beim Abstieg) Juan José San Sebastian (E)	Nordgrat	Baskische Expedition (José Carlos Tamayo)
17.7.1995	Alan Hinkes (GB) Hans Van der Meulen (NL) Ronald Naar (NL) Mehrban Shah (PAK) Rajab Shah (PAK)	Abruzzi-Grat	Internationale Expedition (Ronald Naar)
13.8.1995	Bruce Grant (NZ, † beim Abstieg)	Abruzzi-Grat	Neuseeländisch-australische Expedition (Peter Hillary, NZ)
13.8.1995	Javier Escartin (E, † beim Abstieg) Lorenzo Ortiz (E, † beim Abstieg) Javier Olivar (E, † beim Abstieg)	Südsüdostgrat	Spanische Expedition (José Garces)
13.8.1995	Alison Hargreaves (w, GB, † beim Abstieg) Rob Slater (USA, † beim Abstieg)	Abruzzi-Grat	Britisch-amerikanische Expedition (Rob Slater, USA)
29.7.1996	Masafumi Todaka (JAP)	Abruzzi-Grat	Japanische Expedition (Masafumi Todaka)
29.7.1996	Salvatore Panzeri (I) Giulio Maggioni (I) Mario Panzeri (I)	Abruzzi-Grat	Italienische Expedition (Agostino Da Polenza)

	Lorenzo Mazzoleni (I, † beim Abstieg)		
10.8.1996	Marco Bianchi (I) Christian Kuntner (I) Krzysztof Wielicki (PL)	Nordgrat	Polnisch-italienische Expedition (Krzysztof Wielicki, PL)
12.8.1996	Masayuki Matsubara (JAP) Kenzo Akasaka (JAP) Bunsho Muraia (JAP) Yuichi Yoshida (JAP) Taro Tanigawa (JAP) Atsushi Shiina (JAP)	Südsüdostgrat	Japanische Expedition (Atsushi Yamamoto)
12.8.1996	Cristián García Nuldobro (Chile) Michael Purcell (Chile) Misari Alvial (Chile) Waldo Farina (Chile)	Südsüdostgrat	Chilenische Expedition (Rodrigo Jordan)
14.8.1996	Atsushi Yamamoto (JAP) Hideki Inaba (JAP) Koji Nagakubo (JAP) Hirotaka Nagakubo (JAP) Kazuhiro Takahashi (JAP) Takashi Sana (JAP)	Südsüdostgrat	Japanische Expedition (Atsushi Yamamoto)
14.8.1996	Piotr Pustelnik (PL) Ryszard Pavlovski (PL)	Nordgrat	Polnisch-italienische Expedition (Krzysztof Wielicki, PL)
14.8.1996	Carlos P. Buhler (USA) Igor Benkin (RUS, † beim Abstieg) Sergei Penzov (RUS)	Nordgrat	Russische Expedition (Ivan Dusharin)
19.7.1997 28.7.1997	Osamu Tanabe (JAP) Mikio Suzuki (JAP) Kunihito Nakagawa (JAP) Masamiki Takine (JAP) Akira Nakajima (JAP) Ryoji Yamada (JAP) Masami Kobayashi (JAP) Dawa Tashi (Nepal) Gyarbu (Nepal) Mingma Tshering (Nepal) Pernbadolge (Nepal)	Variante Westwand/ Nordgrat	Japanische Expedition (Osamu Tanabe)
26./29.6.2000	Jung-Hun Park (Südkorea) Yeon-Ryong Kang (Südkorea) Jung-Hyun Yun (Südkorea) Woo-Pyoung Joo (Südkorea) Chi-Won Yun (Südkorea) Jeong-Hyun Lee (Südkorea)	Abruzzi-Grat	Südkoreanische Expedition (Lee Sung-Won)

	Joo-Hyung Kim (Südkorea) Soon-Ook Yoo (Südkorea)		
29.7.2000	Abele Blanc (I) Marco Comandona (I) Waldemar Niclevicz (BRA)	Abruzzi-Grat	Internationale Expedition
29.7.2000	Nasuh Mahruki (TUR)	Abruzzi-Grat	Internationale Expedition (Gary Pfisterer, USA)
30.7.2000	Ki-Young Hwang (Südkorea)	Abruzzi-Grat	Südkoreanische Expedition (Wi Yeong-Kim)
30.7.2000	Yasushi Yamanoi (JAP)	Südsüdostgrat	Japanische Expedition (Reiko Terasawa, w)
30.7.2000	Christopher Shaw (USA) Andrew Evans (CAN) Andrew Collins (GB) William Pierson (USA)	Abruzzi-Grat	Internationale Expedition (Gary Pfisterer, USA)
31.7.2000	Sherap Jangbu (Nepal) Hong-Gil Um (Südkorea) Sang-Hyun Mo (Südkorea) Mu-Taek Park (Südkorea) Han-Kyu Yoo (Südkorea) Wang-Yong Han (Südkorea)	Südsüdostgrat	Südkoreanische Expedition (Yoo Han-Kyu)
31.7.2000	Iván Vallejo (Ecuador)	Abruzzi-Grat	Internationale Expedition (Gary Pfisterer, USA)
22.7.2001	Jean-Christophe Lafaille (F) Hans Kammerlander (I) José-Antonio Garcés (E) Carlos Pauner (E)	Cesen-Route Abruzzi-Grat	Internationale Expedition (Peter Guggemos, D) »Focus-Expedition«
22.7.2001	Sherpa Jangbu (Nepal) Pasang Tshering III (Nepal) Young-Seok Park (Südkorea) Seong-Gyu Kang (Südkorea)	Abruzzi-Grat	Südkoreanische Expedition (Koo Cha-Joon)
22.7.2001	Hee-Joon Oh (Südkorea)	Abruzzi-Grat	Südkoreanische Expedition (Kim Hyung-Woo)

Der Autor dankt Nazir Sabir für seine Unterstützung bei der Erstellung dieser Liste

Bibliographie

Abrego, Mari; Ariz, Gregorio, *En la clima, K2/Chogolisa*, Inlena S.A., Pamplona, 1987

Barry, John, *K2 – savage mountain, savage summer*, Oxford Illustrated Press, London, 1987

Birtles, Geoff, *Alan Rouse – A mountaineer's life*, Unwin Hyman, London, 1987

Bonatti, Walter, *Berge – meine Berge*, Europäischer Buchklub – Europäische Bildungsgemeinschaft, Stuttgart, 1964

Bonington, Chris, *Quest for Adventure*, Hodder & Stoughton, London, 1987

Buhl, Hermann, *Achttausend – drüber und drunter.* Gedächtnisausgabe mit Nachtrag von Kurt Diemberger, Nymphenburger Verlagshandlung, München, 1958

Byung-Joon, Kim, *Expeditionsbuch über K2 1986 (Der Berg, der den Tod ruft)*, Seoul, 1987

Chamoux, Benoît, *Le vertige de l'infini*, Albin Michel, Paris, 1988

Curran, Jim, *K2, Triumph and Tragedy*, Hodder & Stougthon, London, 1987

Curran, Jim, *The Story of the Savage Mountain*, Hodder & Stougthon, London, 1995

»Der Spiegel«, Nr. 28–31/1979

Desio, Ardito, *K2 – zweiter Berg der Erde*, Nymphenburger Verlagshandlung, München, 1956

Desio, Ardito, *Libro Bianco – in margine alla conquista del K 2*, Garzanti, Milano, 1956

Desio, Ardito, *Which is the highest mountain in the world? (Report of Ev-K2-CNR-Expedition 1987: G.P.S. – Vermessung von K2 und Everest)*, Mailand, 1988

Deutscher und österreichischer Alpenverein, *Zeitschrift des deutschen und österreichischen Alpenvereins, Bd. XXXV*, Verlagsanstalt F. Bruckmann, München, 1904

Diemberger, Kurt, *Gipfel und Gefährten – zwischen 0 und 8000*, Paul Neff, Wien, 1974

Diemberger, Kurt, *K2, Traum und Schicksal*, Bruckmann, München, 2001

Dyhrenfurth, G. O., *Baltoro – ein Himalaya-Buch*, Benno Schwabe & Co., Basel, 1939

Dyhrenfurth, G. O., *Zum dritten Pol – die Achttausender der Erde*, Nymphenburger Verlagshandlung, München, 1953

Dyhrenfurth, G. O., *Der dritte Pol – die Achttausender und ihre Trabanten*, Nymphenburger Verlagshandlung, München, 1960

Fantin, Mario, *K2 – sogno vissuto*, Tamari, Bologna, 1958

De Filippi, Filippo, *Himàlaia, Caracorum e Turchestàn Cinese*, Zanichelli, Bologna, 1924

Houston, Charles; Bates, Robert, *K2, Der wilde Berg*, Carta, Pforzheim, 1982

Kauffman, Andrew J.; Putnam, William L., *K2, The 1939 Tragedy, The Full Story of the Ill-fated Wiessner Expedition*, The Mountaineers, Diadem Books, Seattle, 1992

Lechenperg, Harald, *Himmel, Hölle, Himalaya*, Copress, München, 1958

Longstaff, Tom, *Ein Alpinist in aller Welt*, Orell Füssli, Zürich, 1951

Mason, Kenneth, *Abode of snow*, Rupert Hart-Davis, London, 1955

Mellet, Bernard, *K2 – la victoire suspendue. Aventures extraordinaires*, Paris, 1979

Messner, Reinhold; Gogna, Alessandro, *K2 – Berg der Berge*, BLV, München, 1980

Messner, Reinhold, *Überlebt – alle 14 Achttausender*, BLV, München, 2002

Museo nationale della montagna »Duca degli Abruzzi« (Hrsg.), *K2 – Millenove centocinquantaquattro*, Club Alpino Italioano, Torino, 1994
Reinisch, Gertrude; Bauer, Willi, *Licht und Schatten am K2*, Pinguin, Innsbruck, 1988
Sächsischer Bergsteigerbund e.V. (Sektion im Deutschen Alpenverein), *Fritz Wiessner (1900–1988)*, Dresden, 2000
Sale, Richard; Cleare, John, *On top of the world, Die 14 Achttausender: Von den Erstbesteigungen bis heute*, BLV, München, 2001
Santon, Francesco; Da Polenza, Agostino, *K2 – lo spigolo Nord*, Cooperativa editoriale l'Altra Riva, 1983
Santon, Francesco; Desio, Ardito, *Verso il cielo – K2. Appuntamento dal versante Cinese*, Cooperativa editoriale l'Altra Riva, 1983
Savoia, S. A. R. il Principe Luigi Amedeo di, *La Spedizione nel Karakoram e nell' Imalaia Occidentale 1909*, Zanichelli, Bologna, 1912
Schweizerische Stiftung für alpine Forschung, *Berge der Welt – Das Buch der Forscher und Bergsteiger*, Nymphenburger Verlagshandlung, München, 1954
Shipton, Eric, *The Six Mountain Travel Books*, Diadem Books, London, 1985
Symonds, John (Hrsg.: Wolfgang Bauer), *Aleister Crowley – das Tier 666 – Leben und Magick*, Sphinx, Basel
Tullis, Julie, *Clouds from Both Sides*, Grafton Books, London, 1987
Wiessner, Fritz, *K2 – Tragödien und Sieg am zweithöchsten Berg der Erde*, Bergverlag Rother, München, 1955
Wiessner, Fritz H., *The K2 Expedition of 1939*, Appalachia, 1956
Women's Expedition (Association of Polish Alpine Clubs), *Handicap am K2 – Expeditionsbericht*, 1982

Die Deutsche Bibliothek – CIP-Einheitsaufnahme
Ein Titeldatensatz für diese Publikation ist bei
Der Deutschen Bibliothek erhältlich

www.frederking-thaler.de

Text: Reinhold Messner. Die Kapitel »Der Schatten das K2« sowie »Historie« basieren auf Texten des Bandes *K2 Berg der Berge* von Reinhold Messner, BLV Verlagsgesellschaft, München 1980. Die Texte des Kapitels »Ein Wunder, wenn sie da hinaufkommen« von Wilhelm Bittorf erschienen erstmals im SPIEGEL, Heft 28 – 31, 1979. Dieser Text wurde in alter Rechtschreibung verfasst und erscheint hier zum ersten Mal in Buchform.

Fotos, Karten und Zeichnungen: Archiv Reinhold Messner mit Ausnahme folgender Abbildungen: Bell, G. I.: S. 209; Grether, U.: S. 18, 67, 82; Kuntner, C.: S. 227 o., 236, 238 o., 238 u.; Lacedelli, L.: S. 220; Martini, S.: 227 u., Nachsatz; Museo Nazionale della Montagna »Duca degli Abruzzi«, CAI Turin: S. 12, 44, 60, 61, 219, 220, 234; Profit, C.: S. 230 o., 230 u.; Sabir, N.: S. 46, 226 u.; Sella, V.: S. 191, 199, 223

Vorsatz: Ansicht des K2 von Westen
Nachsatz: Ansicht des K2 von Norden

Lektorat: Barbara Hörmann, Murnau
Herstellung und Satz: Büro Caroline Sieveking, München
Umschlaggestaltung: Petra Dorkenwald, München
Reproduktion: Lorenz & Zeller, Inning a. A.
Druck und Bindung: Clausen & Bosse, Leck

Printed in Germany

ISBN 3-89405-629-0

REISEN · MENSCHEN · ABENTEUER
BEI FREDERKING & THALER

Judy und Tashi Tenzing
IM SCHATTEN DES EVEREST

304 Seiten, 60 s/w - u. 25 Farbfotos,
1 Karte
geb. mit SU, 14,0 x 22,0 cm
ISBN 3-89405-601-0

Ein Sherpa auf dem Mount Everest

Am 29. Mai 1953 stand neben Edmund Hillary ein zweiter Bergsteiger auf dem Gipfel des Mount Everest, der Sherpa Tenzing Norgay. Ohne ihn und die Leistungen vieler anderer Sherpa wäre die Erforschung und Besteigung der Gipfel des Himalaya bis heute nicht möglich.

Hauke Trinks
DAS SPITZBERGEN-EXPERIMENT

264 Seiten, 51 Farbfotos, 1 Karte
geb. mit SU, 14,0 x 22,0 cm
ISBN 3-89405-479-4

Wissenschaft und Abenteuer in Spitzbergen

Ewiges Eis, tosende Schneestürme bei minus 40 Grad und die monatelange Dunkelheit der Polarnacht. Hier verbringt Hauke Trinks mit einer Gefährtin ein Jahr in einer selbst eingerichteten Forschungsstation.